本書の特色と使い方

現場の先生方から，1 日 15 分程度でできる宿題プリントや，朝学習や補充学習にも使えるプリントがほしいという要望が，これまでにたくさん寄せられました。それらの先生方の要望に応え，各学年の教科書の単元にあわせて，1 シート約 15 分～20 分でできるプリントを作成しました。算数，国語（文法），理科，社会科（または，生活科）の教科から子どもたちに習得して欲しい内容を精選して掲載しています。ぜひ，本書を活用して，基礎学力や学習習慣の定着をはかって頂ければと思います。

教科書内容の基礎学力が定着します

教科書の内容が十分に身につくよう，各社教科書を徹底研究して，各学年で習得してほしい基礎的な内容を各教科入れています。学校の授業だけではなかなか定着が難しいため，宿題，家庭学習は大変重要になってきます。本書に 1 年間取り組むことにより，どの子にも確実に豊かな基礎学力が定着します。

朝学習や補充学習，夏休みや冬休みの家庭学習としても使えます

毎日の宿題だけでなく，朝学習，補充学習，夏休み・冬休みの家庭学習など多様な使い方ができます。算数と理科，国語と社会など，左右異なる教科のシートを組み合わせたり，学校での学習進度に合わせて単元を入れ替えたりして，それぞれの場面に応じてご活用ください。

122%拡大して B5 サイズまたは，B4 サイズでご使用ください

本書は，122%拡大して使用していただくと，1 ページ（A4 サイズ）が B4 サイズになります。B4 サイズを半分に切ると，B5 サイズで使えます。ぜひ拡大してご使用ください。

「算数」では，今，習っている単元と既習単元の復習ができます

「算数」では，各シートの下段に「復習」があり，前学年や，現学年での既習単元の計算問題や文章題，関連する問題を中心に掲載しています。（「復習」がないシートもあります。）
現在学習している内容だけでなく，既習内容に続けて取り組むことで，確実に力をつけることができます。
※ 教科書によって単元の順番が異なるため，ご使用の教科書によっては未習の場合もありますのでご注意ください。

目　次

生　活

ひらがな・カタカナ

解　答

がつ　にち

おおいのは どちらかな（1）

なまえ

● どちらが　おおいですか。
おおい　ほうの □ に　○を　つけましょう。

①

□

□

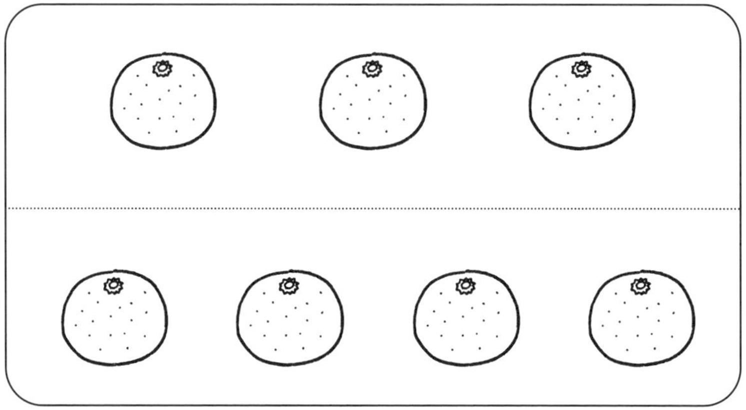

②

□

□

がつ　にち

おおいのは どちらかな（2）

なまえ

● どちらが　おおいですか。
せんで　むすんで　くらべましょう。
おおい　ほうの □ に　○を　つけましょう。

①

□ 

□ 

②

□ 

□ 

　（122%に拡大してご使用ください）

がつ　　にち

おおいのは どちらかな（3）

なまえ

● どちらが　おおいですか。
えの　かずだけ　□に　いろを　ぬりましょう。
おおい　ほうの　（　）に　○を　つけましょう。

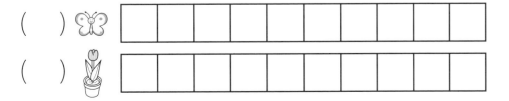

①

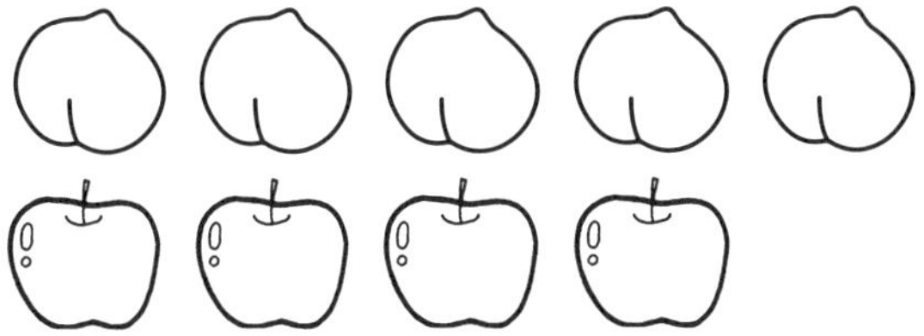

（　　） □□□□□

（　　） □□□□□

②

（　　） □□□□□□□□□□

（　　） □□□□□□□□□□

がつ　　にち

5までの かず（1）

なまえ

● えの　かずだけ　○に　いろを　ぬりましょう。
□に　すうじを　かきましょう。

①  ○○○○○　1　1

②  ○○○○○　2　2

③  ○○○○○　3　3

④  ○○○○○　4　4

⑤  ○○○○○　5　5

（122%に拡大してご使用ください）

がつ　にち

5までの かず（2）

なまえ

● えの　かずを　□に　すうじで　かきましょう。

①  1 1

②  2 2

③  3 3

④ 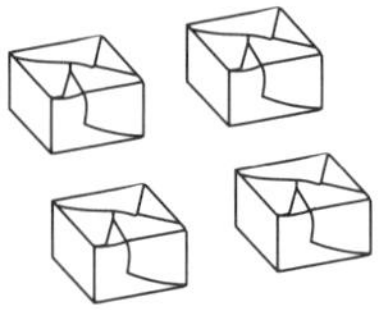 4 4

⑤  5 5

がつ　にち

5までの かず（3）

なまえ

● かずが　おなじ　えと　ぶろっくを　せんで
むすびましょう。

①  ● ● 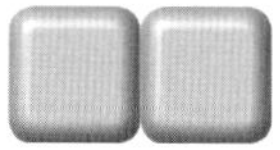

②  ● ● 

③  ● ● 

④  ● ● 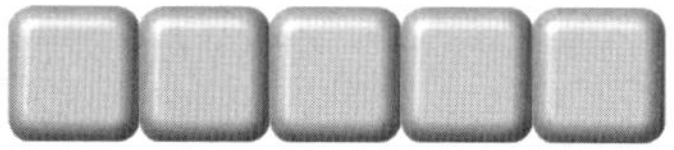

⑤  ● ● 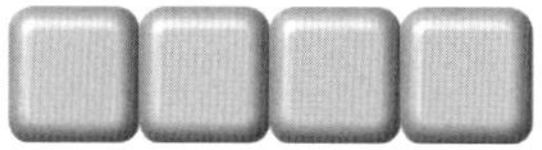

（122%に拡大してご使用ください）

がつ　　にち

5までの かず (4)

なまえ

● かずが　おなじ　えと　すうじを　せんで　むすびましょう。

① 

② 

③ 

④ 

⑤ 

4

3

2

5

1

ふくしゅう

● つぎの　かずを　すうじで　かきましょう。

① いち　② に　③ さん

④ し　⑤ ご

がつ　　にち

5までの かず (5)

いくつと いくつ

なまえ

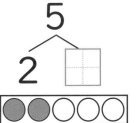

● 5は　いくつと　いくつですか。□に　かずを　かきましょう。

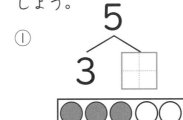

① 5 → 3 と □

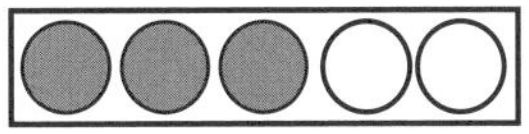

② 5 → 2 と □

③ 5 → 4 と □

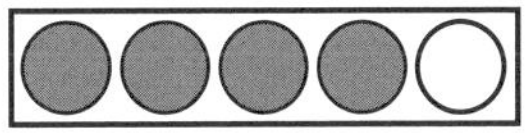

④ 5 → 1 と □

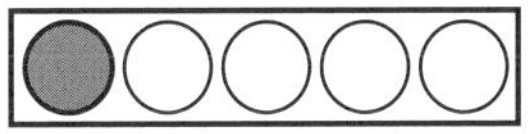

⑤ 5 → □ と 2

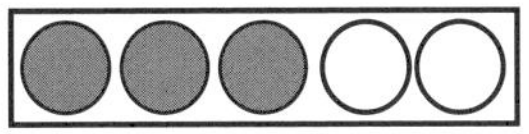

⑥ 5 → □ と 3

ふくしゅう

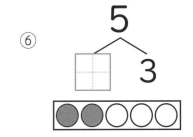

● つぎの　ぶろっくの　かずを　すうじで　かきましょう。

① 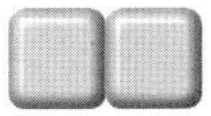 □　②  □　③  □

④ 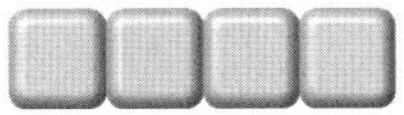 □　⑤  □

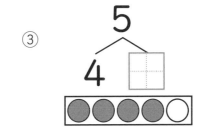

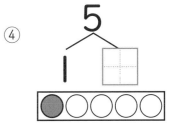

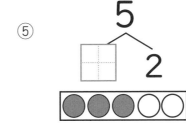

（122%に拡大してご使用ください）

がつ　　にち

10までの かず (1)

なまえ

● えの　かずだけ　○に　いろを　ぬりましょう。
□に　すうじを　かきましょう。

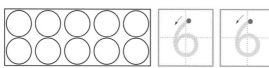

① 

6 6

② 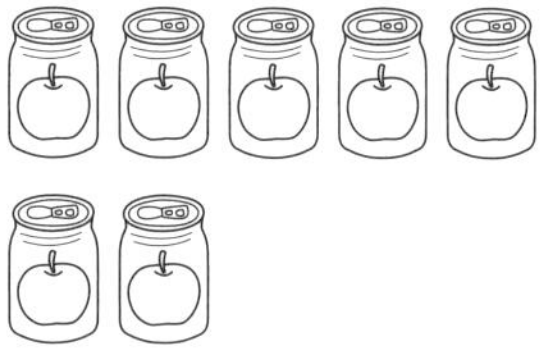

7 7

③ 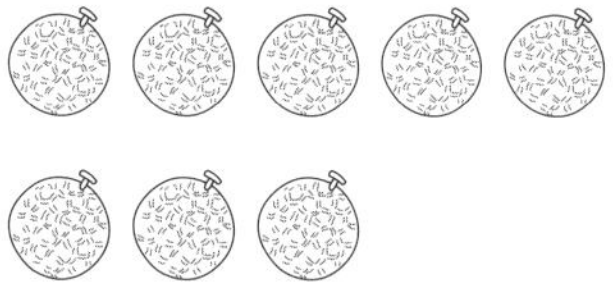

8 8

④ 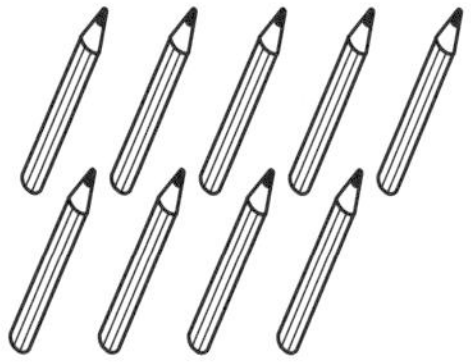

9 9

⑤ 

10 10

がつ　　にち

10までの かず (2)

なまえ

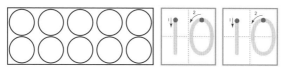

● えの　かずを　□に　すうじで　かきましょう。

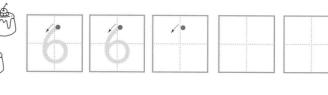

① 

6 6

② 

7 7

③ 

8 8

④ 

9 9

⑤ 

10 10

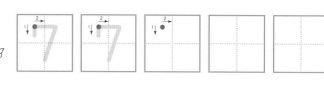

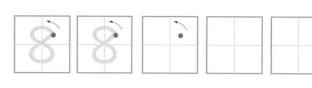

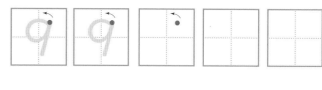

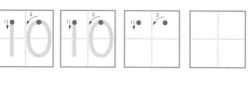

（122%に拡大してご使用ください）

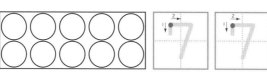

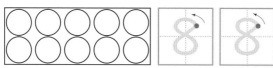

がつ　　にち

10までの かず（3）

なまえ

● かずが　おなじ　えと　ぶろっくを　せんで　むすびましょう。

①

②

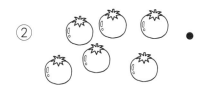

③
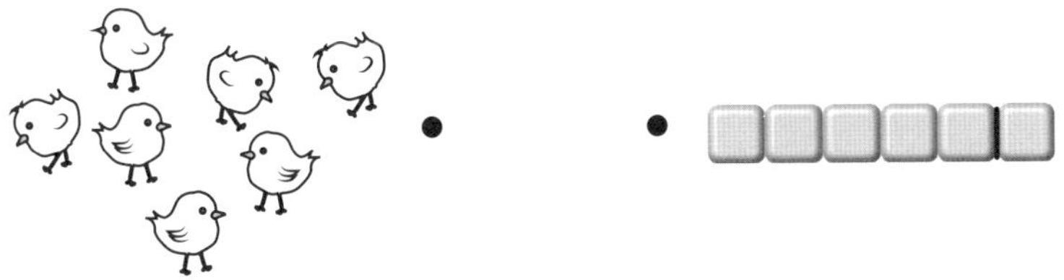

④
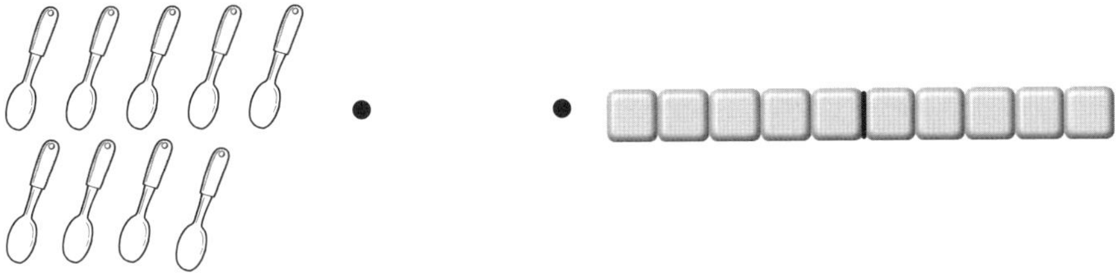

⑤

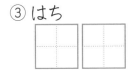

がつ　　にち

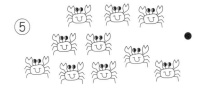

10までの かず（4）

なまえ

● かずが　おなじ　えと　すうじを　せんで　むすびましょう。

① 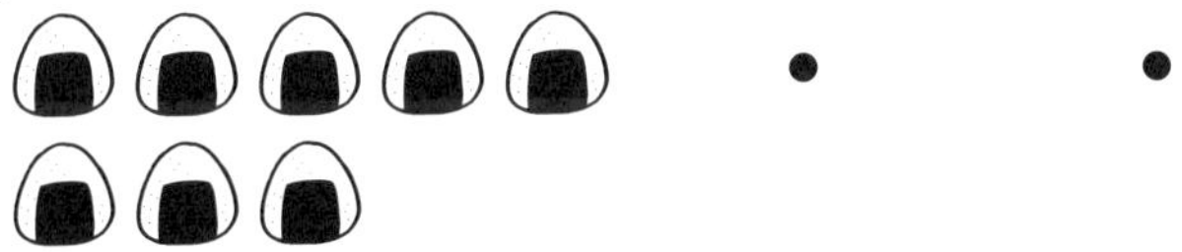 8

②  10

③  7

④  6

⑤  9

ふくしゅう

● つぎの　かずを　すうじで　かきましょう。

① ろく　② しち　③ はち

④ く　⑤ じゅう

（122%に拡大してご使用ください）

がつ　　にち

10までの かず（5）
いくつと いくつ

なまえ

1　■が　6こ　あります。■■■■■■
□で　かくして　いる　かずを　□に　かきましょう。

①
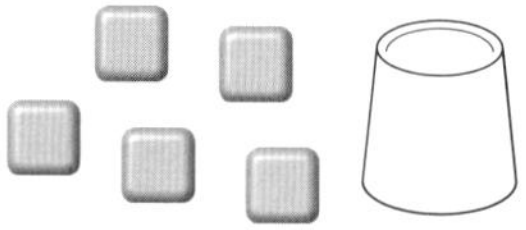
5 と □

②
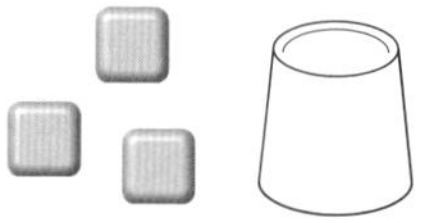
3 と □

③
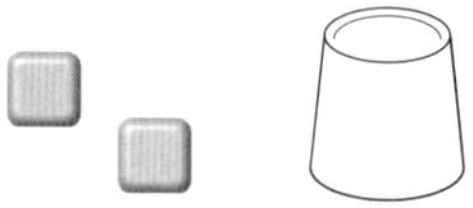
2 と □

④

1 と □

2　□に　あう　かずを　かきましょう。

① 6 → □ と 5

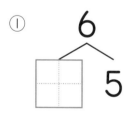

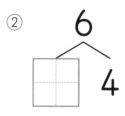

② 6 → □ と 4

③ 6 → □ と 3

④ 6 → 2 と □

⑤ 6 → 1 と □

⑥ 6 → 4 と □

がつ　　にち

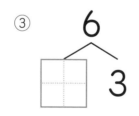

10までの かず（6）
いくつと いくつ

なまえ

1　■が　7こ　あります。■■■■■■■
□で　かくして　いる　かずを　□に　かきましょう。

①
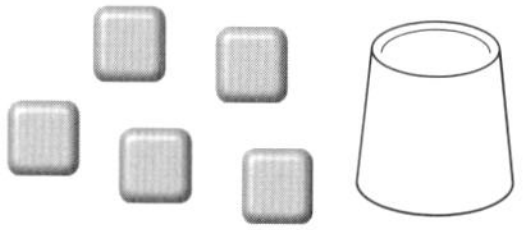
5 と □

②

1 と □

③
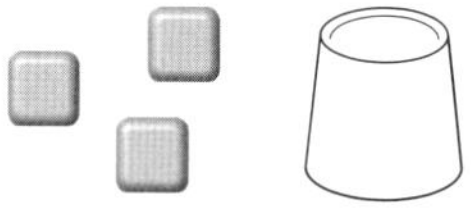
3 と □

④

4 と □

2　□に　あう　かずを　かきましょう。

① 7 → □ と 2

② 7 → □ と 5

③ 7 → □ と 6

④ 7 → 4 と □

⑤ 7 → 3 と □

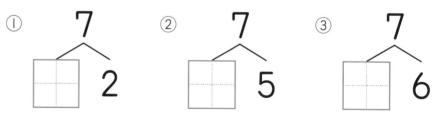

⑥ 7 → 2 と □

がつ　　にち

10までの かず (7)
いくつと いくつ

なまえ

1 ▢が　8こ　あります。
8は　いくつと　いくつですか。

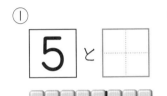

① 5 と □
② 6 と □
③ 7 と □
④ 4 と □
⑤ 2 と □
⑥ 3 と □

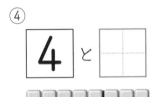

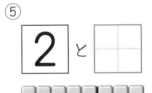

2 □に　あう　かずを　かきましょう。

① 8 → □ と 3
② 8 → □ と 4
③ 8 → □ と 7
④ 8 → 4 と □
⑤ 8 → 5 と □
⑥ 8 → 6 と □

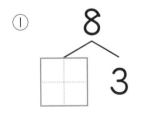

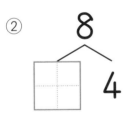

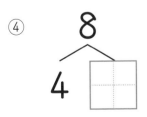

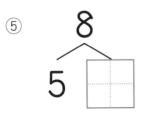

がつ　　にち

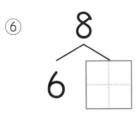

10までの かず (8)
いくつと いくつ

なまえ

1 ▢が　9こ　あります。
9は　いくつと　いくつですか。

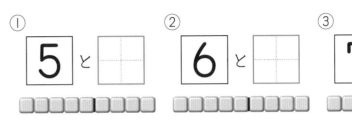

① 5 と □
② 6 と □
③ 7 と □
④ 1 と □
⑤ 4 と □
⑥ 3 と □

2 □に　あう　かずを　かきましょう。

① 9 → □ と 4
② 9 → □ と 3
③ 9 → □ と 7
④ 9 → 1 と □
⑤ 9 → 4 と □
⑥ 9 → 6 と □

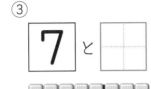

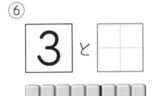

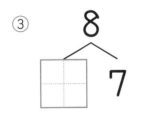

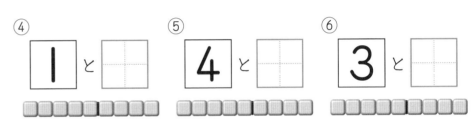

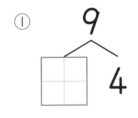

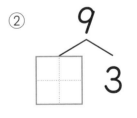

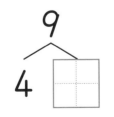

（122%に拡大してご使用ください）

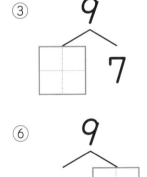

がつ　にち

10までの かず (9)
いくつと いくつ

なまえ

● □が 10こ あります。 
みえて いる かずと かくれて いる かずは いくつですか。

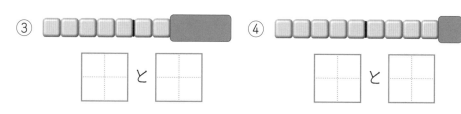

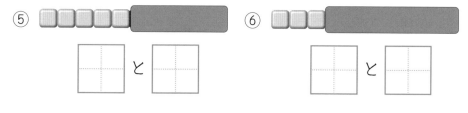

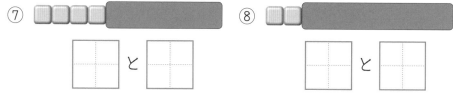

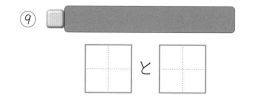

① 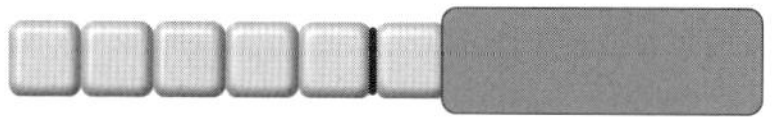

□ と □

② 

□ と □

③ 

□ と □

④ 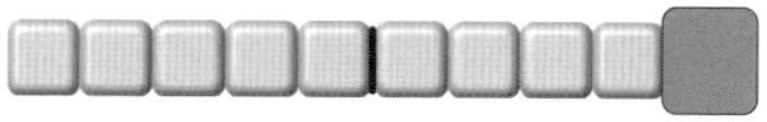

□ と □

⑤ 

□ と □

⑥ 

□ と □

⑦ 

□ と □

⑧ 

□ と □

⑨ 

□ と □

がつ　にち

10までの かず (10)
いくつと いくつ

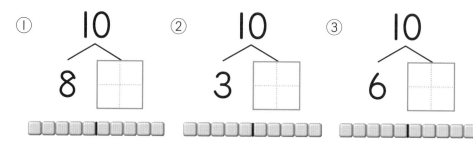

なまえ

● □に あう かずを かきましょう。

① 10 → 8 と □

② 10 → 3 と □

③ 10 → 6 と □

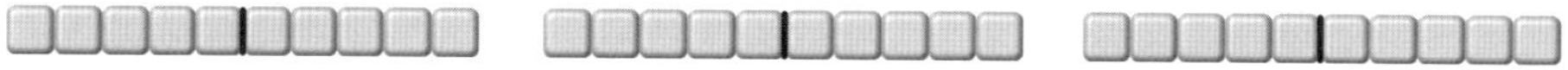

④ 10 → 9 と □

⑤ 10 → 5 と □

⑥ 10 → □ と 2

⑦ 10 → □ と 7

⑧ 10 → □ と 4

⑨ 10 → □ と 1

ふくしゅう

● □に あう かずを かきましょう。

① 6 → □ と 5

② 7 → □ と 5

③ 8 → □ と 5

④ 9 → □ と 5

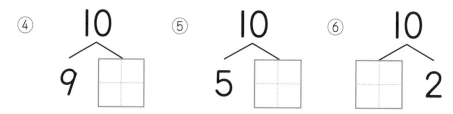

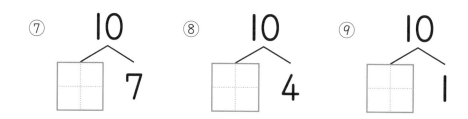

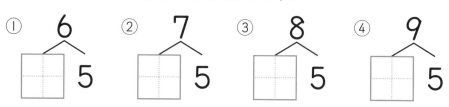

（122%に拡大してご使用ください）

がつ　にち

10までの かず (11)

なまえ

● かずの　おおきい　ほうに　○を　つけましょう。

① 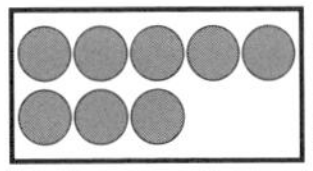 □ □ 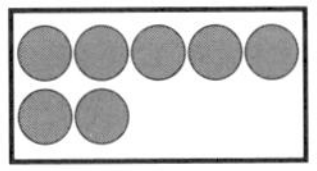

② 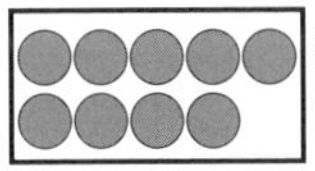 □ □ 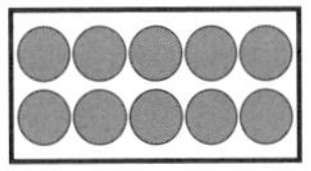

③ 7 □ □ 6

④ 7 □ □ 9

⑤ 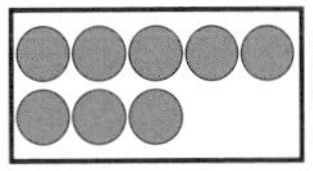 □ □ 9

⑥ 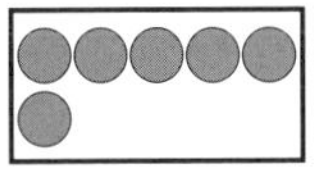 □ □ 5

⑦ 6 □ □ 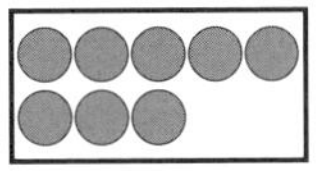

⑧ 8 □ □ 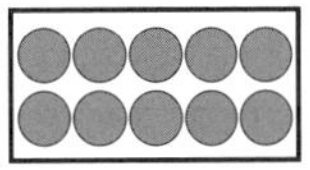

ふくしゅう

● □に　あう　かずを　かきましょう。

① 6 ／ 3 □

② 7 ／ 3 □

③ 8 ／ 4 □

④ 9 ／ 4 □

がつ　にち

10までの かず (12)

0と いう かず

なまえ

1 きんぎょの　かずを　かきましょう。

①  □

②  □

③  □

2 0を　かく　れんしゅうを　しましょう。

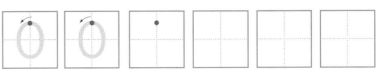

0 0 □ □ □ □

3 みかんの　かずを　かきましょう。

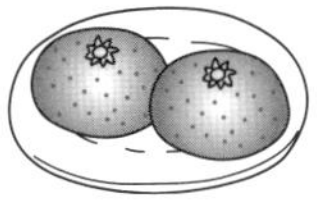 □

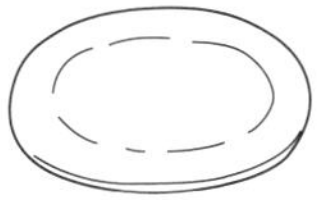 □

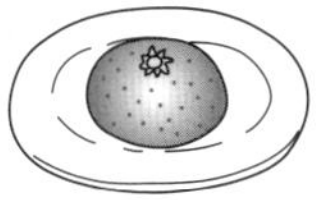 □

ふくしゅう

● かくれて　いる　かずを　□に　かきましょう。

①  □

②  □

（122%に拡大してご使用ください）

がつ　にち

10までの かず
まとめ ①

なまえ

1 かずが おなじ ものを せんで むすびましょう。

① ② ③

2 えの かずを すうじで かきましょう。

① □

② □

③ □

④ □

⑤ □

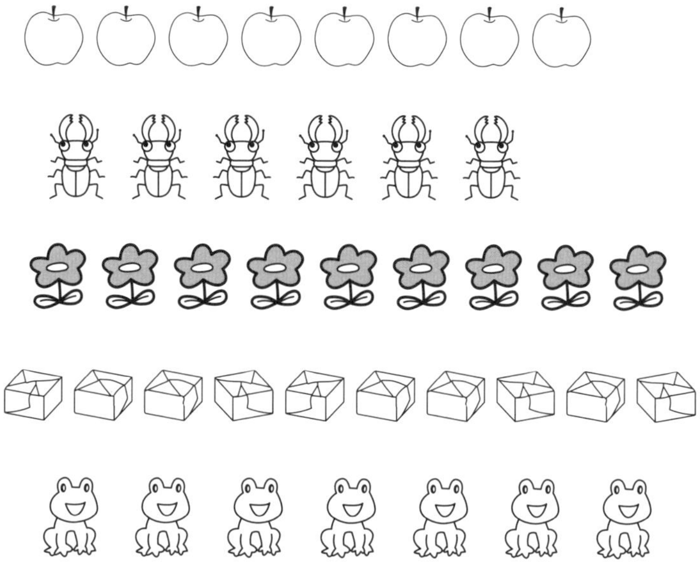

がつ　にち

10までの かず
まとめ ②

なまえ

1 かずが おなじ ものを せんで むすびましょう。

① 8 •

② 9 •

③ 6 •

④ 10 •

⑤ 7 •

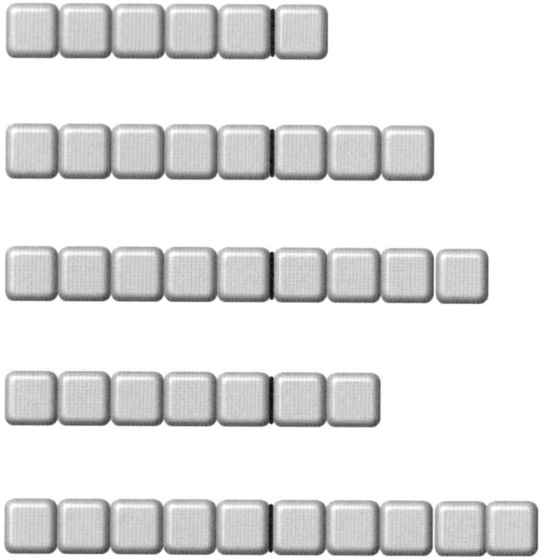

2 □に あう かずを かきましょう。

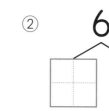

① 9 → □ と 6

② 6 → □ と 4

③ 8 → □ と 5

④ 7 → 3 と □

⑤ 5 → 2 と □

⑥ 10 → 6 と □

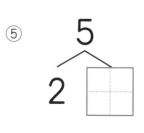

（122%に拡大してご使用ください）

がつ　　にち

10までの かず
まとめ ③

なまえ

|1| □に　あう　かずを　かきましょう。

① 3 － 4 － 5 － □ － □ － □

② □ － □ － 2 － 3 － 4 － □

③ □ － □ － 7 － 8 － □ － □

④ □ － □ － 8 － 7 － 6 － □

|2| 2つの　かずで　10を　つくります。たて，よこ，ななめで　みつけて，（　）で　かこみましょう。

2	8	4	3
4	3	6	9
5	7	6	1
7	5	2	5

いくつ
みつけたかな。
5つ　あるよ。

がつ　　にち

10までの かず
まとめ ④

なまえ

|1| □に　あう　かずを　かきましょう。

① 6は　3と　□　　② 7は　5と　□

③ 8は　5と　□　　④ 9は　4と　□

⑤ 8は　4と　□　　⑥ 9は　6と　□

⑦ 10は　□　と　3　　⑧ 10は　□　と　6

⑨ 10は　□　と　8　　⑩ 10は　□　と　5

|2| 2つの　かずで　10を　つくります。たて，よこ，ななめで　みつけて，（　）で　かこみましょう。

3	6	9	5
5	7	1	2
8	5	8	6
3	4	4	1

5つ　あるよ。
みつけられたかな。

（122%に拡大してご使用ください）

がつ　　にち

なんばんめ（1）

なまえ

● ⬭ で　かこみましょう。

① まえから　3にん

② まえから　3にんめ

③ まえから　5にんめ

④ うしろから　4にん

⑤ うしろから　6にんめ

がつ　　にち

なんばんめ（2）

なまえ

● どこに　いますか。□に　すうじを　かきましょう。

①  は，うえから

□ ばんめです。

②  は，うえから

□ ばんめです。

③  は，したから

□ ばんめです。

ふくしゅう

● □に　あう　かずを　かきましょう。

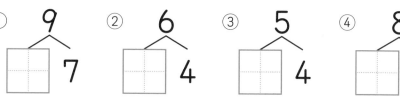

① 9 → □ と 7

② 6 → □ と 4

③ 5 → □ と 4

④ 8 → □ と 4

がつ　　にち

なんばんめ（3）

なまえ

● どこに　ありますか。□に　すうじを　かきましょう。

① は，ひだりから □ ばんめです。

② は，ひだりから □ ばんめです。

③ は，みぎから □ ばんめです。

④ は，みぎから □ ばんめです。

⑤ は，ひだりから □ ばんめです。

ふくしゅう

● □に　あう　かずを　かきましょう。

① 6 → 3 と □　② 10 → 8 と □　③ 8 → 4 と □　④ 7 → 2 と □

がつ　　にち

なんばんめ（4）

なまえ

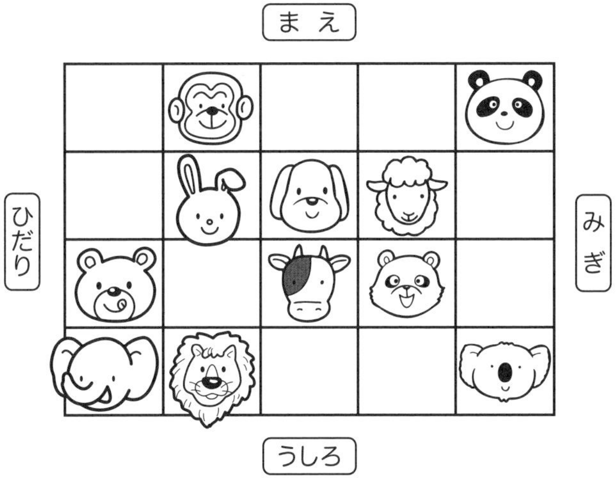

● どこに　いますか。□に　すうじを　かきましょう。

① は，ひだりから □ ばんめで，
まえから □ ばんめです。

② は，みぎから □ ばんめで，
うしろから □ ばんめです。

③ は，みぎから □ ばんめで，
まえから □ ばんめです。

（122%に拡大してご使用ください）

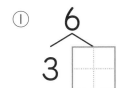

がつ　　にち

たしざん ①（1）

あわせて いくつ

なまえ

● あわせると　いくつに　なりますか。
□に　すうじを　かきましょう。

①

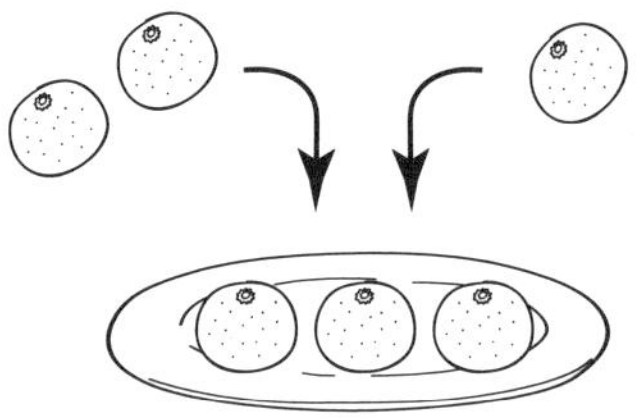

□ ＋ □ ＝ □

②

□ ＋ □ ＝ □

③

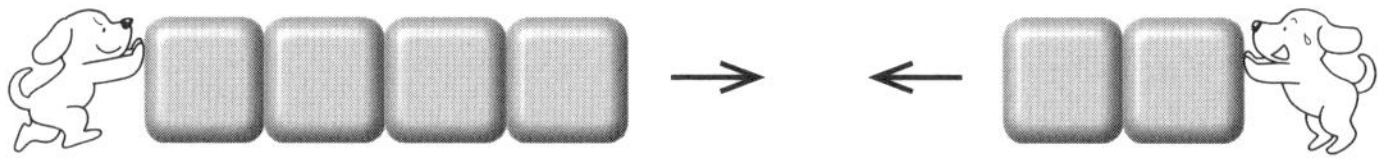

□ ＋ □ ＝ □

がつ　　にち

たしざん ①（2）

あわせて いくつ

なまえ

● あわせると　いくつに　なりますか。
しきと　こたえを　かきましょう。

①

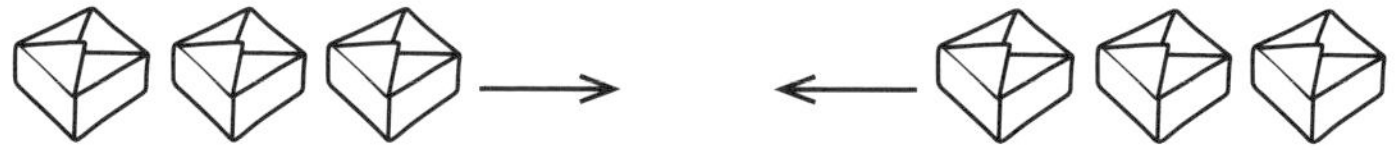

しき　□ ＋ □ ＝ □

こたえ　□ こ

②

しき　□ ＋ □ ＝ □

こたえ　□ こ

③

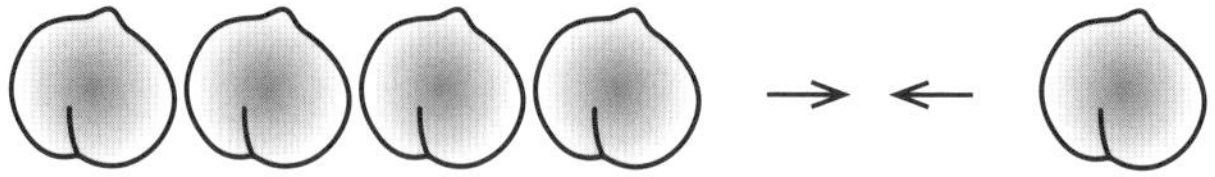

しき　□ ＋ □ ＝ □

こたえ　□ こ

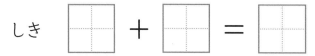

（122%に拡大してご使用ください）

がつ　　にち

たしざん ①（3）
あわせて いくつ

なまえ

● しきに　かいて　けいさんを　しましょう。

① 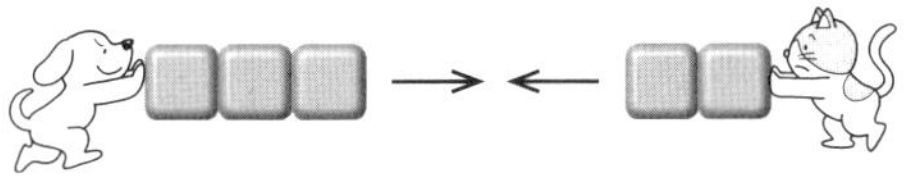

□ ＋ □ ＝ □

② 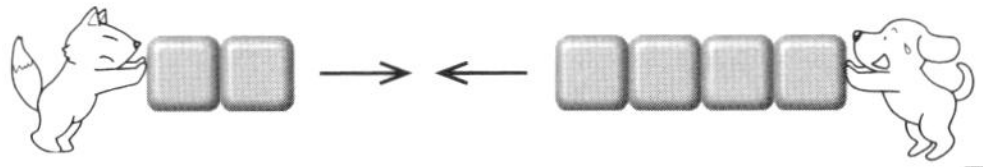

□ ＋ □ ＝ □

③ 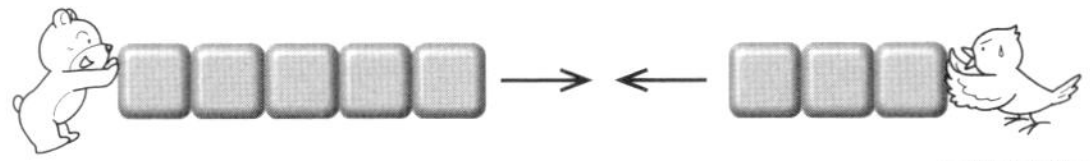

□ ＋ □ ＝ □

④ 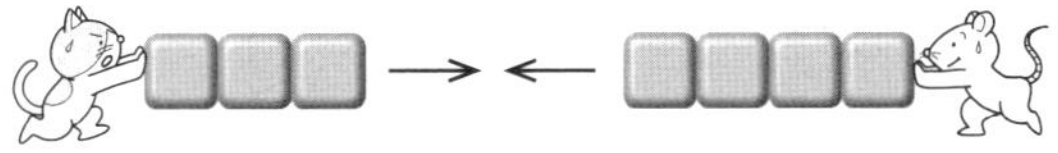

□ ＋ □ ＝ □

⑤ 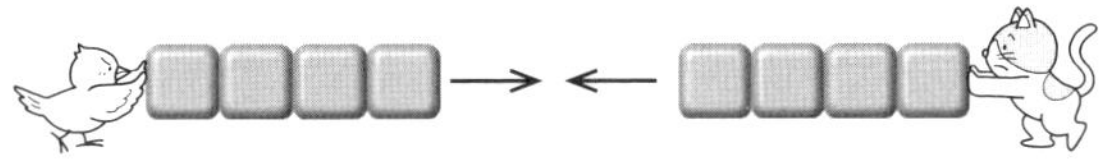

□ ＋ □ ＝ □

⑥ 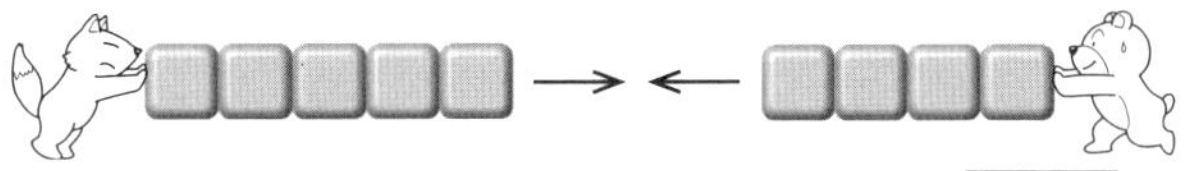

□ ＋ □ ＝ □

⑦ 

□ ＋ □ ＝ □

がつ　　にち

たしざん ①（4）
ふえると いくつ

なまえ

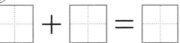

● ふえると　いくつに　なりますか。
しきと　こたえを　かきましょう。

① 

しき □ ＋ □ ＝ □

こたえ □ わ

② 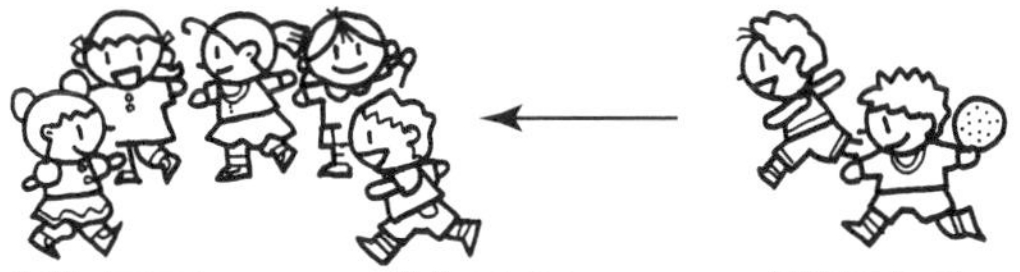

しき □ ＋ □ ＝ □

こたえ □ にん

③ 

しき □ ＋ □ ＝ □

こたえ □ ほん

（122%に拡大してご使用ください）

がつ　　にち

たしざん ①（5）
ふえると いくつ

なまえ

● しきに　かいて　けいさんを　しましょう。

①
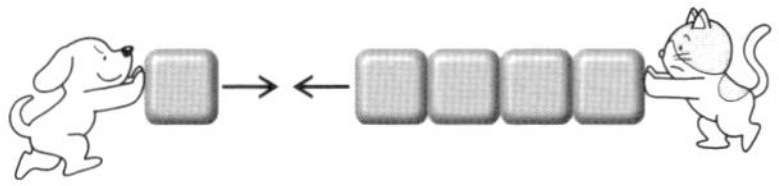

□ ＋ □ ＝ □

②
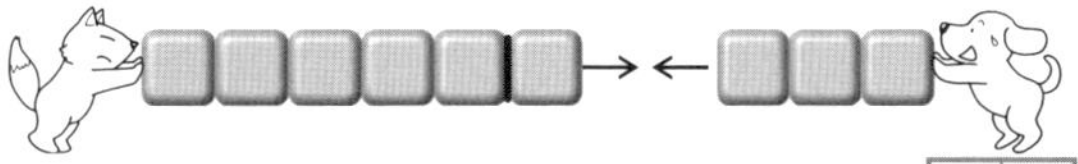

□ ＋ □ ＝ □

③

□ ＋ □ ＝ □

④
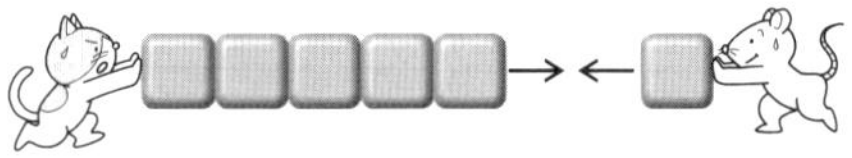

□ ＋ □ ＝ □

⑤
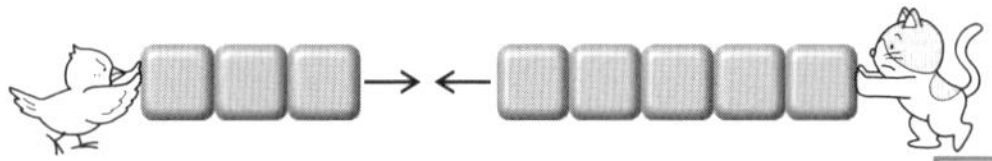

□ ＋ □ ＝ □

⑥
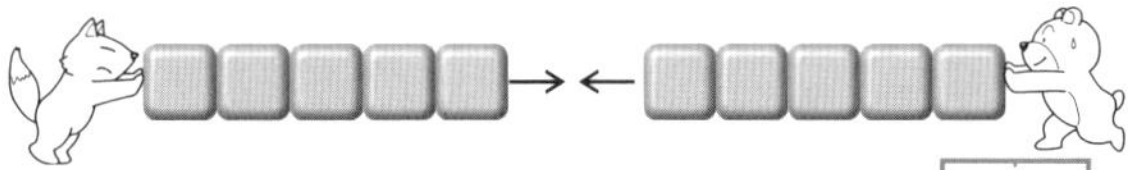

□ ＋ □ ＝ □

⑦

□ ＋ □ ＝ □

がつ　　にち

たしざん ①（6）

なまえ

● けいさんを　しましょう。

① 2 ＋ 3　　② 3 ＋ 1

③ 2 ＋ 2　　④ 1 ＋ 4

⑤ 4 ＋ 3　　⑥ 3 ＋ 6

⑦ 4 ＋ 5　　⑧ 2 ＋ 6

⑨ 6 ＋ 1　　⑩ 7 ＋ 1

⑪ 7 ＋ 3　　⑫ 1 ＋ 9

⑬ 2 ＋ 8　　⑭ 4 ＋ 4

⑮ 4 ＋ 6　　⑯ 6 ＋ 2

⑰ 6 ＋ 4　　⑱ 7 ＋ 2

（122%に拡大してご使用ください）

がつ　にち

たしざん ①（7）

なまえ

1　しろい　はなが　4ほん，あかい　はなが　5ほん
さいて　います。
はなは　あわせて　なんぼん　さいて　いますか。

しき

こたえ ______

2　かえるが　6ぴき　います。2ひき　くると，みんなで
なんびきに　なりますか。

しき

こたえ ______

3　くるまが　8だい　とまって　います。
2だい　ふえると，なんだいに　なりますか。

しき

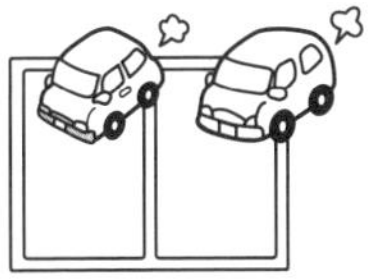

こたえ ______

がつ　にち

たしざん ①（8）

なまえ

1　おなじ　こたえに　なる　かあどを　せんで
むすびましょう。

3＋3・	・7＋2
1＋4・	・4＋2
6＋3・	・2＋3
6＋2・	・3＋4
5＋2・	・4＋4

2　こたえが　10に　なる　かあどに　○を　つけましょう。

6＋4	7＋2	8＋2
3＋6	5＋5	3＋7

3　けいさんを　しましょう。

① 9 ＋ 1　　② 2 ＋ 5

③ 1 ＋ 2　　④ 8 ＋ 1

⑤ 4 ＋ 3　　⑥ 6 ＋ 3

（122%に拡大してご使用ください）

がつ　　にち

たしざん ①（9）
0の たしざん

なまえ

1　たまいれで　はいった　かずを　しきに　かきましょう。

1かいめ　2かいめ

しき　□ ＋ □ ＝ □

1かいめ　2かいめ

しき　□ ＋ □ ＝ □

1かいめ　2かいめ

しき　□ ＋ □ ＝ □

2　けいさんを　しましょう。

① $1+0$　② $0+3$

③ $7+0$　④ $0+8$

ふくしゅう

● □に　あう　かずを　かきましょう。

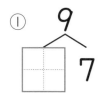

① 9 → □ と 7　② 7 → □ と 2　③ 6 → □ と 4　④ 8 → □ と 5

がつ　　にち

たしざん ①
まとめ ①

なまえ

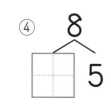

1　えを　みて，しきと　こたえを　かきましょう。

①

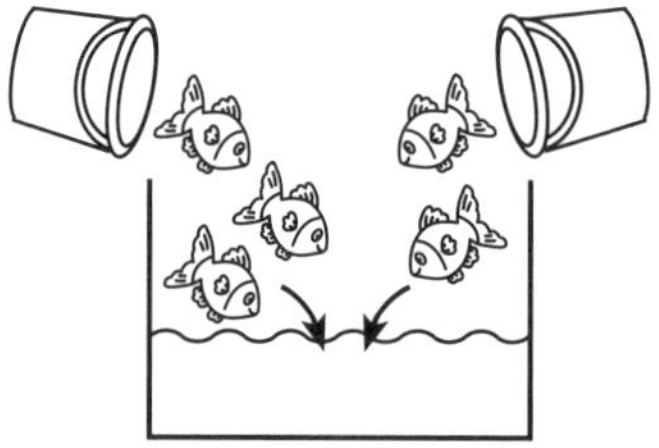

しき

こたえ

②

しき

こたえ

③

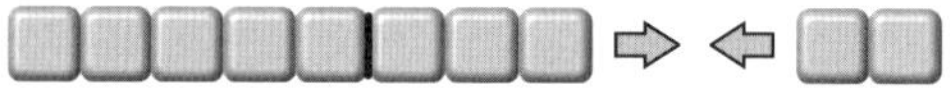

しき

こたえ

2　けいさんを　しましょう。

① $1+1$　② $5+4$

③ $3+3$　④ $6+4$

⑤ $7+2$　⑥ $2+6$

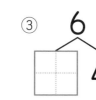

（122%に拡大してご使用ください）

がつ　　にち

たしざん ①

まとめ ②

なまえ

1 こどもが　6にん　あそんで　います。
3にん　きました。
こどもは，みんなで　なんにんに　なりましたか。

しき

こたえ ＿＿＿＿＿＿＿＿

2 はなに　とまっている　ちょうは　7ひき　います。
とんでいる　ちょうは　3びき　います。
ちょうは　あわせて　なんびき　いますか。

しき

こたえ ＿＿＿＿＿＿＿＿

3 おなじ　こたえに　なる　かあどを　せんで　むすびましょう。

3＋5 •	• 6＋3
5＋4 •	• 8＋2
2＋5 •	• 2＋6
4＋6 •	• 3＋4
5＋1 •	• 2＋4

がつ　　にち

ひきざん ① (1)

のこりは いくつ

なまえ

● のこりは　いくつに　なりますか。
□に　すうじを　かきましょう。

①

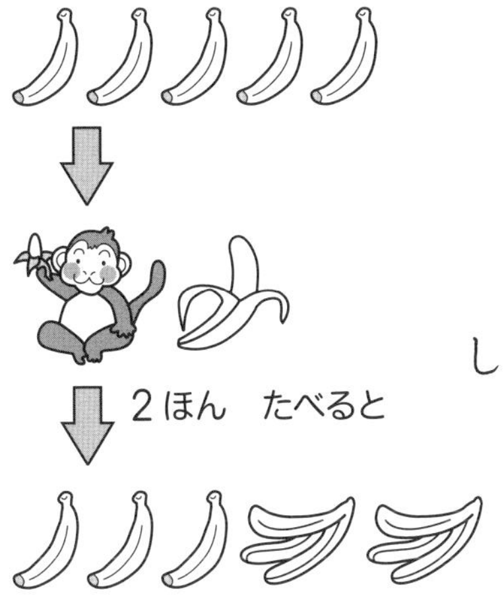

しき □ － □ ＝ □

こたえ □ ぼん

②

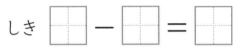

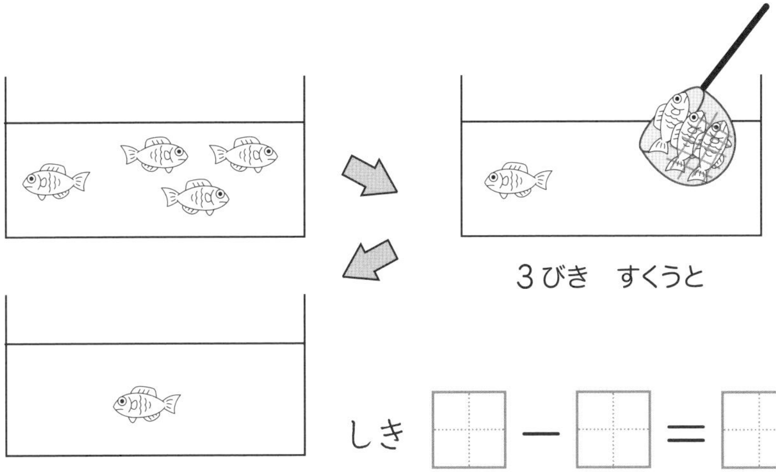

しき □ － □ ＝ □

こたえ □ ぴき

（122%に拡大してご使用ください）

がつ　　にち

ひきざん ① (2)

のこりは いくつ

なまえ

● のこりは　いくつに　なりますか。
しきと　こたえを　かきましょう。

①

2こ　たべると

□ − □ = □

こたえ □ こ

②

3にん　かえると

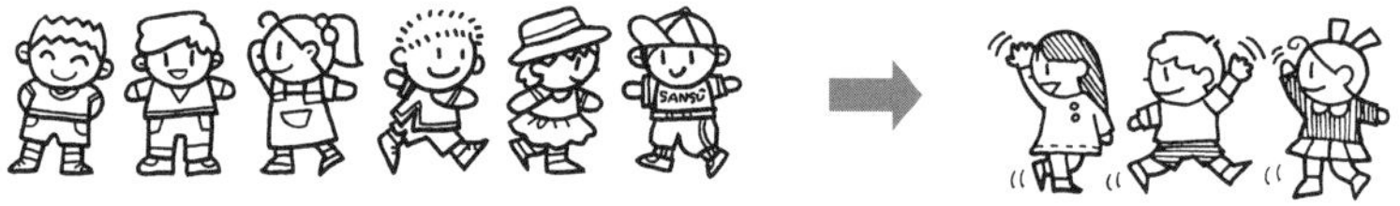

□ − □ = □

こたえ □ にん

③

2ほん　かれると

□ − □ = □

こたえ □ ぽん

がつ　　にち

ひきざん ① (3)

のこりは いくつ

なまえ

● しきに　かいて　けいさんを　しましょう。

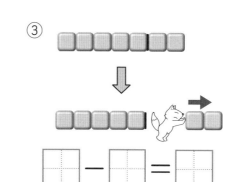

①

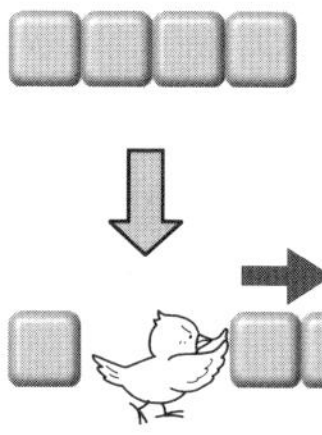

□ − □ = □

②

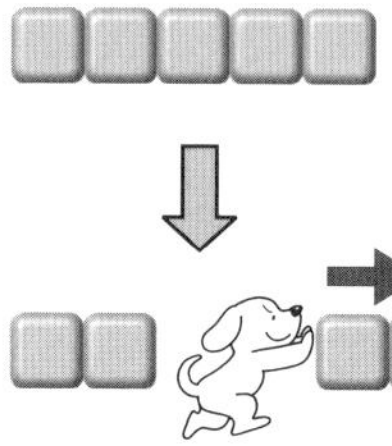

□ − □ = □

③

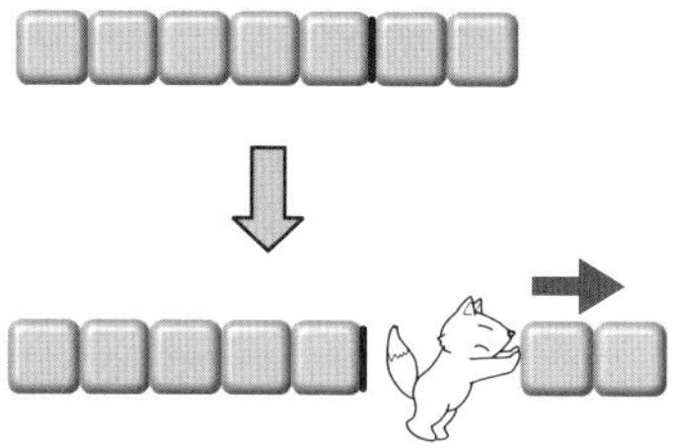

□ − □ = □

④

□ − □ = □

⑤

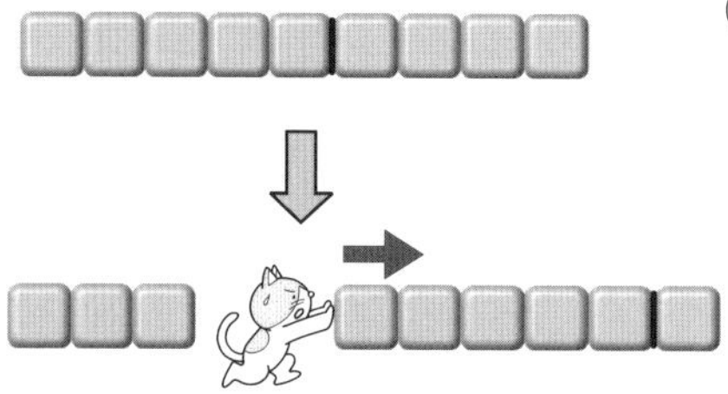

□ − □ = □

⑥

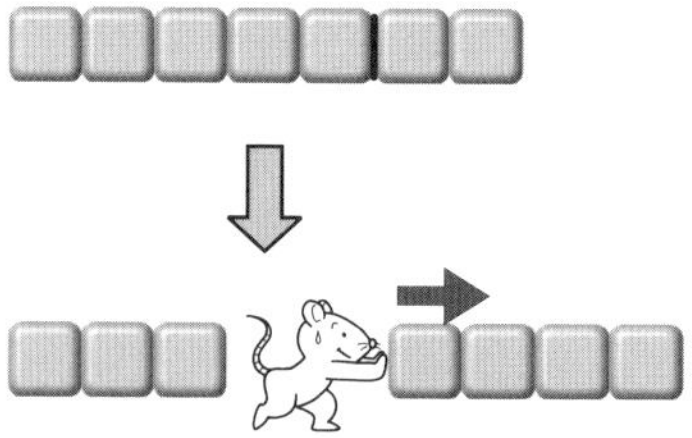

□ − □ = □

　（122%に拡大してご使用ください）

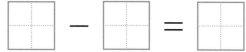

がつ　　にち

ひきざん ① (4)
こちらは いくつ

なまえ

1 ライオンが　7とう　います。

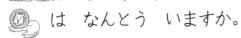

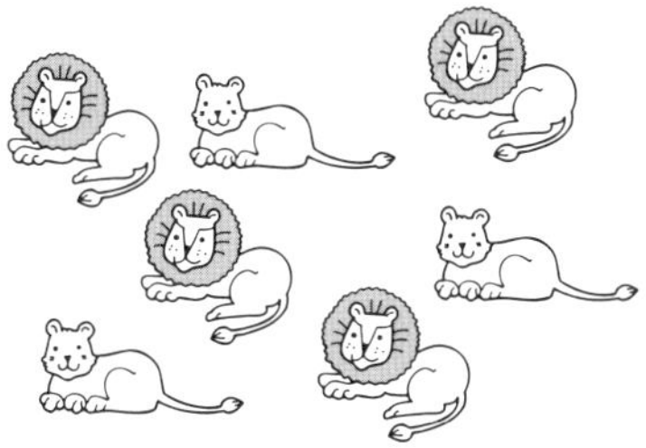

は　3とうです。
は　なんとう　いますか。

しき　□ − □ ＝ □

こたえ　□ とう

2 ぼうしが　8こ　あります。

は　5こです。
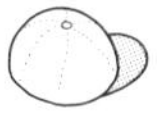は　なんこ　ありますか。

しき　□ − □ ＝ □

こたえ　□ こ

3 けいさんを　しましょう。

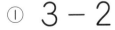

① 3 − 2

② 4 − 2

③ 6 − 4

④ 7 − 5
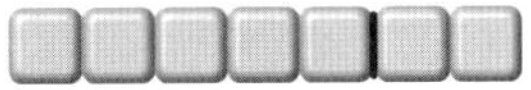

⑤ 9 − 3
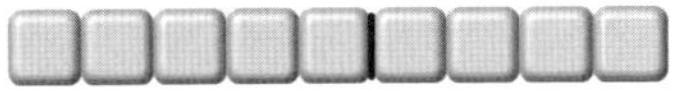

⑥ 8 − 6
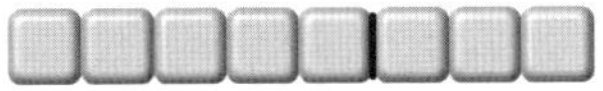

がつ　　にち

ひきざん ① (5)

なまえ

● けいさんを　しましょう。

① 3 − 1　② 5 − 3

③ 6 − 5　④ 8 − 3

⑤ 9 − 5　⑥ 7 − 4

⑦ 9 − 7　⑧ 6 − 5

⑨ 6 − 2　⑩ 9 − 6

⑪ 9 − 4　⑫ 2 − 1

⑬ 7 − 6　⑭ 8 − 4

⑮ 6 − 3　⑯ 9 − 8

⑰ 8 − 7　⑱ 9 − 2

　（122%に拡大してご使用ください）

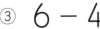

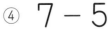

がつ　にち

ひきざん ① (6)

なまえ

1 こたえが　5に　なる　かあどに　◯を　つけましょう。

8－3	6－1	9－3
9－4	10－5	7－1
7－2	8－2	9－5

2 おなじ　こたえに　なる　かあどを　せんで　むすびましょう。

7－5・	・7－3
5－4・	・4－2
6－3・	・2－1
9－5・	・5－2

3 けいさんを　しましょう。

① 10－2　② 6－5

③ 7－2　④ 10－7

⑤ 8－2　⑥ 9－7

がつ　にち

ひきざん ① (7)

0の ひきざん

なまえ

1 きんぎょが　3びき　いました。
のこりの　きんぎょは　なんびきですか。

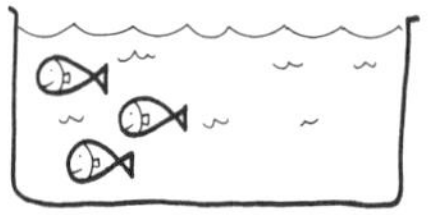

① 1ぴき　すくうと

しき □－□＝□

こたえ □ ひき

② 3びき　すくうと

しき □－□＝□

こたえ □ ひき

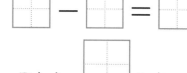

③ 1ぴきも　すくえないと

しき □－□＝□

こたえ □ びき

2 けいさんを　しましょう。

① 2－2　② 6－6

③ 3－0　④ 0－0

（122%に拡大してご使用ください）

がつ　　にち

ひきざん ① (8)
ちがいは いくつ

なまえ

1 あかい　じどうしゃが　8だい　とまって　います。
しろい　じどうしゃが　4だい　とまって　います。
あかい　じどうしゃは，しろい　じどうしゃより
なんだい　おおいですか。

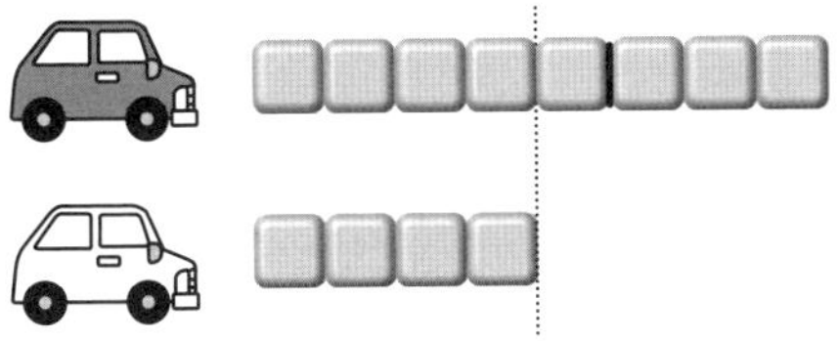

しき　□ － □ ＝ □

こたえ　□ だい

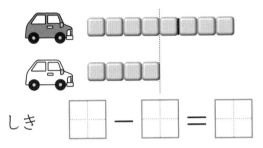

2 ひよこが　6わ　います。
にわとりが　4わ　います。
ひよこは，にわとりより　なんわ　おおいですか。

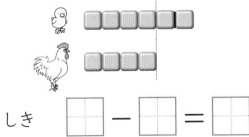

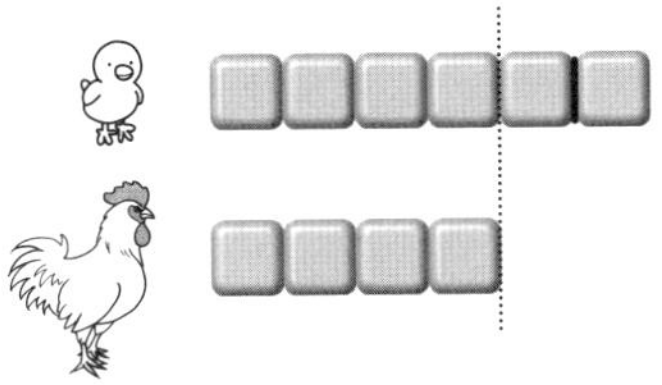

しき　□ － □ ＝ □

こたえ　□ わ

がつ　　にち

ひきざん ① (9)
ちがいは いくつ

なまえ

1 おりがみで　ひこうき　と　ふね　を　つくりました。
どちらが　なんこ　おおいですか。

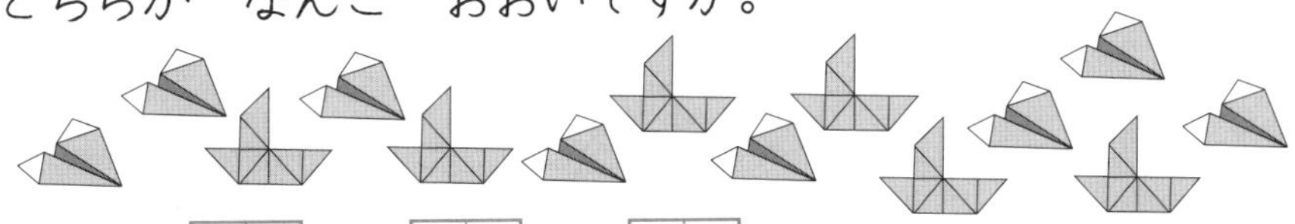

しき　□ － □ ＝ □

こたえ　□ が □ こ　おおい。

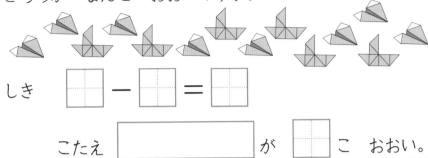

2 くわがた　と　かぶとむし　が　います。
どちらが　なんびき　おおいですか。

しき　□ － □ ＝ □

こたえ　□ が □ ひき　おおい。

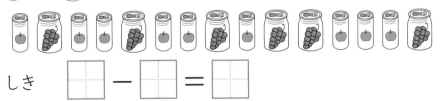

3 　と　　の　かずの　ちがいは　なんぼんですか。

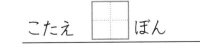

しき　□ － □ ＝ □

こたえ　□ ぼん

（122%に拡大してご使用ください）

がつ　　にち

ひきざん ①（10）

なまえ

1　みかんが　６こ　ありました。　２こ　たべました。
みかんは　なんこ　のこって　いますか。

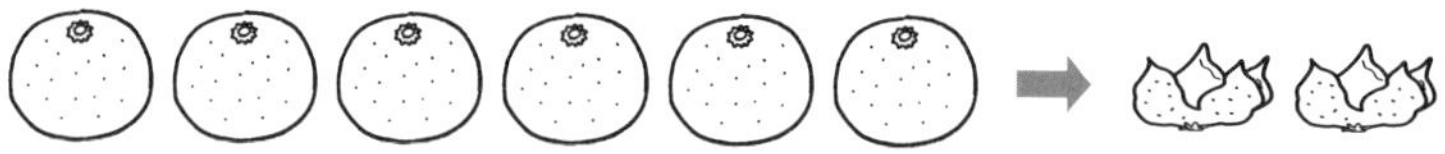

しき　□ − □ ＝ □

こたえ　□ こ

2　あかと　きいろの　いろがみが　あわせて　７まい
あります。そのうち　あかの　いろがみは　４まいです。
きいろの　いろがみは　なんまいですか。

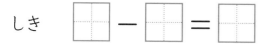

しき　□ − □ ＝ □

こたえ　□ まい

3　びわが　６こ　あります。
ももは　８こ　あります。
どちらが　なんこ　おおい
ですか。

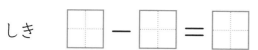

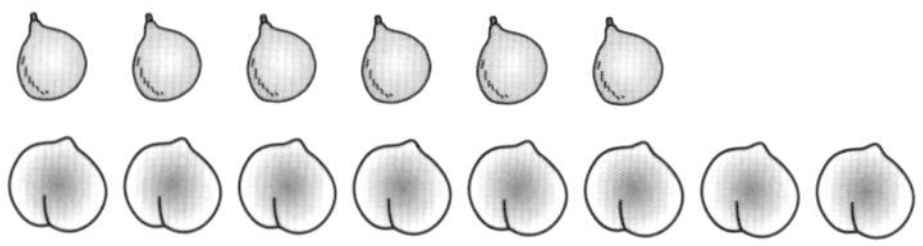

しき　□ − □ ＝ □

こたえ　□ が　□ こ　おおい。

がつ　　にち

ひきざん ①

まとめ ①

なまえ

1　ばったが　１０ぴき　いました。
３びき　とんで　いきました。
のこって　いる　ばったは　なんびきですか。

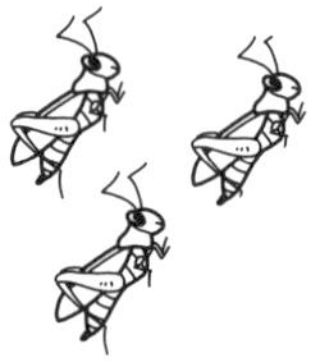

しき

こたえ

2　おんどりは　７わ　います。めんどりは　９わ　います。
どちらが　なんわ　おおいですか。

しき

こたえ　□ が　□ わ　おおい。

3　けいさんを　しましょう。

① ８ − １　　② ４ − ３

③ ７ − ７　　④ ９ − ６

⑤ ５ − ０　　⑥ １０ − ３

（122%に拡大してご使用ください）

がつ　　にち

ひきざん ①
まとめ ②

なまえ

1 こうえんに　10にん　います。
そのうち　4にんは　おとなです。
こどもは　なんにん　いますか。

しき

こたえ

2 こたえが　3に　なる　かあどに　◯を　つけましょう。

7－4	8－4	6－3
5－2	10－7	4－2

3 おなじ　こたえに　なる　かあどを　せんで
むすびましょう。

6－4・	・5－3
8－2・	・9－4
9－6・	・7－1
7－2・	・10－7
9－5・	・10－6

がつ　　にち

たしざん・ひきざん ①
まとめ ①

なまえ

1 たしざんを　しましょう。

① 3＋2　② 4＋3　③ 1＋5

④ 3＋5　⑤ 1＋9　⑥ 2＋4

⑦ 7＋3　⑧ 4＋4　⑨ 6＋2

2 ひきざんを　しましょう。

① 5－2　② 7－6　③ 8－3

④ 6－3　⑤ 8－6　⑥ 7－4

⑦ 10－2　⑧ 9－2　⑨ 10－4

3 こたえが　6に　なる　かあどに　◯を　つけましょう。

3＋4	3＋3	8－2
9－3	10－3	10－4

（122%に拡大してご使用ください）

がつ　　にち

たしざん・ひきざん ① まとめ ②

なまえ

● ちゅうりっぷの　えを　みて　こたえましょう。

あかい　ちゅうりっぷ　　　きいろい　ちゅうりっぷ

① あかい　ちゅうりっぷと　きいろい　ちゅうりっぷでは，どちらが　なんぼん　おおいですか。

しき

こたえ ＿＿＿＿＿＿＿＿＿＿

② ちゅうりっぷは，ぜんぶで　なんぼん　ありますか。

しき

こたえ ＿＿＿＿＿＿＿＿＿＿

③ ぜんぶの　ちゅうりっぷから　３ぼん　とりました。のこって　いる　ちゅうりっぷは　なんぼんですか。

しき

こたえ ＿＿＿＿＿＿＿＿＿＿

がつ　　にち

どちらが ながい（1）

なまえ

● ながい　ほうや，たかい　ほうの（　　）に　○を　つけましょう。

① （　　）（　　）

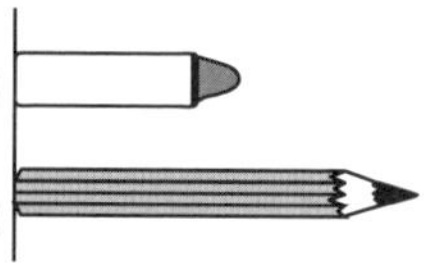

② （　　）（　　）

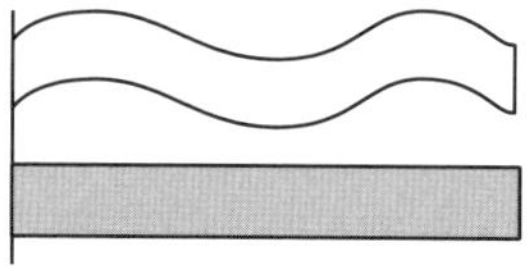

③

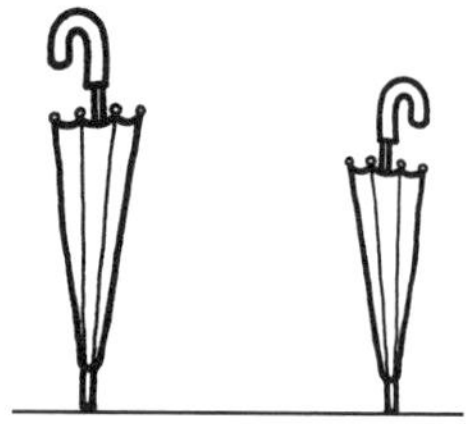

（　　）（　　）

④

（　　）（　　）

ふくしゅう

① $1+5$	② $4+2$	③ $5+3$
④ $6+1$	⑤ $4+6$	⑥ $7+3$
⑦ $5+5$	⑧ $3+6$	⑨ $2+8$

（122%に拡大してご使用ください）

がつ　　にち

どちらが ながい (2)

なまえ

● ながい　ほうの　(　)に　○を　つけましょう。

①

たて (　　)
よこ (　　)

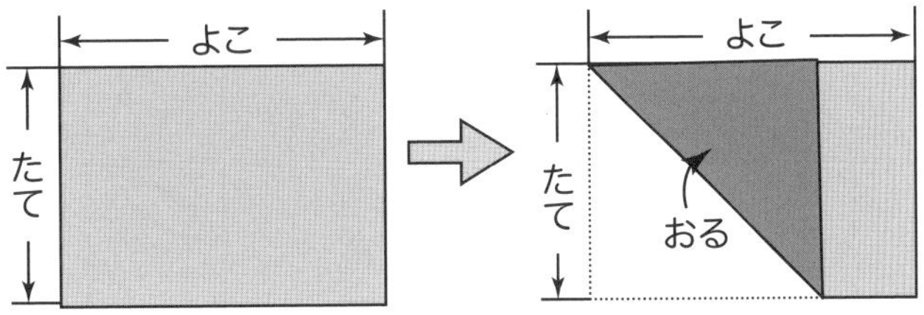

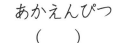

② えんぴつ　(　　)　　あかえんぴつ　(　　)

③ あおてえぷ　(　　)　　しろてえぷ　(　　)

ふくしゅう

① 4－1　② 6－5　③ 3－3

④ 6－4　⑤ 7－0　⑥ 8－4

⑦ 9－2　⑧ 10－4　⑨ 10－8

がつ　　にち

どちらが ながい (3)

なまえ

1 ながい　ほうの　(　)に　○を　つけましょう。

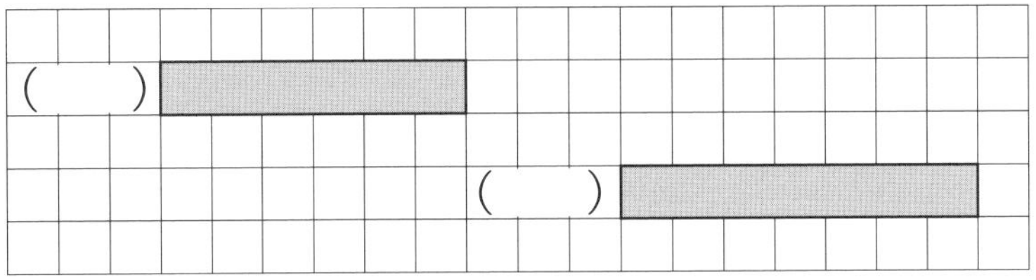

2 ながい　じゅんに　(　)に　ばんごうを　かきましょう。

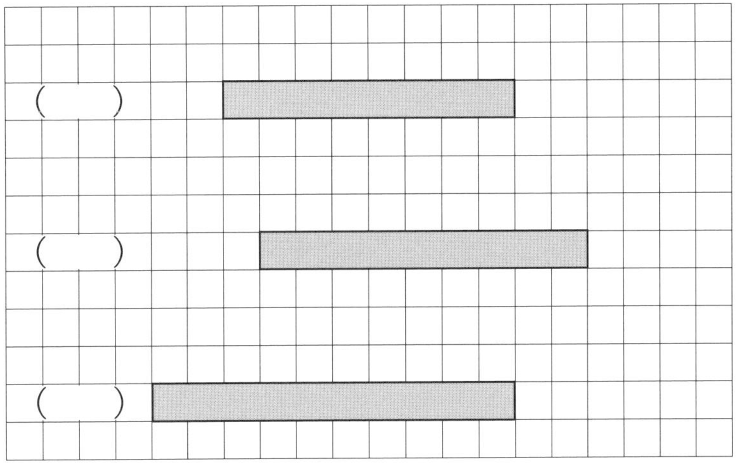

ふくしゅう

① 10－1　② 7－5　③ 5－3

④ 6－3　⑤ 9－8　⑥ 8－0

⑦ 8－5　⑧ 10－10　⑨ 9－2

　(122%に拡大してご使用ください)

がつ　　にち

どちらが ながい

まとめ

なまえ

1　あと　いの　ながさを　くらべましょう。
（　）に　あう　すうじや　きごうを
かきましょう。

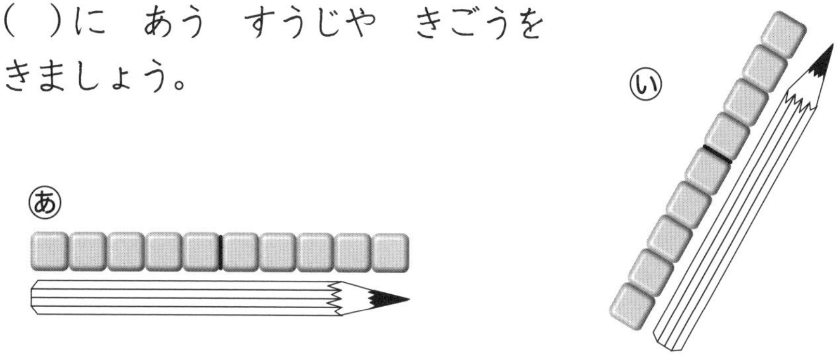

あの　えんぴつは　ぶろっく　（　　　）こぶんです。

いの　えんぴつは　ぶろっく　（　　　）こぶんです。

あと　いでは，（　　　）の　ほうが　ながいです。

2　ながい　じゅんに　（　）に　ばんごうを　かきましょう。

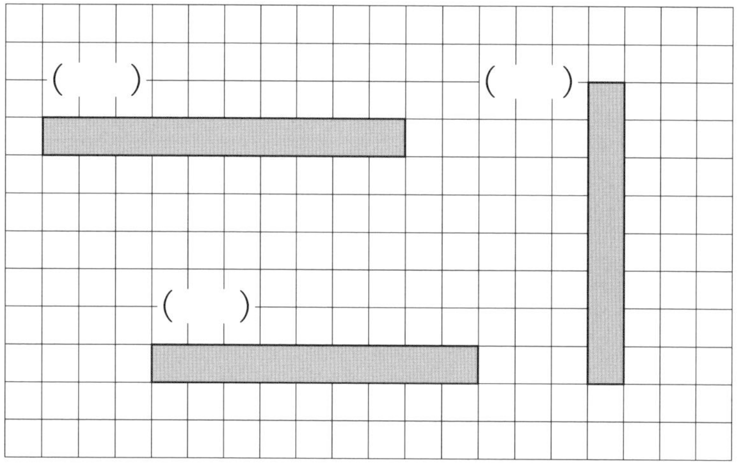

がつ　　にち

わかりやすく せいりしよう（1）

なまえ

●　やさいの　かずを　しらべましょう。

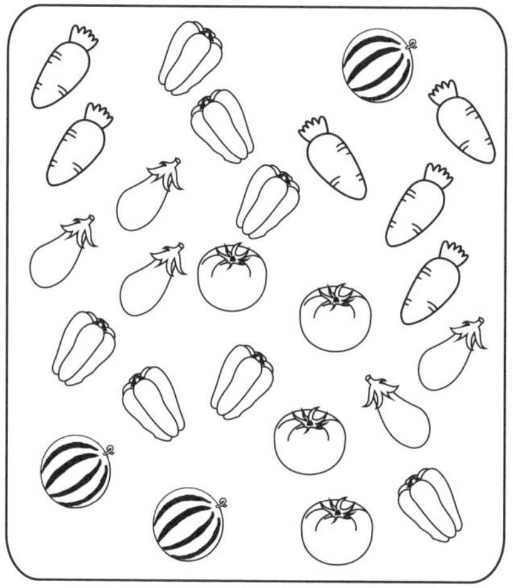

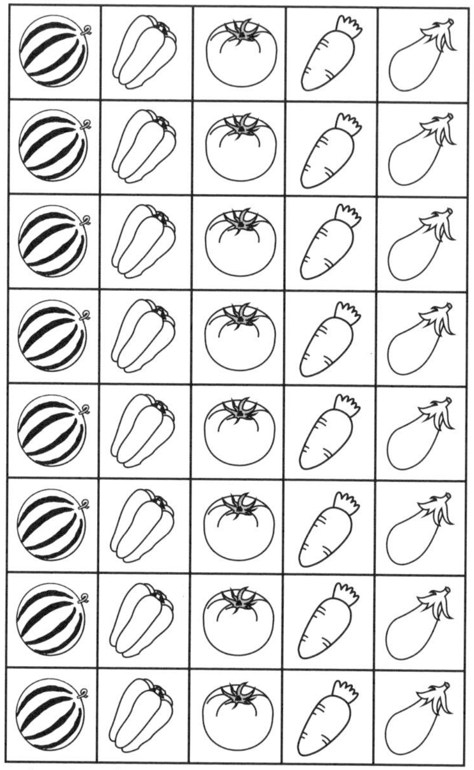

すいか　ぴーまん　とまと　にんじん　なす

①　したから　じゅんに
やさいの　かずだけ
いろを　ぬりましょう。

②　いちばん　おおい　やさいは　なんですか。
また，それは　なんこですか。

（　　　　　　　　）で　（　　　）こ

（122%に拡大してご使用ください）

がつ　　にち

わかりやすく せいりしよう（2）

なまえ

● くだものの　かずを　しらべましょう。

① したから　じゅんに　くだものの　かずだけ　いろを　ぬりましょう。

② いちばん　おおい　くだものは　なんですか。
　また，その　かずは　なんこですか。

（　　　　　　　）で（　　　）こ

③ いちばん　すくない　くだものは　なんですか。
　また，その　かずは　なんこですか。

（　　　　　　　）で（　　　）こ

がつ　　にち

10より おおきい かず（1）

なまえ

● どんぐりの　かずを　かぞえましょう。10と　いくつですか。10を　○で　かこんで　かんがえましょう。

①

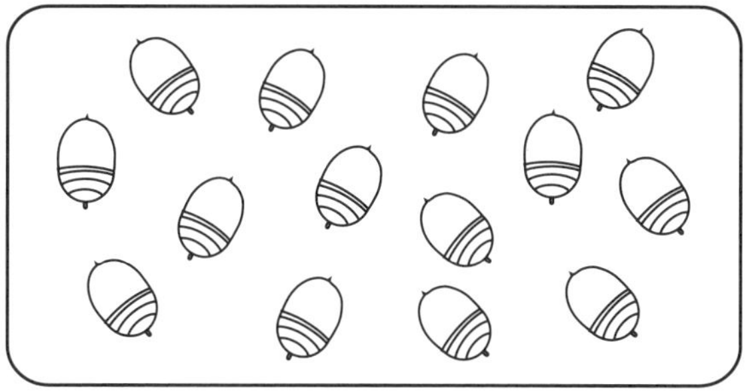

10こと（　　　）こ

②

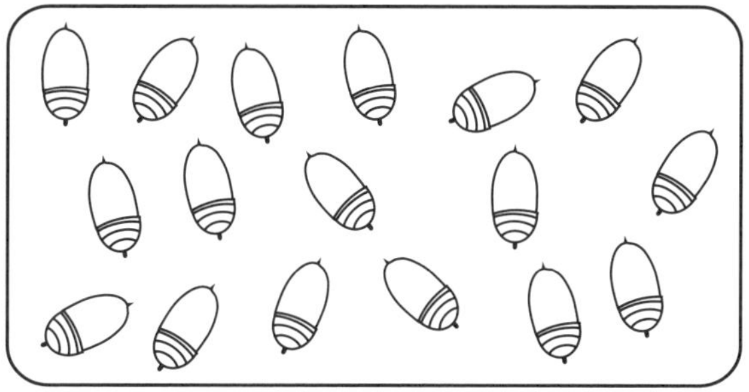

10こと（　　　）こ

ふくしゅう

① $4+2$　② $1+3$　③ $6+2$

④ $2+7$　⑤ $4+6$　⑥ $5+5$

（122%に拡大してご使用ください）

がつ　　にち

10より おおきい かず (2)

なまえ

● ぶろっくの　かずを　□に　かきましょう。

① 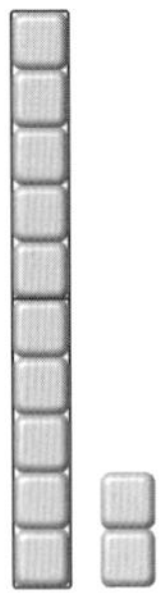

② 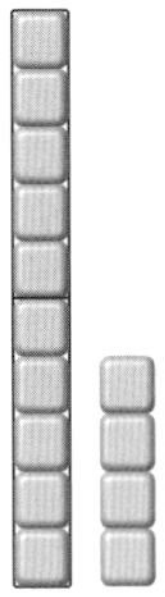

③ 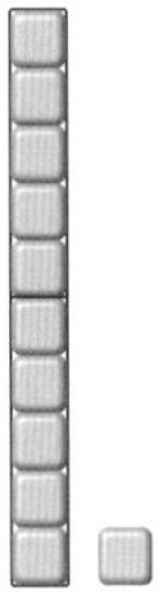

④ 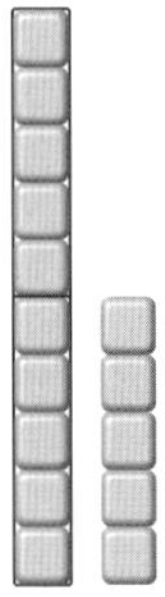

⑤ 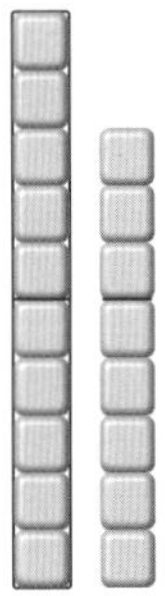

⑥ 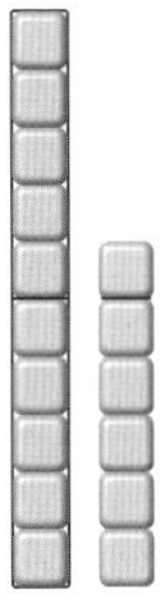

⑦ 

⑧ 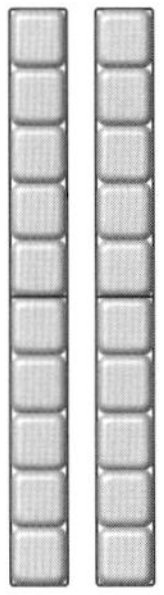

ふくしゅう

① 3－2　② 5－1　③ 10－4

④ 7－5　⑤ 9－2　⑥ 10－1

がつ　　にち

10より おおきい かず (3)

なまえ

● かずを　かぞえて　□に　かきましょう。

① 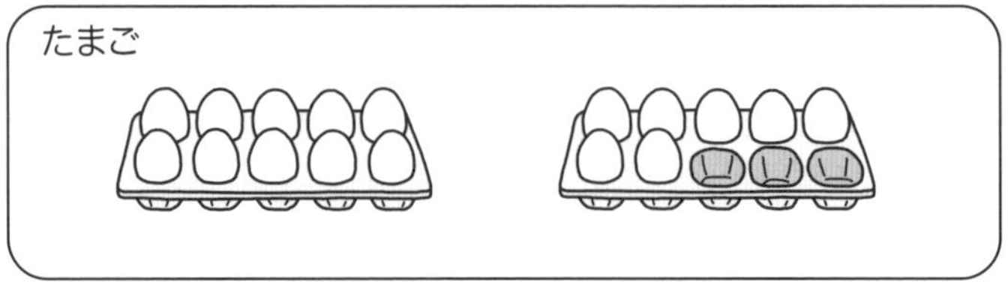

② 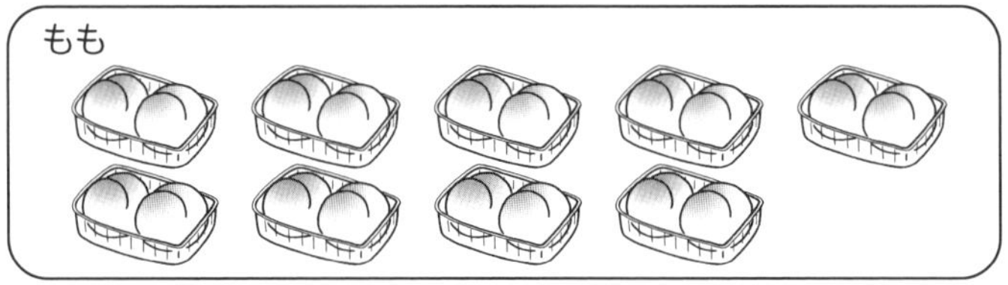

③ 

④ 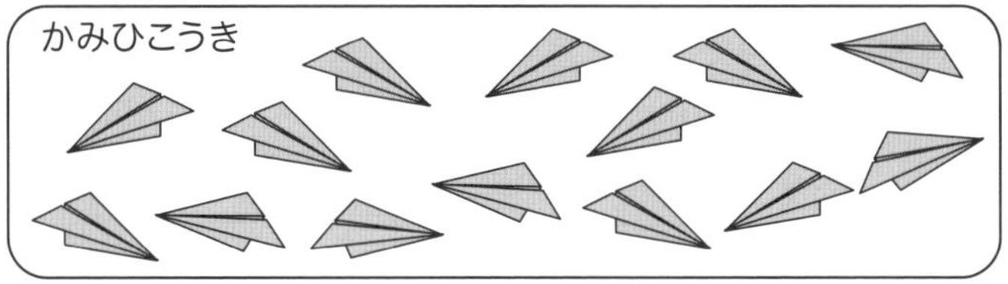

ふくしゅう

① 5＋1　② 6＋3　③ 9＋1

④ 0＋0　⑤ 2＋3　⑥ 7＋2

（122%に拡大してご使用ください）

がつ　　にち

10より おおきい かず（4）

なまえ

1　したの　えを　みて　こたえましょう。

① みんなで　なんにん　ならんで　いますか。

（　　　）にん

② ふみやさんは　まえから　なんばんめに　いますか。

まえから　（　　　）ばんめ

③ まえから　14ばんめに　いるのは　だれですか。

（　　　　　）さん

④ まささきさんは　うしろから　なんばんめに　いますか。

うしろから　（　　　）ばんめ

⑤ うしろから　12ばんめに　いるのは　だれですか。

（　　　　　）さん

2　1から20まで　じゅんばんに　かきましょう。

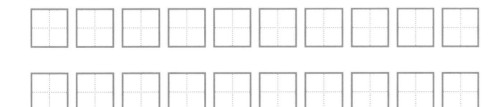

がつ　　にち

10より おおきい かず（5）

なまえ

1　（　）に　かずを　かきましょう。

① 10と　3で　（　　　）

② 10と　5で　（　　　）

③ 10と　7で　（　　　）

④ 10と　9で　（　　　）

⑤ 10と　10で　（　　　）

2　（　）に　かずを　かきましょう。

① 11は　10と　（　　　）

② 18は　10と　（　　　）

③ 14は　（　　　）と　4

④ 16は　（　　　）と　6

⑤ 20は　（　　　）と　10

ふくしゅう

● ふうせんが　10こ　ありました。4こ　われました。ふうせんは　なんこ　のこっていますか。

しき

こたえ

（122%に拡大してご使用ください）

がつ　　にち

10より おおきい かず (6)

なまえ

● □に　あてはまる　かずを　かきましょう。

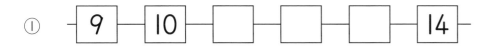

① 9 ― 10 ― □ ― □ ― □ ― 14

② □ ― □ ― 17 ― 18 ― 19 ― □

③ 14 ― 13 ― 12 ― □ ― □ ― □

④ □ ― 6 ― 8 ― 10 ― □ ― □

⑤ □ ― 18 ― 16 ― □ ― □ ― □

⑥ 5 ― 10 ― □ ― □

ふくしゅう

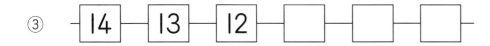

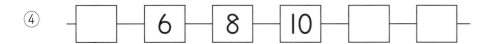

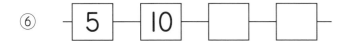

● しろい　いぬが　2ひき，くろい　いぬが　6ぴき　います。
いぬは　あわせて　なんびき　いますか。

しき

こたえ

がつ　　にち

10より おおきい かず (7)

なまえ

● かずのせんを　みて　かんがえましょう。

かずのせん

0　1　2　3　4　5　6　7　8　9　10　11　12　13　14　15　16　17　18　19　20

(1)　おおきい　ほうに　○を　つけましょう。

①（　11　と　13　）　②（　20　と　19　）

③（　18　と　16　）　④（　16　と　14　）

⑤（　20　と　12　）　⑥（　15　と　20　）

(2)　つぎの　かずを　（　　）に　かきましょう。

①　12よりも　3　おおきい　かず　（　　）

②　15よりも　2　おおきい　かず　（　　）

③　11よりも　3　ちいさい　かず　（　　）

④　20よりも　5　ちいさい　かず　（　　）

ふくしゅう

● えんぴつが　9ほん　あります。
けずった　えんぴつは　4ほんです。
けずって　いない　えんぴつは　なんぼんですか。

しき

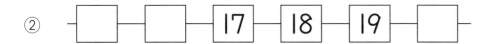

こたえ

がつ　　にち

10より おおきい かず (8)

なまえ

1 (　)に　あてはまる　かずを　かきましょう。

① 10　と　4を　あわせた
かずは　(　　)です。

② 14から　4を　とった
かずは　(　　)です。

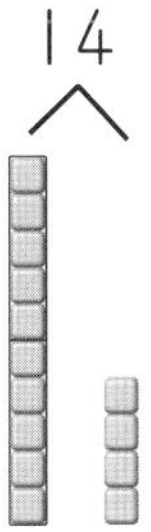

③ 10　と　8を　あわせた
かずは　(　　)です。

④ 18から　8を　とった
かずは　(　　)です。

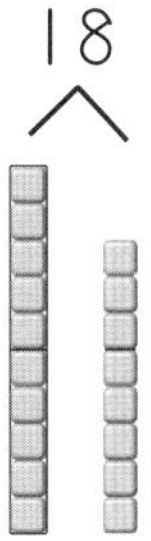

2 けいさんを　しましょう。

① 10＋2　② 10＋5　③ 10＋9

④ 11－1　⑤ 15－5　⑥ 17－7

ふくしゅう

● 10りょうの　でんしゃと　8りょうの　でんしゃが
あります。ちがいは，なんりょうですか。

しき

こたえ

がつ　　にち

10より おおきい かず (9)

なまえ

1 (　)に　あてはまる　かずを　かきましょう。

① 15＋3
10は　そのままで
5＋(　　)＝(　　)だから
15＋3＝(　　)

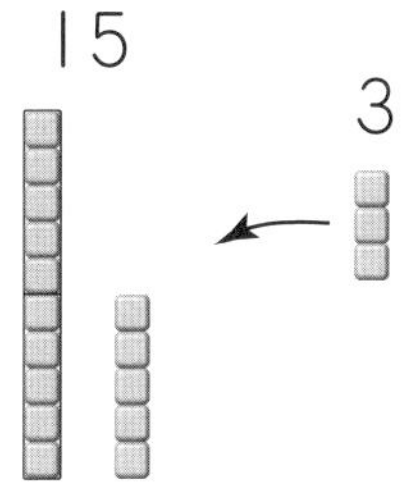

② 16－2
10は　そのままで
6－(　　)＝(　　)だから
16－2＝(　　)

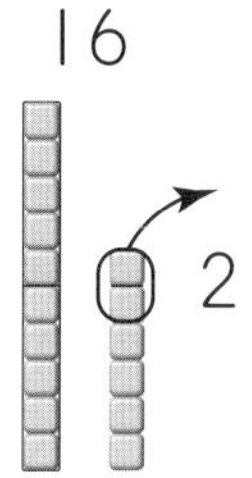

2 けいさんを　しましょう。

① 12＋3　② 11＋5　③ 12＋6

④ 15－2　⑤ 16－4　⑥ 18－5

ふくしゅう

● ばすに　5にん　のって　います。
つぎの　ばすていで　3にん　のって　きました。
みんなで　なんにんに　なりましたか。

しき

こたえ

(122%に拡大してご使用ください)

がつ　にち

10より おおきい かず（10）

なまえ

1　きゃらめるが　はこに　12こ　はいって　います。
はこの　そとに　5こ　あります。
きゃらめるは，あわせて　なんこ　ありますか。

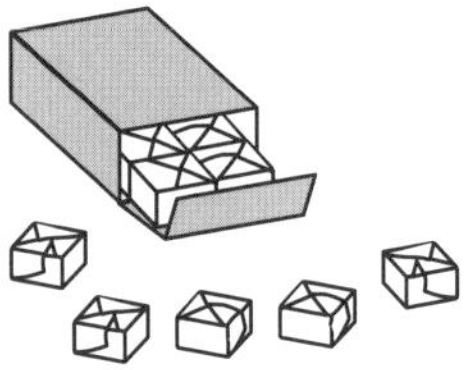

しき

こたえ

2　けいさんを　しましょう。

① 10 + 4　② 15 + 4　③ 12 + 6

④ 11 + 8　⑤ 13 + 3　⑥ 10 + 9

⑦ 12 + 7　⑧ 11 + 4　⑨ 15 + 2

⑩ 10 + 5　⑪ 15 + 3　⑫ 13 + 4

ふくしゅう

● はんかちが　4まい，たおるが　8まい　あります。
たおるの　ほうが　なんまい　おおいですか。

しき

こたえ

がつ　にち

10より おおきい かず（11）

なまえ

1　すずめが　16わ　やねに　とまって　います。
5わ　とんで　いきました。やねに　とまって　いる
すずめは，なんわに　なりましたか。

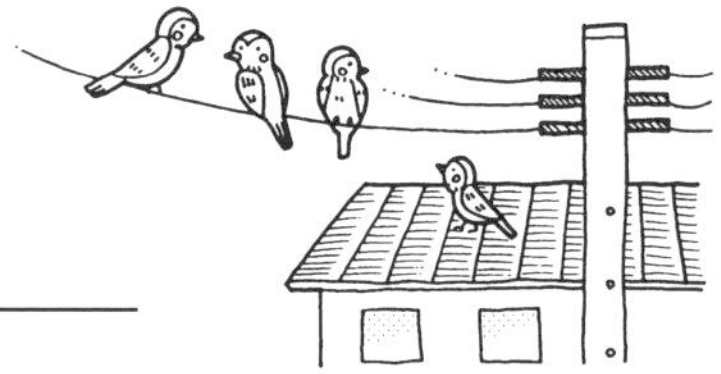

しき

こたえ

2　けいさんを　しましょう。

① 13 − 3　② 18 − 2　③ 19 − 7

④ 17 − 7　⑤ 17 − 4　⑥ 15 − 5

⑦ 16 − 3　⑧ 14 − 2　⑨ 18 − 4

⑩ 19 − 6　⑪ 17 − 3　⑫ 16 − 2

ふくしゅう

● いろがみを　7まい　もって　います。3まい　もらい
ました。いろがみは　なんまいに　なりましたか。

しき

こたえ

がつ　　にち

10より おおきい かず (12)

なまえ

1 かずを　かぞえて　(　)に　かきましょう。

① おりがみ

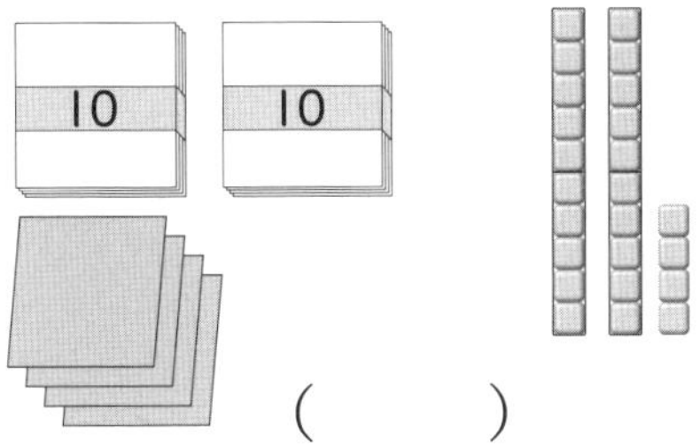

(　　　)

② かぞえぼう

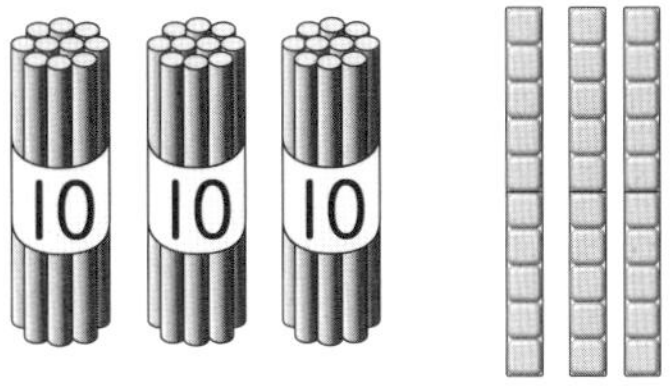

(　　　)

2 かれんだあの　つづきを　□に　かきましょう。

にち	げつ	か	すい	もく	きん	ど
		1	2	3	4	5
6	7	8	□	□	□	□
□	□	□	□	□	□	□
□	□	□	□	□	□	□
□	□	□	□	31		

ふくしゅう

① 4＋3　② 5＋3　③ 5＋5

④ 10＋2　⑤ 10＋6　⑥ 10＋10

がつ　　にち

10より おおきい かず まとめ①

なまえ

1 (　)に　かずを　かきましょう。

① さかな　(　　)

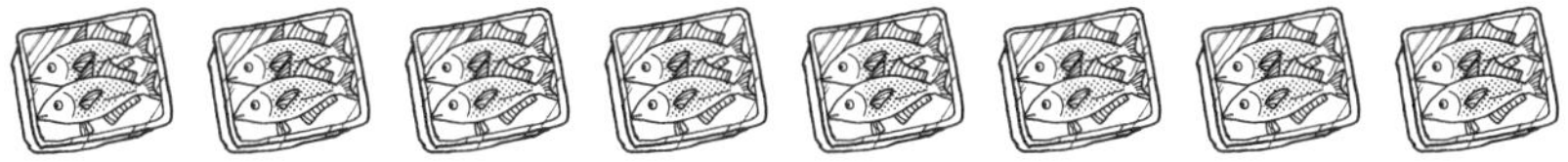

② チューリップ　(　　)

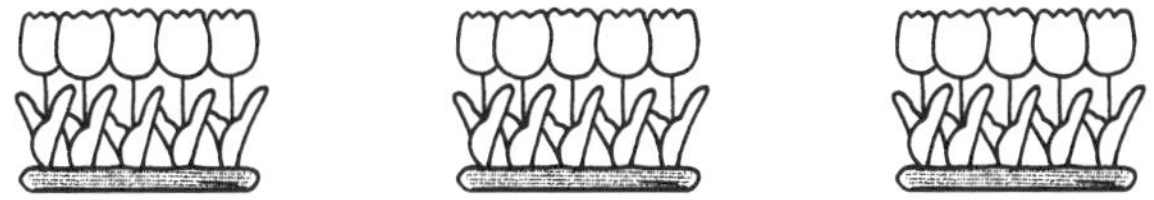

③ (　　)　④ (　　)　⑤ (　　)

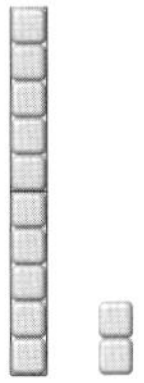

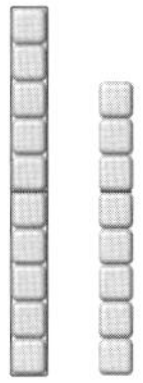

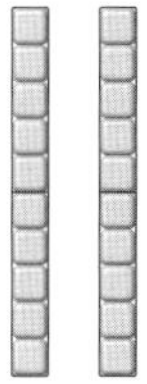

2 (　)に　あてはまる　かずを　かきましょう。

① 10と　1で　(　　)
② 10と　3で　(　　)
③ 17は　(　　)と　7
④ 19は　10　と　(　　)

3 おおきい　ほうに　○を　つけましょう。

① (　12　と　14　)　② (　20　と　18　)

③ (　17　と　15　)　④ (　9　と　11　)

(122%に拡大してご使用ください)

がつ　　にち

10より おおきい かず　まとめ ②

なまえ

1 □に　あてはまる　かずを　かきましょう。

①	10	11				15
②	8	10				18
③			18			15
④		18	16			10

2 つぎの　かずを　（　）に　かきましょう。

① 13より　2　おおきい　かず　（　　　）

② 17より　3　おおきい　かず　（　　　）

③ 17より　3　ちいさい　かず　（　　　）

④ 15より　4　ちいさい　かず　（　　　）

3 けいさんを　しましょう。

① 10 + 4　② 10 + 8　③ 12 + 4

④ 15 + 4　⑤ 13 + 4　⑥ 16 + 3

⑦ 16 − 6　⑧ 15 − 2　⑨ 18 − 4

⑩ 19 − 9　⑪ 17 − 6　⑫ 16 − 4

がつ　　にち

なんじ なんじはん (1)

なまえ

● とけいを　よみましょう。

① 
（　　　）じ

② 
（　　　）じ

③ 
（　　　）じ

④ 
（　　　）じ

⑤ 
（　　　）じ

⑥ 
（　　　）じ

⑦ 
（　　　）じ

⑧ 
（　　　）じ

⑨ 
（　　　）じ

ふくしゅう

① 7 − 3　② 8 − 5　③ 6 − 4

④ 10 − 2　⑤ 10 − 4　⑥ 10 − 5

⑦ 9 − 2　⑧ 8 − 4　⑨ 9 − 6

（122%に拡大してご使用ください）

がつ　　にち

なんじ なんじはん (2)

なまえ

● とけいを　よみましょう。

① 
②　
③　

（　　　）じはん　（　　　）じはん　（　　　）じはん

④ 
⑤ 
⑥ 

（　　）じ（　　　）　（　　）じ（　　　）　（　　）じ（　　　）

⑦ 
⑧ 
⑨ 

（　　）じ（　　　）　（　　）じ（　　　）　（　　）じ（　　　）

ふくしゅう

① 7 − 5　② 5 − 1　③ 9 − 7

④ 8 − 6　⑤ 10 − 6　⑥ 10 − 7

⑦ 14 − 4　⑧ 16 − 5　⑨ 18 − 4

がつ　　にち

3つの かずの けいさん (1)

なまえ

1　1つの　しきに　かいて　こたえましょう。

ちょうが　2ひき　いました。
そこへ　3びき　やって　きました。
また，4ひき　やって　きました。
ちょうは　あわせて　なんびきに
なりましたか。

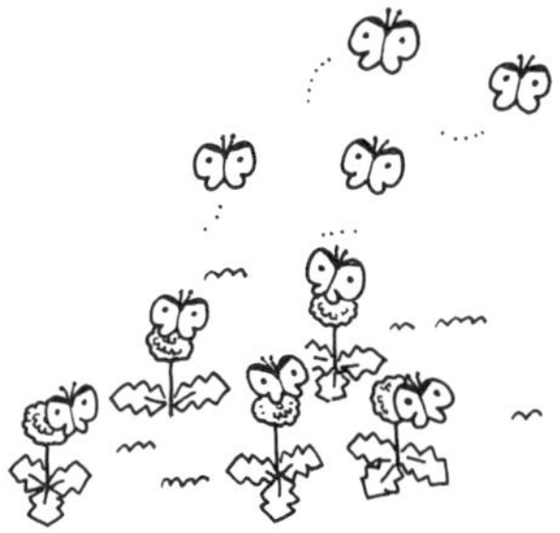

しき

こたえ

2　けいさんを　しましょう。

① 2 + 1 + 4　② 2 + 3 + 3

③ 4 + 1 + 5　④ 7 + 3 + 4

⑤ 8 + 2 + 6　⑥ 5 + 5 + 5

⑦ 4 + 6 + 2　⑧ 9 + 1 + 10

（122%に拡大してご使用ください）

がつ　　にち

3つの かずの けいさん（2）

なまえ

1　1つの　しきに　かいて　こたえましょう。

かえるが　7ひき　いました。
2ひき　いけに　はいりました。
また，1ぴき　いけに　はいりました。
かえるは　なんびきに　なりましたか。

しき

こたえ＿＿＿＿＿＿＿＿

2　けいさんを　しましょう。

① 8 − 3 − 2　　② 9 − 3 − 2

③ 7 − 3 − 1　　④ 8 − 2 − 4

⑤ 14 − 4 − 2　　⑥ 15 − 5 − 3

⑦ 13 − 3 − 5　　⑧ 17 − 7 − 6

がつ　　にち

3つの かずの けいさん（3）

なまえ

1　1つの　しきに　かいて　こたえましょう。

あめが　6こ　ありました。
4こ　たべました。
5こ　もらいました。
あめは　なんこに　なりましたか。

しき

こたえ＿＿＿＿＿＿＿＿

2　けいさんを　しましょう。

① 9 − 3 + 2　　② 8 − 4 + 2

③ 10 − 5 + 1　　④ 16 − 6 + 4

⑤ 13 − 3 + 7　　⑥ 17 − 6 + 5

⑦ 19 − 6 + 3　　⑧ 18 − 7 + 4

（122%に拡大してご使用ください）

がつ　にち

3つの かずの けいさん (4)

なまえ

1　おすの　らいおんが　4とう，
めすの　らいおんが　3とう　います。
そのうち　2とうの　らいおんが　どこかへ
いきました。
らいおんは　なんとうに　なりましたか。

しき

こたえ＿＿＿＿＿＿＿＿

2　けいさんを　しましょう。

① $5+3-2$　　② $4+3-5$

③ $2+8-4$　　④ $7+3-9$

⑤ $10+7-3$　　⑥ $10+6-4$

⑦ $12+6-3$　　⑧ $11+7-4$

がつ　にち

3つの かずの けいさん (5)

なまえ

1　ばすに　8にん　のって　います。つぎの　ばすていで
3にん　おりました。そして，4にん　のりました。
みんなで　なんにんに　なりましたか。

しき

こたえ＿＿＿＿＿＿＿＿

2　きょうは　あさに　うんどうじょうを　4しゅう
はしりました。おひるに　6しゅう　はしりました。
ゆうがたに　5しゅう　はしりました。
きょうは　なんしゅう　はしりましたか。

しき

こたえ＿＿＿＿＿＿＿＿

3　みかんが　15こ　ありました。きのう　5こ
たべました。きょう　3こ　たべました。
みかんは　なんこ　のこって　いますか。

しき

こたえ＿＿＿＿＿＿＿＿

がつ　　にち

3つの かずの けいさん（6）

なまえ

● けいさんを　しましょう。

① 5 + 1 − 3　　② 7 − 5 + 2

③ 4 + 2 + 3　　④ 9 − 3 − 2

⑤ 3 + 6 − 4　　⑥ 7 − 3 + 5

⑦ 8 − 2 + 4　　⑧ 5 + 4 + 1

⑨ 4 + 6 − 7　　⑩ 10 − 4 + 2

⑪ 5 + 5 + 2　　⑫ 1 + 9 − 6

⑬ 10 + 3 − 1　　⑭ 12 − 2 + 5

⑮ 14 + 2 − 5　　⑯ 13 + 6 − 4

⑰ 17 − 5 + 2　　⑱ 18 − 6 + 4

⑲ 12 − 2 − 5　　⑳ 14 − 4 − 7

がつ　　にち

3つの かずの けいさん まとめ

なまえ

1　ちゅうしゃじょうに　くるまが　6だい　とまって　いました。4だい　はいって　きました。2だい　でて　いきました。ちゅうしゃじょうに　とまって　いる　くるまは　なんだいに　なりましたか。

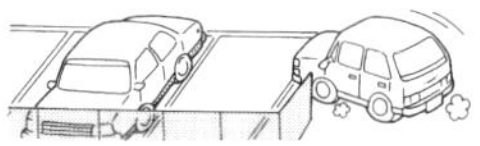

しき

こたえ

2　ばすに　7にん　のって　います。つぎの　ばすていで　3にん　のりました。その　つぎの　ばすていでは　4にん　のりました。ばすに　のって　いる　ひとは，なんにんに　なりましたか。

しき

こたえ

3　けいさんを　しましょう。

① 16 − 6 − 7　　② 9 − 6 + 5

③ 10 − 7 + 4　　④ 12 + 4 + 3

がつ　　にち

かさくらべ (1)

なまえ

● おおい　ほうの　(　)に　○を　つけましょう。

① おなじ　いれもの

(　　)　　(　　)

② おなじ　いれものに　うつす

(　　)　　(　　)

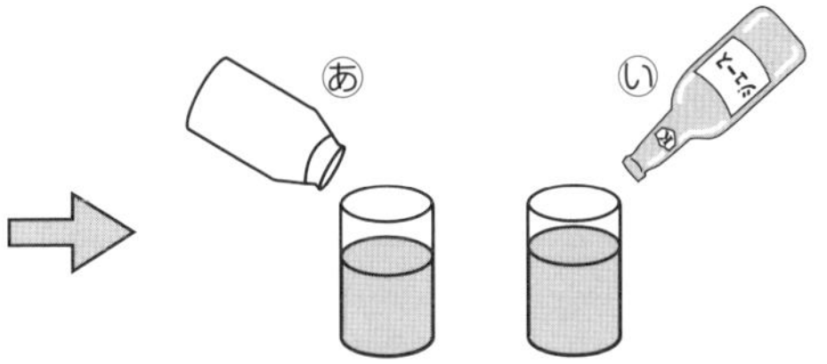

③ みずの　たかさは　おなじ

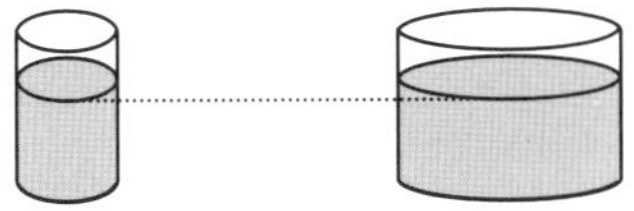

(　　)　　(　　)

ふくしゅう

① 3 + 4　② 4 + 2　③ 1 + 7

④ 8 + 2　⑤ 4 + 4　⑥ 0 + 5

⑦ 10 + 2　⑧ 15 + 3　⑨ 17 + 2

がつ　　にち

かさくらべ (2)

なまえ

● おおい　ほうの　(　)に　○を　つけましょう。

①

(　　)

(　　)

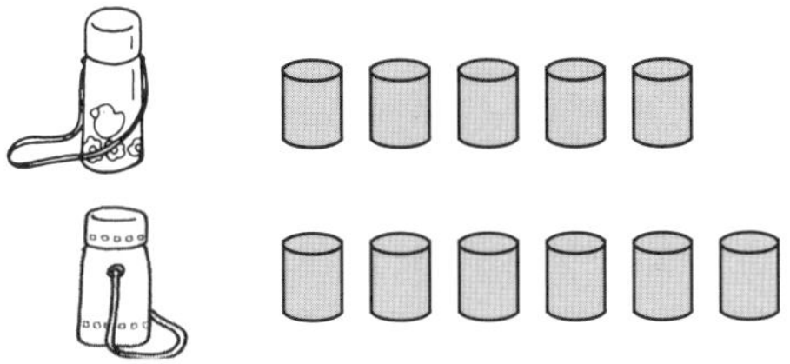

②

(　　)

(　　)

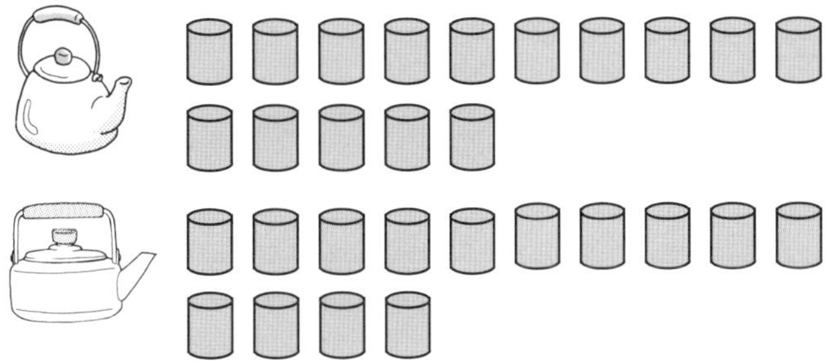

③

(　　)

(　　)

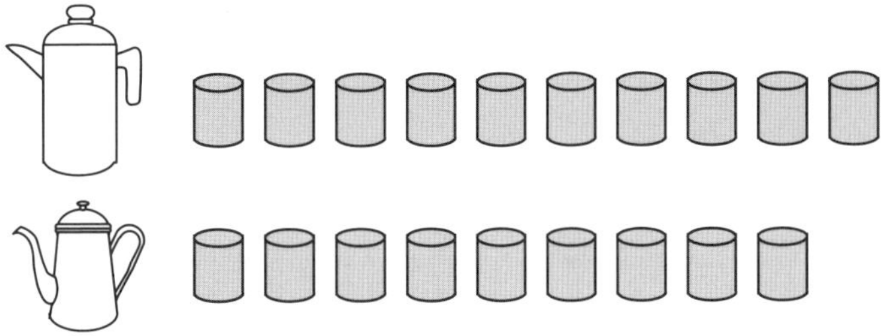

ふくしゅう

① 5 − 3　② 7 − 4　③ 8 − 5

④ 9 − 3　⑤ 10 − 2　⑥ 10 − 7

⑦ 16 − 2　⑧ 19 − 7　⑨ 17 − 7

(122%に拡大してご使用ください)

がつ　　にち

かさくらべ (3)

なまえ

● おおい　じゅんに　ばんごうを　かきましょう。

①

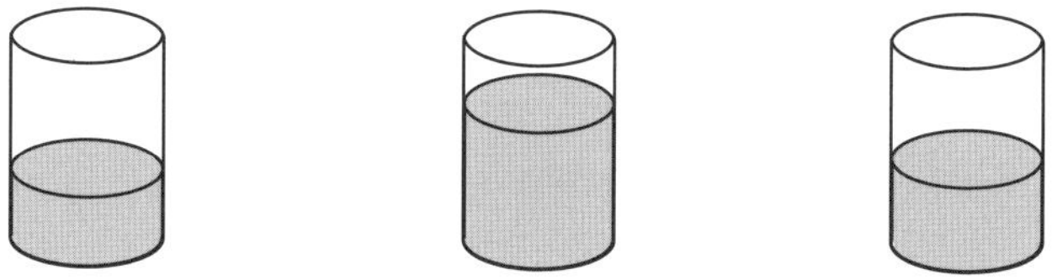

(　　)　(　　)　(　　)

②

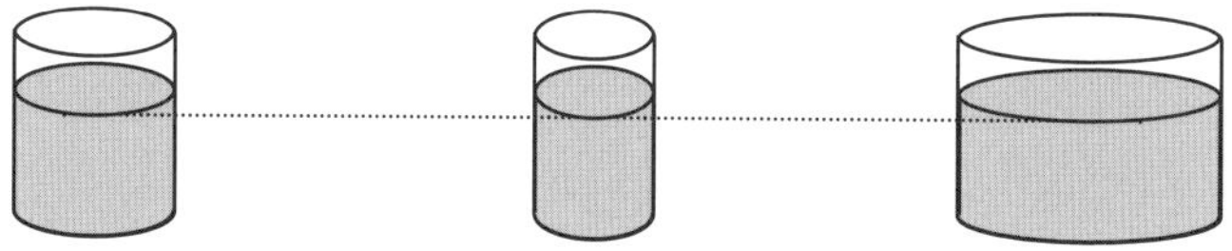

(　　)　(　　)　(　　)

③

(　　) 

(　　) 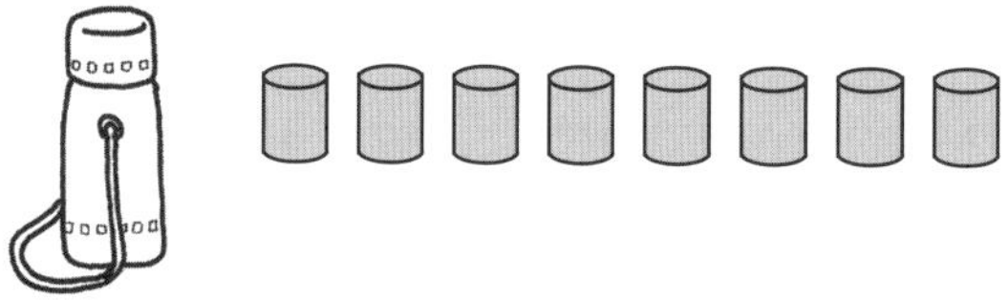

(　　) 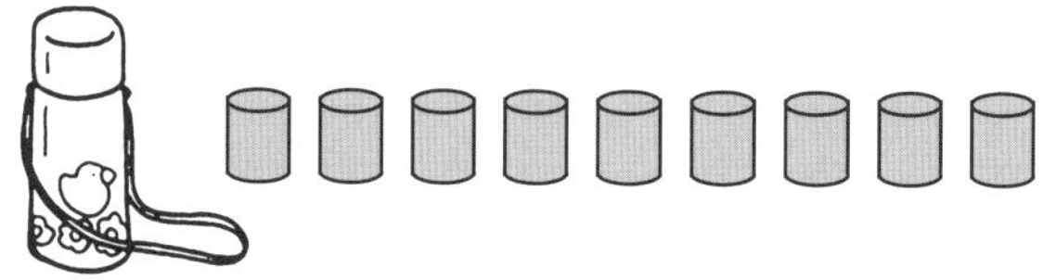

がつ　　にち

かさくらべ まとめ

なまえ

● おおい　ほうの　(　)に　○を　つけましょう。

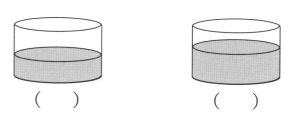

①

(　　)　(　　)

②

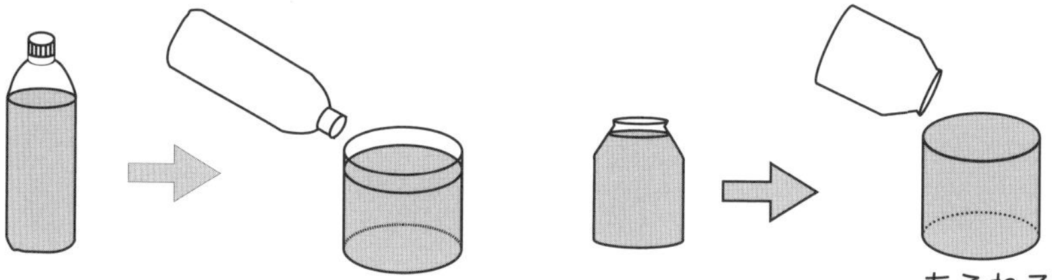

(　　)　(　　)

あふれる

③

(　　)　(　　)

④

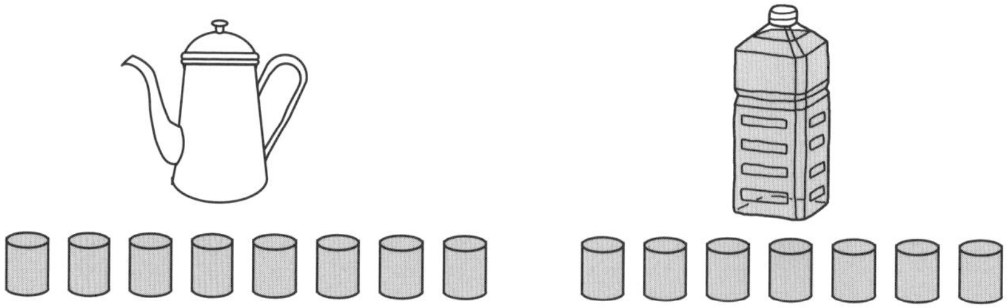

(　　)　(　　)

（122%に拡大してご使用ください）

がつ　　にち

たしざん ② (1)
くりあがり

なまえ

1 あかの　あさがおが　９こ，むらさきの　あさがおが　４こ　さいて　います。あさがおの　はなは，あわせて　なんこ　さいて　いますか。

しき

こたえ ＿＿＿＿＿＿

2 けいさんを　しましょう。

① 9 ＋ 3　　② 9 ＋ 5

③ 9 ＋ 7　　④ 9 ＋ 4

⑤ 9 ＋ 8　　⑥ 9 ＋ 6

⑦ 9 ＋ 9　　⑧ 9 ＋ 2

ふくしゅう

● □に　あう　かずを　かきましょう。

① 3 → 2 と □　② 4 → □ と 1　③ 4 → □ と 2　④ 5 → 3 と □　⑤ 5 → 1 と □

がつ　　にち

たしざん ② (2)
くりあがり

なまえ

1 とりが　８わ　います。
３わ　やって　きました。
とりは，ぜんぶで　なんわに　なりましたか。

しき

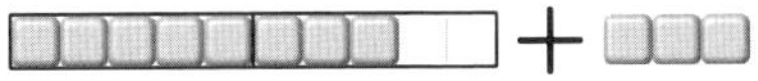

こたえ ＿＿＿＿＿＿

2 けいさんを　しましょう。

① 8 ＋ 4　　② 8 ＋ 7

③ 8 ＋ 6　　④ 8 ＋ 9

⑤ 8 ＋ 8　　⑥ 8 ＋ 5

⑦ 9 ＋ 9　　⑧ 9 ＋ 2

ふくしゅう

● □に　あう　かずを　かきましょう。

① 5 → 2 と □　② 6 → 2 と □　③ 6 → 1 と □　④ 6 → 3 と □　⑤ 7 → 4 と □

（122%に拡大してご使用ください）

がつ　　にち

たしざん ② (3)
くりあがり

なまえ

1　くるまが　7だい　とまって　います。
4だい　くると，ぜんぶで　なんだいに　なりますか。

しき

こたえ ＿＿＿＿＿＿

2　けいさんを　しましょう。

① 7 ＋ 5　　② 7 ＋ 7

③ 7 ＋ 8　　④ 7 ＋ 6

⑤ 7 ＋ 9　　⑥ 7 ＋ 3

ふくしゅう

●　□に　あう　かずを　かきましょう。

① 7 → 5 と □　② 7 → 6 と □　③ 7 → 2 と □　④ 7 → 3 と □　⑤ 7 → 1 と □

⑥ 8 → □ と 4　⑦ 8 → □ と 6　⑧ 8 → □ と 5　⑨ 8 → □ と 7　⑩ 8 → □ と 3

がつ　　にち

たしざん ② (4)
くりあがり

なまえ

1　けいさんを　しましょう。

① 8 ＋ 3　　② 9 ＋ 5

③ 9 ＋ 6　　④ 7 ＋ 7

⑤ 8 ＋ 6　　⑥ 7 ＋ 8

⑦ 7 ＋ 4　　⑧ 9 ＋ 7

2　おやの　りすが　9ひき，こどもの　りすも　9ひき　います。りすは　ぜんぶで　なんびき　いますか。

しき

こたえ ＿＿＿＿＿＿

3　はなが　かびんに　7ほん　いけて　あります。
6ぽん　たすと，ぜんぶで　なんぼんに　なりますか。

しき

こたえ ＿＿＿＿＿＿

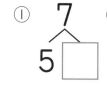

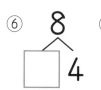

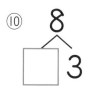

（122%に拡大してご使用ください）

がつ　　にち

たしざん ② (5)
くりあがり

なまえ

1 いちごあじの　あめが　３こ　あります。
めろんあじの　あめが　９こ　あります。
あめは　あわせて　なんこ　ありますか。

しき

こたえ ＿＿＿＿＿＿＿＿

2 けいさんを　しましょう。

① 4 + 9	② 3 + 8
③ 5 + 7	④ 3 + 9
⑤ 5 + 8	⑥ 2 + 9
⑦ 4 + 7	⑧ 4 + 8

ふくしゅう

● □に　あう　かずを　かきましょう。

①	②	③	④	⑤
9	9	9	9	9
5 □	3 □	8 □	7 □	6 □

がつ　　にち

たしざん ② (6)
くりあがり

なまえ

1 おりがみを　６まい　もって　いました。
７まい　もらいました。
おりがみは，なんまいに　なりましたか。

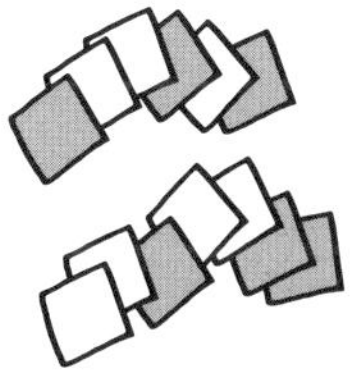

しき

こたえ ＿＿＿＿＿＿＿＿

2 けいさんを　しましょう。

① 6 + 6	② 7 + 7
③ 6 + 8	④ 7 + 6
⑤ 7 + 8	⑥ 6 + 5
⑦ 5 + 7	⑧ 5 + 8

ふくしゅう

● □に　あう　かずを　かきましょう。

①	②	③	④	⑤
10	10	10	10	10
5 □	4 □	2 □	1 □	3 □

（122%に拡大してご使用ください）

がつ　　にち

たしざん ② (7)
くりあがり

なまえ

● けいさんを　しましょう。

① 5 + 6	② 6 + 7
③ 7 + 5	④ 5 + 9
⑤ 8 + 3	⑥ 8 + 5
⑦ 6 + 9	⑧ 8 + 9
⑨ 9 + 3	⑩ 2 + 9
⑪ 8 + 7	⑫ 6 + 5
⑬ 7 + 9	⑭ 8 + 4
⑮ 6 + 6	⑯ 8 + 8
⑰ 7 + 9	⑱ 3 + 9
⑲ 9 + 4	⑳ 6 + 8

がつ　　にち

たしざん ② (8)
くりあがり

なまえ

● けいさんを　しましょう。

① 9 + 8	② 7 + 5
③ 6 + 5	④ 6 + 7
⑤ 4 + 7	⑥ 2 + 9
⑦ 9 + 5	⑧ 8 + 6
⑨ 9 + 7	⑩ 6 + 9
⑪ 8 + 3	⑫ 4 + 8
⑬ 6 + 9	⑭ 5 + 9
⑮ 5 + 6	⑯ 8 + 4
⑰ 8 + 9	⑱ 3 + 8
⑲ 4 + 9	⑳ 9 + 2

（122%に拡大してご使用ください）

がつ　　にち

たしざん ②（9）
くりあがり

なまえ

1　りんごが　かごに　4こ，れいぞうこに　7こ　はいって　います。りんごは，ぜんぶで　なんこ　ありますか。

しき

こたえ

2　けいさんを　しましょう。

① 9＋3　　② 7＋9

③ 6＋6　　④ 8＋5

⑤ 5＋6　　⑥ 4＋8

⑦ 3＋8　　⑧ 6＋7

⑨ 7＋8　　⑩ 5＋9

ふくしゅう

● □に　あう　かずを　かきましょう。

① 10 → 2 □　② 10 → 6 □　③ 10 → 3 □　④ 10 → 5 □　⑤ 10 → 9 □

がつ　　にち

たしざん ②（10）
くりあがり

なまえ

1　きょうは　ぴあのの　れんしゅうを　あさに　9かい，よるに　6かい　しました。きょう　いちにちで　なんかい　ぴあのの　れんしゅうを　しましたか。

しき

こたえ

2　けいさんを　しましょう。

① 8＋7　　② 9＋8

③ 9＋4　　④ 7＋6

⑤ 4＋7　　⑥ 5＋7

⑦ 6＋8　　⑧ 8＋8

⑨ 5＋8　　⑩ 7＋9

ふくしゅう

● □に　あう　かずを　かきましょう。

① 10 → □ 1　② 10 → □ 5　③ 10 → □ 8　④ 10 → □ 3　⑤ 10 → □ 4

（122%に拡大してご使用ください）

がつ　にち

たしざん ② (11)
くりあがり

なまえ

1　こたえが　おおきい　ほうの　かあどに　○を　つけましょう。

① 7 + 6 と 9 + 5

② 8 + 5 と 3 + 9

③ 6 + 9 と 8 + 8

2　こたえが　おなじに　なる　かあどを　せんで　むすびましょう。

① 7 + 6 •　　• 8 + 4

② 2 + 9 •　　• 9 + 6

③ 6 + 6 •　　• 8 + 5

④ 8 + 7 •　　• 5 + 6

3　こたえが　14に　なる　かあどに　○を　つけましょう。

6 + 8	8 + 5	7 + 7
7 + 8	9 + 5	6 + 9

がつ　にち

たしざん ② (12)
くりあがり

なまえ

1　さかなつりを　しました。たつきさんは　7ひき，おとうさんは　9ひき　つりました。あわせて　なんびき　つりましたか。

しき

こたえ ＿＿＿＿＿＿

2　えんぴつが　ふでばこに　4ほん，えんぴつたてに　8ほん　あります。あわせて　なんぼんに　なりますか。

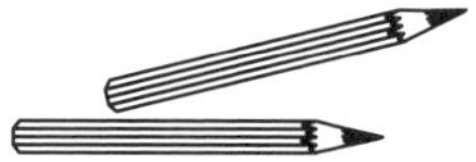

しき

こたえ ＿＿＿＿＿＿

3　つみきを　8こ　つみました。その　うえに　7こ　つみました。ぜんぶで　なんこ　つみましたか。

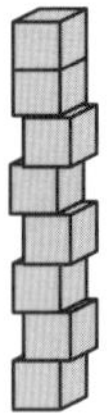

しき

こたえ ＿＿＿＿＿＿

（122%に拡大してご使用ください）

がつ　　にち

たしざん ②
くりあがり　まとめ ①

なまえ

1　ゆうとさんは　どんぐりを　８こ　ひろいました。
おとうとは　６こ　ひろいました。
あわせて　なんこ　ひろいましたか。

しき

こたえ＿＿＿＿＿＿＿＿

2　かだんに　あかい　はなが　７ほん，きいろい　はなが
５ほん　さいて　います。かだんに　さいて　いる
はなは，あわせて　なんぼんですか。

しき

こたえ＿＿＿＿＿＿＿＿

3　けいさんを　しましょう。

① 4 + 9	② 5 + 7	③ 3 + 8
④ 8 + 8	⑤ 9 + 9	⑥ 4 + 7
⑦ 5 + 8	⑧ 9 + 4	⑨ 6 + 6
⑩ 9 + 8	⑪ 6 + 8	⑫ 9 + 2

がつ　　にち

たしざん ②
くりあがり　まとめ ②

なまえ

1　こうえんで　こどもが　９にん　あそんで　います。
７にん　くると，あわせて　なんにんに
なりますか。

しき

こたえ＿＿＿＿＿＿＿＿

2　あんぱんを　８こと　めろんぱんを　４こ
かいました。ぜんぶで　なんこ　かいましたか。

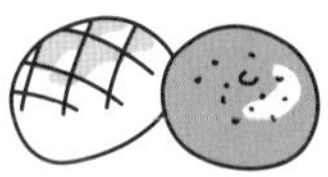

しき

こたえ＿＿＿＿＿＿＿＿

3　こたえが　おなじに　なる　かあどを　せんで
むすびましょう。

①	5 + 8 ・	・ 9 + 3
②	7 + 4 ・	・ 6 + 7
③	4 + 8 ・	・ 8 + 3
④	8 + 9 ・	・ 9 + 8

（122%に拡大してご使用ください）

かたちあそび（1）

なまえ

1  と　にて　いる　かたちを　2つ　えらんで，
（　）に　○を　つけましょう。

（　　）　（　　）　（　　）　（　　）

2  と　にて　いる　かたちを　2つ　えらんで，
（　）に　○を　つけましょう。

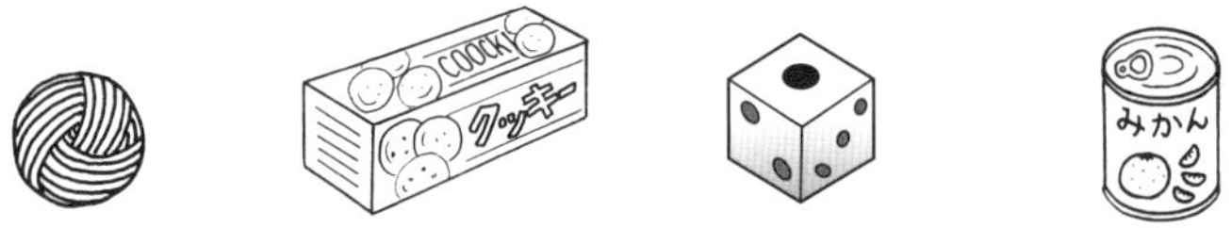

（　　）　（　　）　（　　）　（　　）

ふくしゅう

① 3－2　② 5－1　③ 7－5
④ 8－7　⑤ 9－6　⑥ 10－6

● 6にんで　あそんで　います。3にん　かえりました。
なんにん　のこって　いますか。

しき

こたえ

かたちあそび（2）

なまえ

● かみに　うつすと　どのような　かたちに　なりますか。
せんで　むすびましょう。

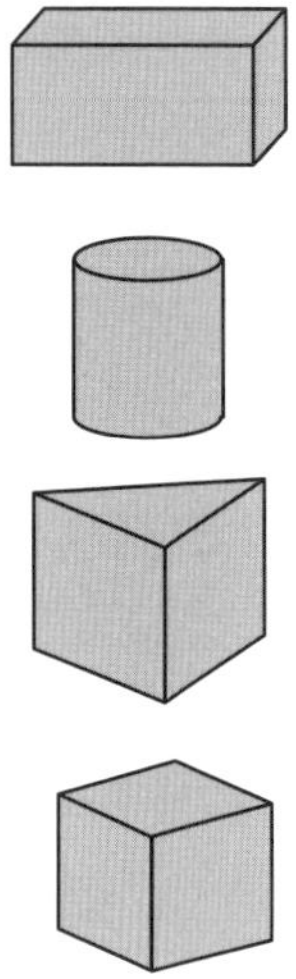

①　・　・

②　・　・

③　・　・

④　・　・

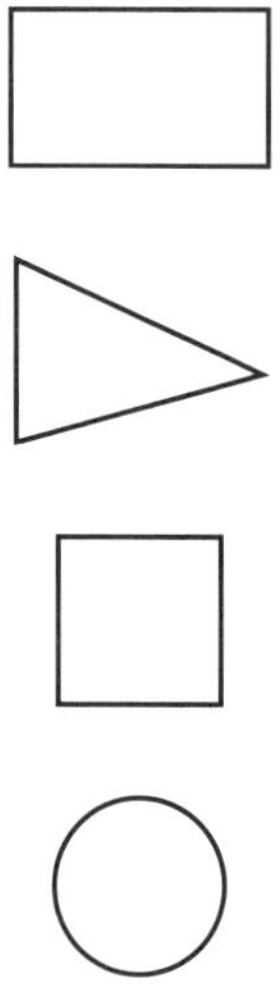

ふくしゅう

① 5－3　② 7－3　③ 8－5
④ 9－7　⑤ 8－4　⑥ 10－3

● なしが　8こ，かきが　6こ　あります。
どちらが　なんこ　おおいですか。

しき

こたえ　□　が　□　おおい。

（122％に拡大してご使用ください）

がつ　　にち

かたちあそび（3）

なまえ

● いろいろな　かたちの　ものを　なかまに　わけました。
どのような　わけかたを　したか　かんがえましょう。

① あう　ものを　せんで　むすびましょう。

•　　　　•　つむ　ことが　できる　かたち

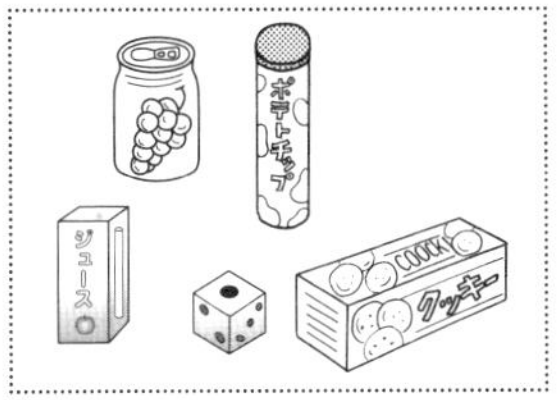

•　　　　•　ころころ　ころがる　かたち

② あう　ほうの　（　）に　○を　つけましょう。

（　　）　ころころ　ころがり，つむ　ことが　できない　かたち

（　　）　ころころ　ころがるが，つむ　ことが　できる　かたち

ふくしゅう

① 9－1　② 5－3　③ 6－3

④ 7－5　⑤ 5－5　⑥ 10－4

がつ　　にち

かたちあそび まとめ

なまえ

● いろいろな　かたちの　ものを　なかまに　わけます。
あてはまる　かたちを　えらんで，きごうを　かきましょう。

① つむ　ことが　できて，ころころ　ころがらない　もの

（　　）（　　）（　　）（　　）

② ころころ　ころがり，つむ　ことが　できない　もの

（　　）（　　）（　　）

③ ころころ　ころがるが，むきを　かえると　つむ　ことが　できる　もの

（　　）（　　）（　　）

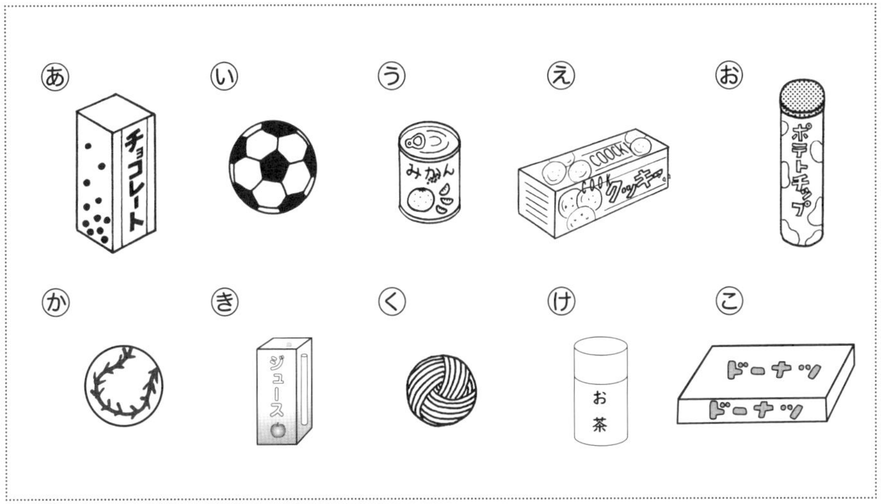

がつ　　にち

ひきざん ② (1)
くりさがり

なまえ

□1 きゃらめるが　13こ　あります。
9こ　たべると，のこりは　なんこですか。

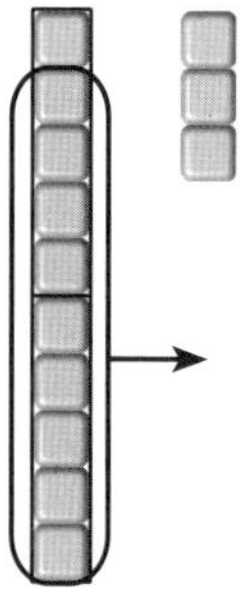

しき

こたえ ＿＿＿＿＿＿＿＿

□2 けいさんを　しましょう。

① 15 − 9　　② 12 − 9

③ 17 − 9　　④ 11 − 9

⑤ 18 − 9　　⑥ 16 − 9

⑦ 14 − 9　　⑧ 13 − 9

ふくしゅう

① 10 − 5 + 3　　② 10 − 9 + 2

③ 10 − 8 + 3　　④ 10 − 7 + 4

がつ　　にち

ひきざん ② (2)
くりさがり

なまえ

□1 おりがみが　11まい　あります。8まい　つかいました。
なんまい　のこって　いますか。

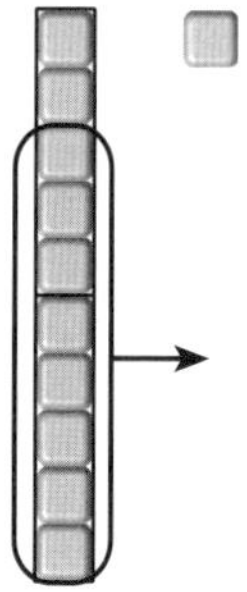

しき

こたえ ＿＿＿＿＿＿＿＿

□2 けいさんを　しましょう。

① 12 − 8　　② 14 − 8

③ 16 − 8　　④ 13 − 8

⑤ 15 − 8　　⑥ 17 − 8

⑦ 18 − 8　　⑧ 11 − 8

ふくしゅう

① 10 − 9 + 3　　② 10 − 8 + 4

③ 10 − 5 + 2　　④ 10 − 6 + 1

（122%に拡大してご使用ください）

がつ　　にち

ひきざん ② (3)
くりさがり

なまえ

1　ぶろっくが　12こ　あります。
7こ　つかうと，のこりは　なんこですか。

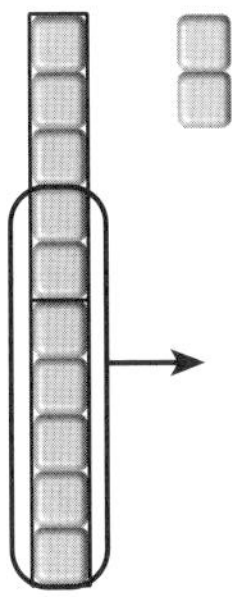

しき

こたえ

2　けいさんを　しましょう。

① 13 − 7　② 15 − 7

③ 11 − 7　④ 14 − 7

⑤ 16 − 7　⑥ 17 − 7

ふくしゅう

● とけいを　よみましょう。

① 
（　じ　）

② 
（　じ　）

③ 
（　じ　）

がつ　　にち

ひきざん ② (4)
くりさがり

なまえ

1　ばななが　11ぽん　ありました。6ぽん　たべました。
のこりは　なんぼんですか。

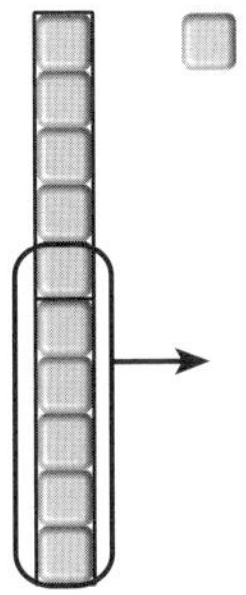

しき

こたえ

2　けいさんを　しましょう。

① 12 − 6　② 13 − 6

③ 15 − 6　④ 14 − 6

⑤ 12 − 9　⑥ 14 − 9

⑦ 15 − 8　⑧ 12 − 8

ふくしゅう

● とけいを　よみましょう。

① 
（　じ　）

② 
（　じ　）

③ 
（　じ　）

（122%に拡大してご使用ください）

がつ　　にち

ひきざん ② (5)
くりさがり

なまえ

1　えんぴつが　12ほん　あります。8ほん
けずりました。けずって　いないのは，
なんぼんですか。

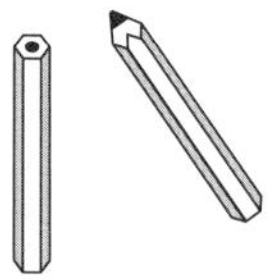

しき

こたえ ________

2　ぶたが　13とう，うしが　7とう　います。
ぶたの　ほうが　なんとう　おおいですか。

しき

こたえ ________

3　みかんが　9こ，りんごが　11こ　あります。
どちらが　なんこ　おおいですか。

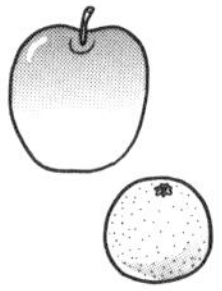

しき

こたえ [　　　] が [　　] こ　おおい。

がつ　　にち

ひきざん ② (6)
くりさがり

なまえ

1　ばすに　12にん　のって　います。
そのうち，5にんは　こどもです。
おとなは　なんにんですか。

しき

こたえ ________

2　けいさんを　しましょう。

① 13 − 5　　② 11 − 5

③ 14 − 5　　④ 13 − 9

⑤ 13 − 8　　⑥ 16 − 8

⑦ 13 − 7　　⑧ 15 − 7

ふくしゅう

● ながい　じゅんに（　　）に　かきましょう。

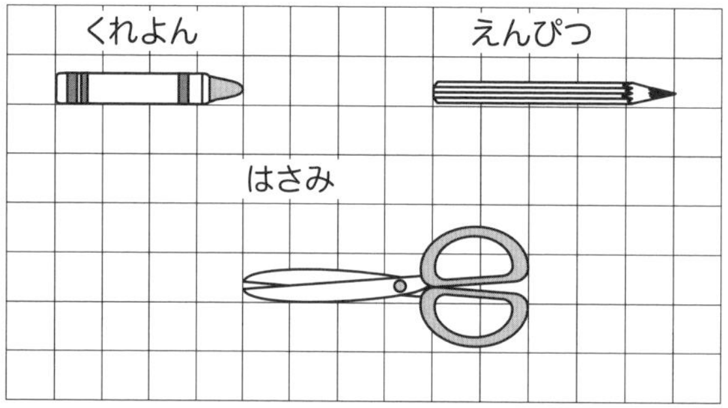

1（　　　　　）

2（　　　　　）

3（　　　　　）

（122%に拡大してご使用ください）

がつ　　にち

ひきざん ② (7)
くりさがり

なまえ

1 としょしつに　こどもが　12にん　います。
3にん　かえりました。としょしつに　いる
こどもは　なんにんに　なりましたか。

しき

こたえ ＿＿＿＿＿＿＿＿

2 けいさんを　しましょう。

① 12 − 4　　② 11 − 2

③ 11 − 4　　④ 11 − 3

⑤ 13 − 4　　⑥ 13 − 3

ふくしゅう

● おおい　じゅんに　ばんごうを　かきましょう。

(　　)

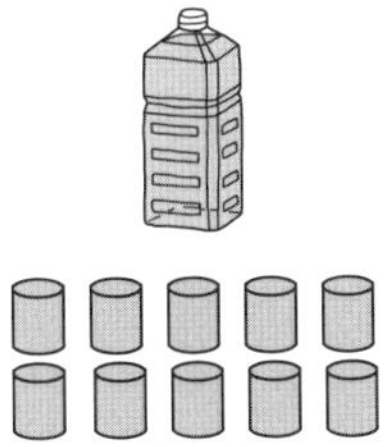

(　　)

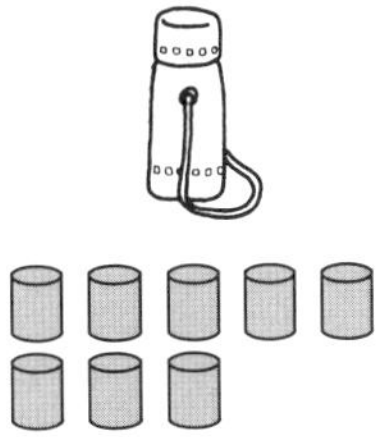

(　　)

がつ　　にち

ひきざん ② (8)
くりさがり

なまえ

● けいさんを　しましょう。

① 11 − 4　　② 12 − 8

③ 14 − 5　　④ 13 − 9

⑤ 13 − 8　　⑥ 15 − 8

⑦ 17 − 9　　⑧ 14 − 9

⑨ 13 − 7　　⑩ 11 − 6

⑪ 12 − 9　　⑫ 16 − 7

⑬ 13 − 4　　⑭ 15 − 9

⑮ 14 − 7　　⑯ 11 − 5

⑰ 13 − 6　　⑱ 16 − 9

⑲ 12 − 7　　⑳ 14 − 5

がつ　　にち

ひきざん ② (9)
くりさがり

なまえ

● けいさんを　しましょう。

① 13 − 9	② 11 − 7
③ 13 − 4	④ 14 − 8
⑤ 15 − 9	⑥ 15 − 6
⑦ 15 − 7	⑧ 12 − 8
⑨ 17 − 8	⑩ 12 − 6
⑪ 11 − 9	⑫ 13 − 7
⑬ 13 − 5	⑭ 13 − 8
⑮ 16 − 7	⑯ 12 − 3
⑰ 11 − 4	⑱ 14 − 6
⑲ 14 − 7	⑳ 15 − 8

がつ　　にち

ひきざん ② (10)
くりさがり

なまえ

1 ふうせんが　13こ　ありました。8こ　われました。
ふうせんは　なんこ　のこって　いますか。

しき

こたえ

2 さるが　14ひき　います。そのうち　9ひきは
おとなの　さるです。こどもの　さるは
なんびきですか。

しき

こたえ

3 はとが　7わ　います。
すずめは　16わ　います。
どちらが　なんわ　おおいですか。

しき

こたえ

（122%に拡大してご使用ください）

がつ　　にち

ひきざん ② (11)
くりさがり

なまえ

1　なわとびで，しょうたさんは　８かい，まさきさんは　１１かい　とびました。どちらが　なんかい　おおく　とびましたか。

しき

こたえ＿＿＿＿＿＿＿＿＿＿＿＿

2　はなの　つぼみが　１５こ　ありました。そのうち　９こは　さきました。つぼみの　ままは　なんこですか。

しき

こたえ＿＿＿＿＿＿＿＿

3　たまごが　１２こ　ありました。りょうりに　４こ　つかいました。たまごは　なんこ　のこって　いますか。

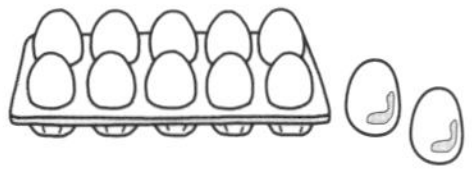

しき

こたえ＿＿＿＿＿＿＿＿

がつ　　にち

ひきざん ② (12)
くりさがり

なまえ

1　こたえが　おおきい　ほうの　かあどに　○を　つけましょう。

① ［14 − 6］ と ［13 − 6］

② ［16 − 9］ と ［16 − 8］

③ ［13 − 7］ と ［15 − 8］

④ ［11 − 6］ と ［13 − 9］

2　こたえが　９に　なる　かあどの　きごうを　（　）に　かきましょう。

（　　　）（　　　）（　　　）

あ ［11 − 3］　い ［13 − 4］　う ［14 − 6］

え ［14 − 5］　お ［17 − 9］　か ［17 − 8］

3　こたえが　おなじに　なる　かあどを　せんで　むすびましょう。

① ［12 − 7］ •　　• ［15 − 8］

② ［14 − 8］ •　　• ［14 − 9］

③ ［12 − 5］ •　　• ［12 − 6］

（122％に拡大してご使用ください）

がつ　　にち

ひきざん ②（13）
くりさがり

なまえ

1 こたえが　おなじに　なる　かあどを　せんで　むすびましょう。

① 12 − 6 •　　　　• 14 − 9

② 11 − 3 •　　　　• 14 − 8

③ 13 − 8 •　　　　• 13 − 5

④ 11 − 2 •　　　　• 14 − 7

⑤ 12 − 5 •　　　　• 13 − 4

2 こたえが　つぎの　かずに　なる　かあどを　したから　えらんで，（　）に　きごうを　かきましょう。

① こたえが　4に　なる　かあど　（　　）（　　）

② こたえが　3に　なる　かあど　（　　）（　　）

Ⓐ 11 − 8　　Ⓘ 11 − 9　　Ⓤ 12 − 7

Ⓔ 12 − 8　　Ⓞ 12 − 9　　Ⓚ 11 − 7

（あ 11 − 8　い 11 − 9　う 12 − 7　え 12 − 8　お 12 − 9　か 11 − 7）

がつ　　にち

ひきざん ②（14）
くりさがり

なまえ

1 らいおんが　12とう　います。8とうが　めすです。おすは　なんとう　いますか。

しき

こたえ ＿＿＿＿＿＿＿＿

2 くわがたが　6ぴき，ばったが　11ぴき　います。ばったの　ほうが　なんびき　おおいですか。

しき

こたえ ＿＿＿＿＿＿＿＿

3 なすが　5ほん，きゅうりが　12ほん　とれました。どちらが　なんぼん　おおく　とれましたか。

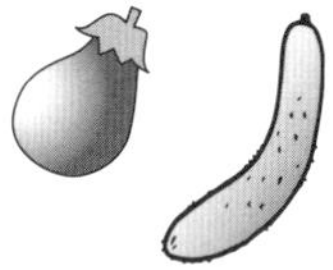

しき

こたえ ＿＿＿＿＿＿＿＿

（122%に拡大してご使用ください）

がつ　　にち

ひきざん ②
くりさがり　まとめ ①

なまえ

1 いちごが　12こ　あります。5こ　たべました。
いちごは　なんこ　のこって　いますか。

しき

こたえ ＿＿＿＿＿＿

2 けいさんを　しましょう。

① 16 − 8	② 12 − 4
③ 14 − 5	④ 13 − 6
⑤ 18 − 9	⑥ 16 − 7
⑦ 16 − 9	⑧ 15 − 6
⑨ 13 − 7	⑩ 11 − 3
⑪ 17 − 8	⑫ 15 − 9
⑬ 14 − 6	⑭ 16 − 8
⑮ 13 − 9	⑯ 11 − 5

がつ　　にち

ひきざん ②
くりさがり　まとめ ②

なまえ

1 はなが　15ほん　あります。7ほん　かびんに
いけます。のこりは　なんぼんですか。

しき

こたえ ＿＿＿＿＿＿

2 とんぼが　8ひき，ちょうが　11ぴき　とんで　います。
どちらの　ほうが　なんびき　おおいですか。

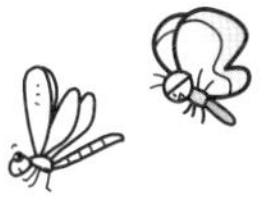

しき

こたえ ＿＿＿＿＿＿

3 こたえが　7に　なる　かあどを　したから　えらんで，
（　）に　きごうを　かきましょう。

（　　）（　　）（　　）

あ 13 − 6	い 14 − 6	う 15 − 9
え 11 − 5	お 12 − 5	か 15 − 8

（122%に拡大してご使用ください）

がつ　　にち

たしざん・ひきざん ② (1)

なまえ

● けいさんを　しましょう。

① 8 + 6	② 4 + 3
③ 9 + 7	④ 6 + 7
⑤ 6 + 3	⑥ 9 + 4
⑦ 7 + 9	⑧ 4 + 7
⑨ 5 + 7	⑩ 6 + 5
⑪ 12 − 7	⑫ 12 − 9
⑬ 18 − 4	⑭ 15 − 6
⑮ 11 − 4	⑯ 13 − 8
⑰ 12 − 3	⑱ 5 − 5
⑲ 17 − 9	⑳ 15 − 8

がつ　　にち

たしざん・ひきざん ② (2)

なまえ

● けいさんを　しましょう。

① 6 + 9	② 3 + 8	③ 4 + 9
④ 4 + 4	⑤ 9 + 3	⑥ 6 + 7
⑦ 5 + 6	⑧ 2 + 6	⑨ 8 + 4
⑩ 7 + 0	⑪ 9 + 4	⑫ 9 + 9
⑬ 8 + 7	⑭ 5 + 8	⑮ 4 + 6
⑯ 11 − 8	⑰ 15 − 5	⑱ 16 − 2
⑲ 14 − 9	⑳ 13 − 7	㉑ 11 − 2
㉒ 14 − 7	㉓ 12 − 4	㉔ 11 − 6
㉕ 16 − 3	㉖ 16 − 9	㉗ 13 − 5
㉘ 12 − 5	㉙ 13 − 6	㉚ 14 − 8

（122%に拡大してご使用ください）

がつ　　にち

たしざん・ひきざん ② (3)

なまえ

● けいさんを　しましょう。

① 5＋9	② 8＋8	③ 6＋7
④ 4＋8	⑤ 1＋7	⑥ 5＋8
⑦ 5＋6	⑧ 7＋8	⑨ 9＋3
⑩ 6＋4	⑪ 9＋8	⑫ 12＋6
⑬ 2＋9	⑭ 5＋7	⑮ 7＋7
⑯ 11－5	⑰ 18－9	⑱ 17－8
⑲ 13－4	⑳ 11－6	㉑ 8－0
㉒ 16－3	㉓ 12－9	㉔ 11－2
㉕ 11－7	㉖ 20－5	㉗ 14－6
㉘ 12－3	㉙ 11－9	㉚ 18－8

がつ　　にち

たしざん・ひきざん ② (4)

なまえ

● けいさんを　しましょう。

① 6＋6	② 9＋7	③ 8＋9
④ 7＋5	⑤ 0＋8	⑥ 3＋9
⑦ 3＋8	⑧ 5＋9	⑨ 15＋3
⑩ 9＋2	⑪ 6＋5	⑫ 8＋3
⑬ 3＋7	⑭ 9＋6	⑮ 13＋6
⑯ 15－8	⑰ 13－6	⑱ 8－4
⑲ 14－5	⑳ 17－3	㉑ 11－4
㉒ 16－7	㉓ 16－8	㉔ 15－7
㉕ 18－6	㉖ 11－3	㉗ 7－7
㉘ 15－6	㉙ 13－9	㉚ 18－9

（122%に拡大してご使用ください）

がつ　　にち

たしざん・ひきざん ②（5）

なまえ

① とまとが　れいぞうこに　５こ，かごに　８こ　あります。あわせて　なんこ　ありますか。

しき

こたえ ＿＿＿＿＿＿

② びわが　１１こ　ありました。３こ　たべました。びわは　なんこ　のこって　いますか。

しき

こたえ ＿＿＿＿＿＿

③ きに　せみが　６ぴき　います。あとから　５ひき　きました。せみは　ぜんぶで　なんびきに　なりましたか。

しき

こたえ ＿＿＿＿＿＿

ふくしゅう

① １３＋４　② １４＋２　③ １４＋４

④ １７＋２　⑤ １０＋６　⑥ １２＋５

がつ　　にち

たしざん・ひきざん ②（6）

なまえ

① はたけに　すいかが　１３こ　できました。９こ　とりました。まだ　はたけに　なんこ　のこって　いますか。

しき

こたえ ＿＿＿＿＿＿

② ごみひろいで，わたしは　７こ，おねえさんは　８こ　あきかんを　ひろいました。あわせて　なんこ　ひろいましたか。

しき

こたえ ＿＿＿＿＿＿

③ こやに　にわとりが　５わ，ひよこが　１２わ　います。どちらが　なんわ　おおいですか。

しき

こたえ ＿＿＿＿＿＿

ふくしゅう

① １６－３　② １８－７　③ １５－２

④ １４－３　⑤ １６－６　⑥ １７－４

がつ　　にち

たしざん・ひきざん ② (7)

なまえ

1 まさきさんは　8さいで，しゅんやさんは　13さいです。しゅんやさんの　ほうが　なんさい　としうえですか。

しき

こたえ ＿＿＿＿＿＿

2 きゅうりが　きのうは　6ぽん　とれました。
　きょうは　9ほん　とれました。きのうと
きょうで　きゅうりは　なんぼん
とれましたか。

しき

こたえ ＿＿＿＿＿＿

3 おにぎりが　15こ　あります。6にんが
1こずつ　たべると，のこりは　なんこに
なりますか。

しき

こたえ ＿＿＿＿＿＿

がつ　　にち

たしざん・ひきざん ② (8)

なまえ

1 まいさんと　おとうとで，たこやきを　12こ
たべました。まいさんは　7こ　たべました。
　おとうとは　なんこ　たべましたか。

しき

こたえ ＿＿＿＿＿＿

2 あめが　きゅうに　ふりだしたので，12にんが
かさを　かりに　いきました。かさは　8ほん
ありました。かさは　なんぼん　たりませんか。

しき

こたえ ＿＿＿＿＿＿

3 ちゅうしゃじょうに　くるまが　8だい　とまって
います。あと　7だい　とめる　ことが　できます。
　この　ちゅうしゃじょうに　とめる　ことが　できるのは
ぜんぶで　なんだいですか。

しき

こたえ ＿＿＿＿＿＿

（122%に拡大してご使用ください）

がつ　　にち

たしざん・ひきざん ② (9)

なまえ

1　まんなかの　かずと　まわりの　かずを　たして，こたえを　はなびらに　かきましょう。

①

②

2　まんなかの　かずから　まわりの　かずを　ひいて，こたえを　はなびらに　かきましょう。

①

②

ふくしゅう

●　ばすに　14にん　のって　います。つぎの　ばすていで　3にん　のって　きました。みんなで　なんにんに　なりましたか。

しき　　　　　　　　　　こたえ

がつ　　にち

たしざん・ひきざん ② (10)

なまえ

●　となりどうしの　かずを　たして，こたえを　うえの　○に　かきます。○に　あてはまる　かずを　かきましょう。

①
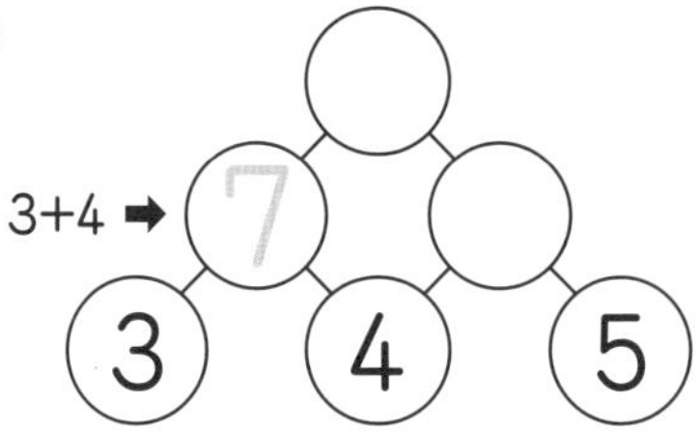

②
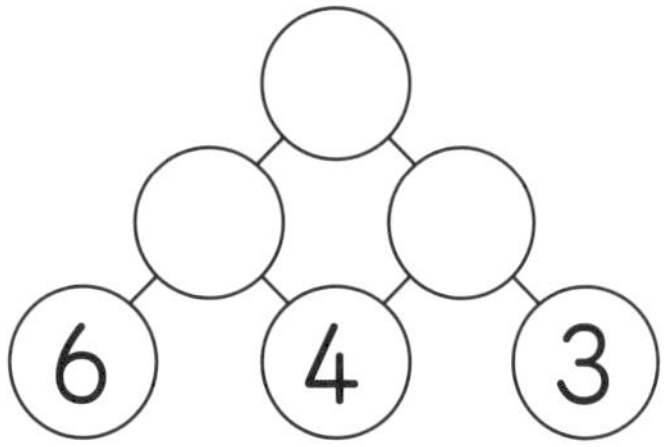

③
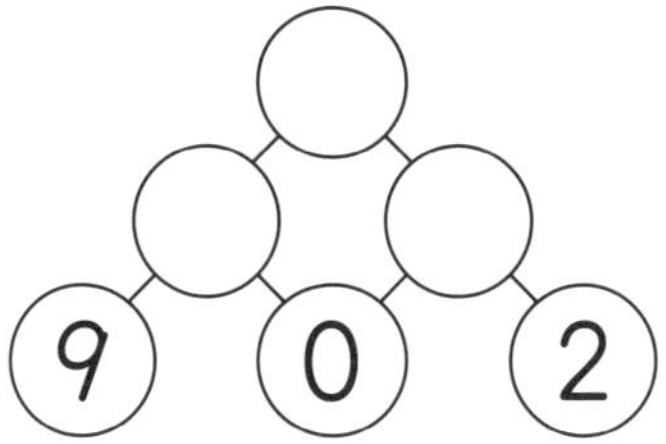

④
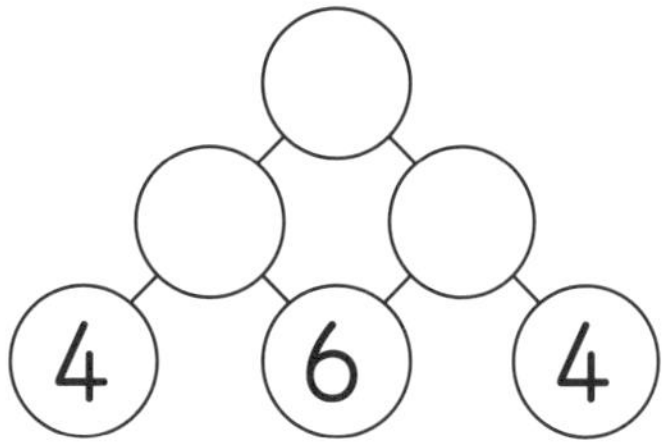

⑤
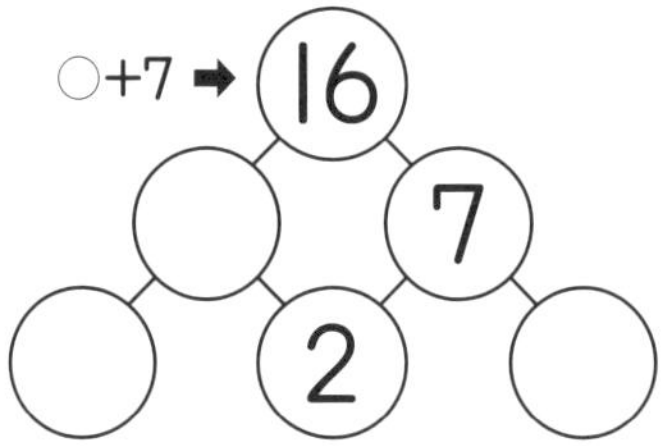

⑥
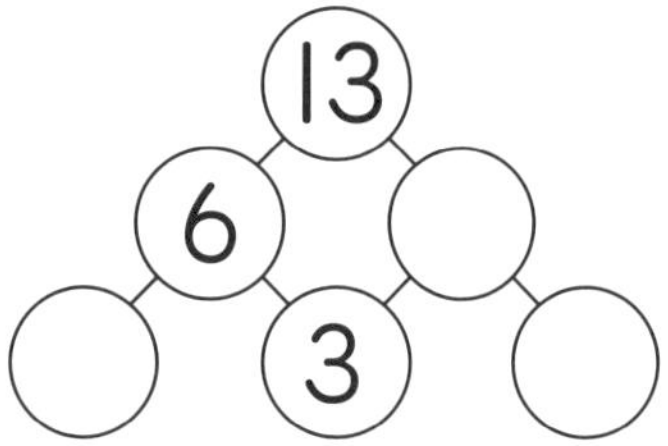

⑦
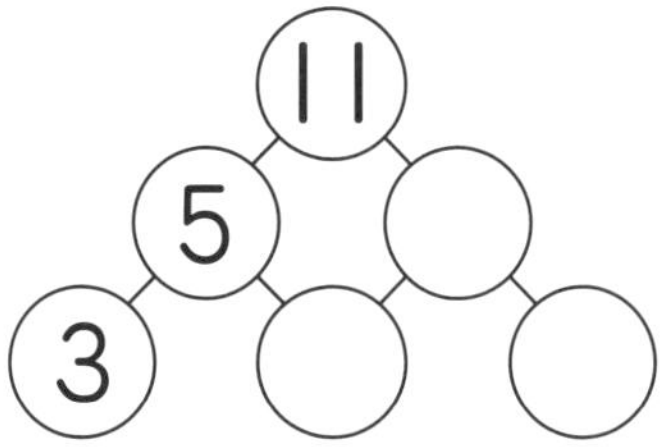

⑧
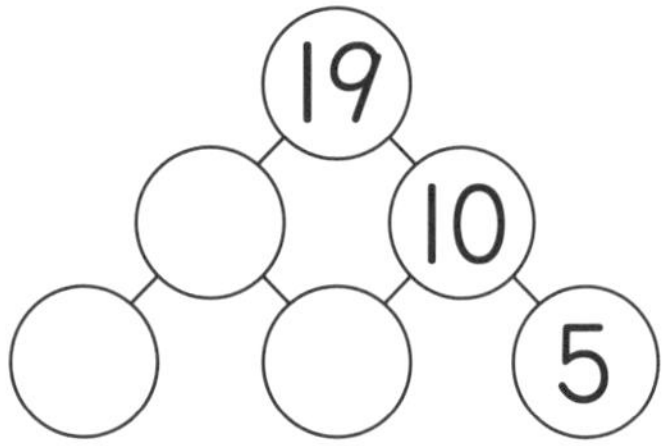

がつ　　にち

おおきい かず（1）

なまえ

● どんぐりは，なんこ　ありますか。
10ずつ　⬭で　かこんで　しらべましょう。
（ ）に　あてはまる　かずを　かきましょう。

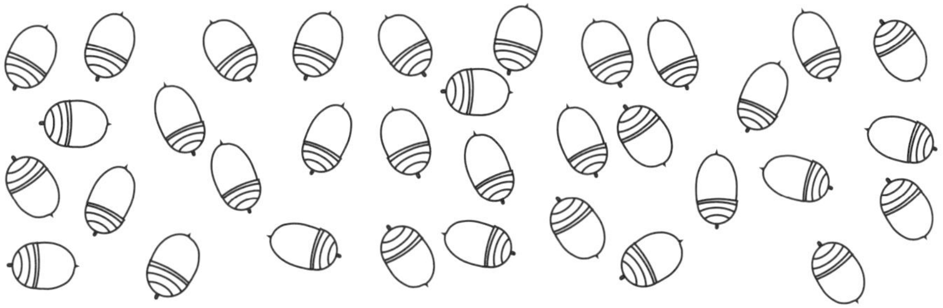

10が（　　）こで　30

30と（　　）で（　　　）

ふくしゅう

① 9＋6	② 4＋8	③ 9＋4
④ 4＋7	⑤ 8＋6	⑥ 7＋7

● ちょうが　7ひき　います。あとから　8ひき　とんで　きました。ちょうは　なんびきに　なりましたか。

しき

こたえ

がつ　　にち

おおきい かず（2）

なまえ

● ふうせんは，なんこ　ありますか。
10ずつ　⬭で　かこんで　しらべましょう。
（ ）に　あてはまる　かずを　かきましょう。

10が（　　）こで（　　　）

ふくしゅう

① 17－9	② 14－8	③ 12－7
④ 14－6	⑤ 13－5	⑥ 12－3

● たまねぎが　13こ　とれました。りょうりに　7こ　つかいました。たまねぎは　なんこ　のこって　いますか。

しき

こたえ

（122%に拡大してご使用ください）

がつ　　にち

おおきい かず（3）

なまえ

● かずを　すうじで　かきましょう。

①

十のくらい	一のくらい

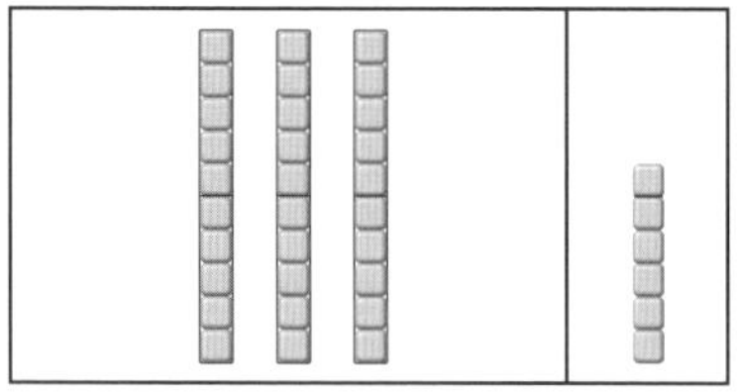

十のくらい	一のくらい

②

十のくらい	一のくらい

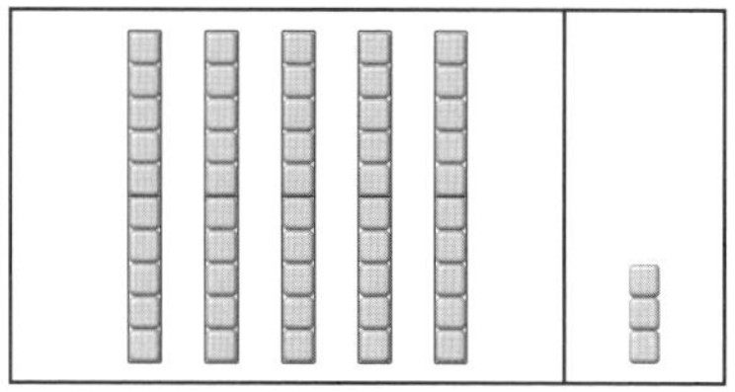

十のくらい	一のくらい

③

十のくらい	一のくらい

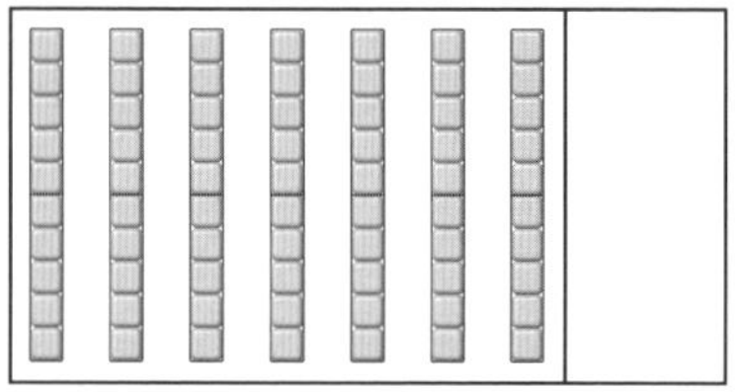

十のくらい	一のくらい

④

十のくらい	一のくらい

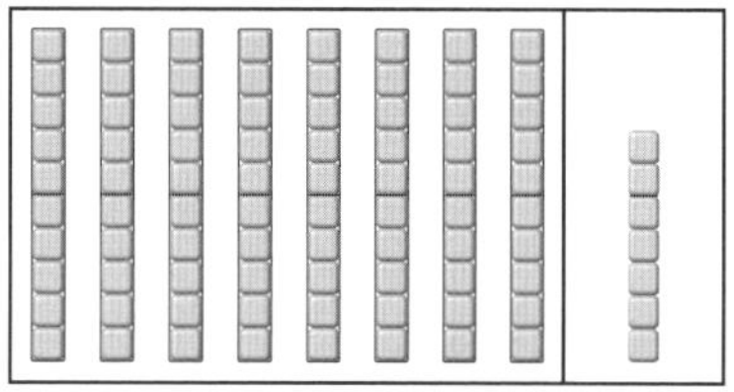

十のくらい	一のくらい

ふくしゅう

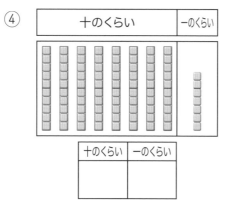

● たつやさんは　クッキーを　６こ たべました。
いもうとも　６こ　たべました。あわせて
なんこ　たべましたか。

しき

こたえ

がつ　　にち

おおきい かず（4）

なまえ

● かずを　すうじで　かきましょう。

①

十のくらい	一のくらい

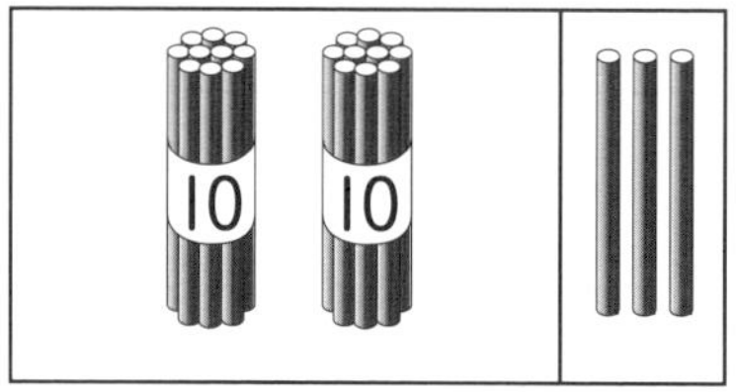

十のくらい	一のくらい

②

十のくらい	一のくらい

十のくらい	一のくらい

③

十のくらい	一のくらい

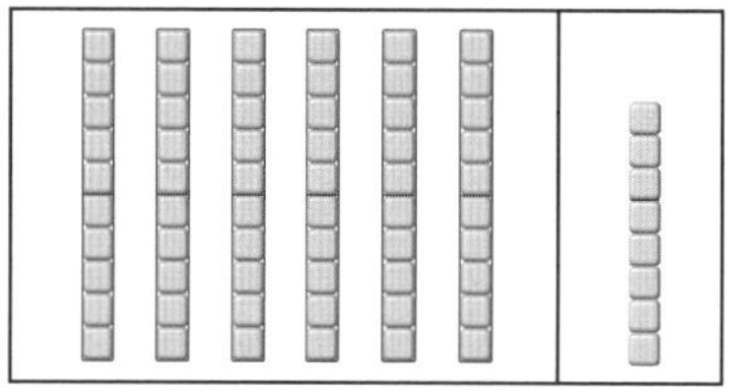

十のくらい	一のくらい

④

十のくらい	一のくらい

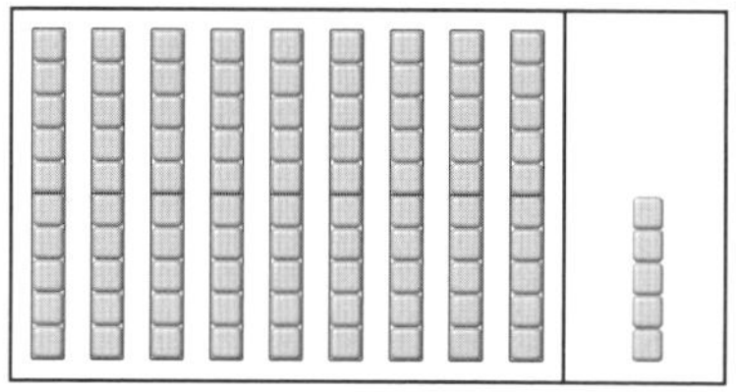

十のくらい	一のくらい

ふくしゅう

● すずめが　１６わ　います。つばめが
８わ　います。すずめの　ほうが　なんわ
おおいですか。

しき

こたえ

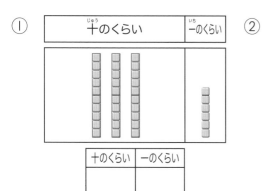

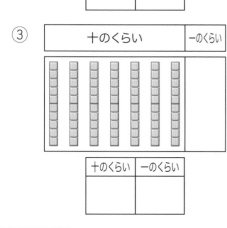

（122%に拡大してご使用ください）

おおきい かず（5）

なまえ

● かずを　かぞえて　すうじで　かきましょう。

①

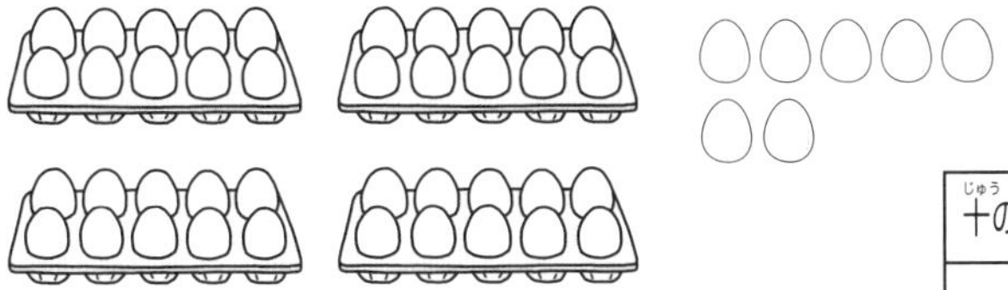

十のくらい	一のくらい

こ

②

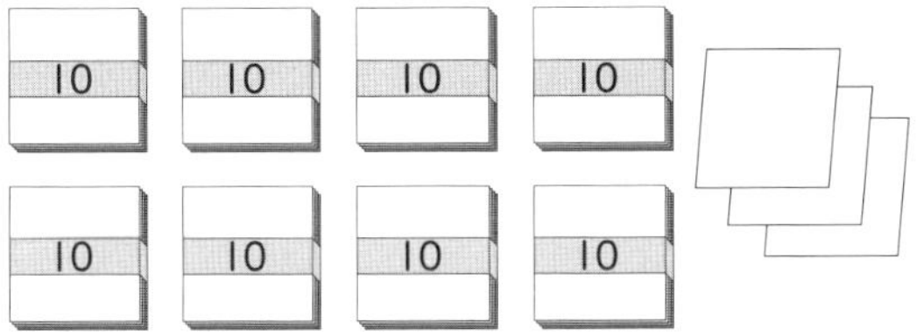

十のくらい	一のくらい

まい

③

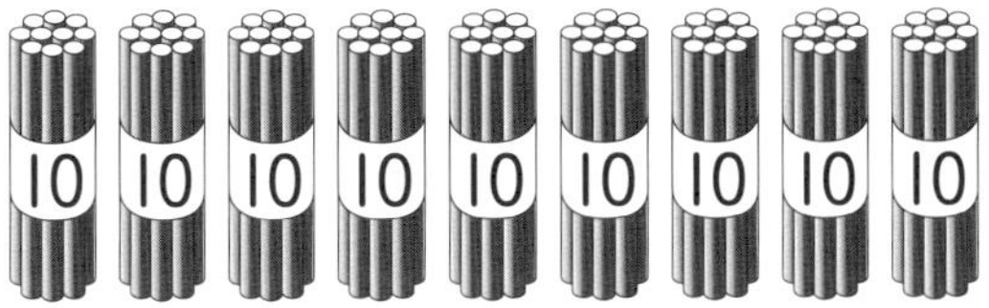

十のくらい	一のくらい

ぽん

ふくしゅう

① 10 + 5 − 4　② 12 + 5 − 7

③ 8 + 7 − 3　④ 9 + 5 − 3

おおきい かず（6）

なまえ

● かずを　かぞえて　すうじで　かきましょう。

①

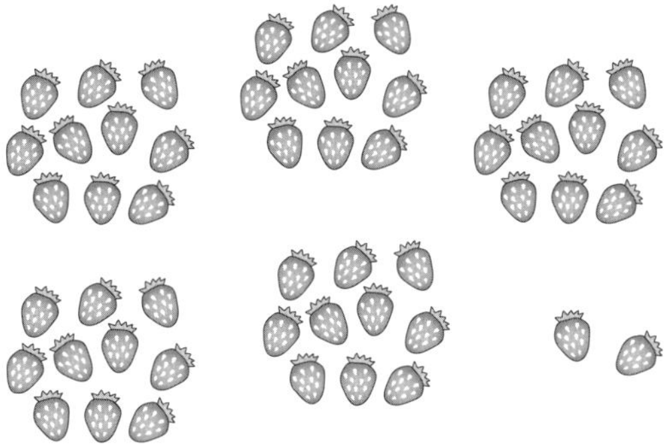

十のくらい	一のくらい

こ

②

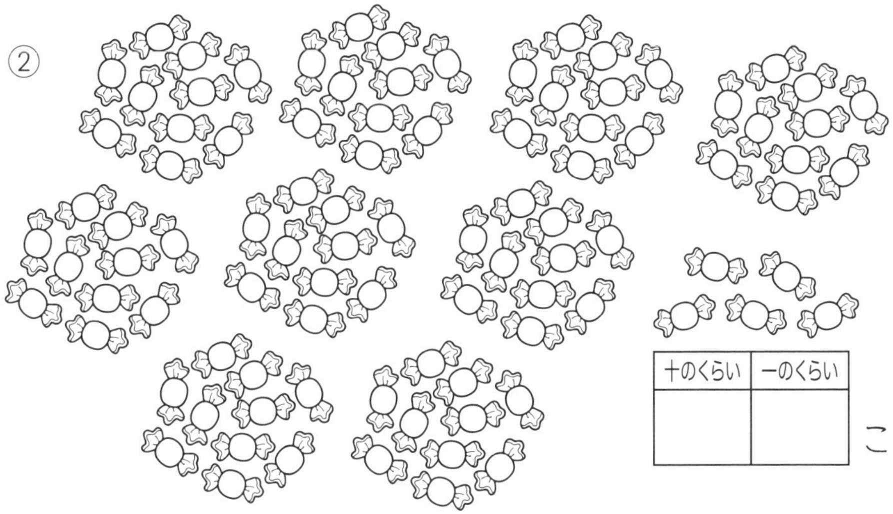

十のくらい	一のくらい

こ

ふくしゅう

① 16 − 3 + 2　② 13 − 9 + 4

③ 15 − 8 + 2　④ 12 − 7 + 5

（122%に拡大してご使用ください）

がつ　　にち

おおきい かず (7)　なまえ

● (　)に　あてはまる　かずを　かきましょう。

① 10が　8こで　(　　　),　1が　4こで　(　　　)
　80と　4で　(　　　)

② 10が　4こと　1が　7こで　(　　　)

③ 10が　7こで　(　　　)

④ 62は,　10が　(　　　)こと　1が(　　　)こ

⑤ 98は,　10が　(　　　)こと　1が(　　　)こ

⑥ 50は,　10が　(　　　)こ

⑦ 80は,　10が　(　　　)こ

ふくしゅう

① 12 + 6　② 13 + 3　③ 15 + 4

④ 14 − 3　⑤ 18 − 4　⑥ 20 − 5

がつ　　にち

おおきい かず (8)　なまえ

● (　)に　あてはまる　かずを　かきましょう。

① 十(じゅう)のくらいが　7,　一(いち)のくらいが　5の　かずは
(　　　)です。

② 十のくらいが　6,　一のくらいが　0の　かずは
(　　　)です。

③ 89の　十のくらいの　すうじは　(　　　),
一のくらいの　すうじは　(　　　)です。

④ 30の　十のくらいの　すうじは　(　　　),
一のくらいの　すうじは　(　　　)です。

ふくしゅう

① 14 + 5　② 16 + 2　③ 15 + 5

④ 17 − 4　⑤ 19 − 9　⑥ 20 − 3

● からの　コップが　18こ　あります。そのうち,
7こに　みずを　いれました。からの　コップは,
なんこに　なりましたか。

しき　　　　　　　　　　　こたえ

（122%に拡大してご使用ください）

がつ　　にち

おおきい かず（9） なまえ

1 キャラメルは　なんこ　ありますか。

①

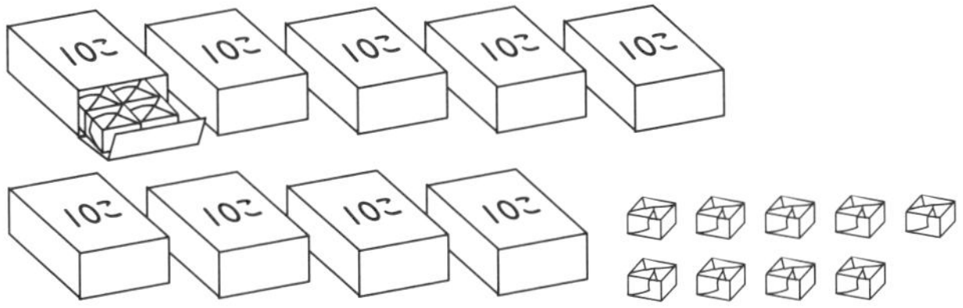

[　　　] こ

②

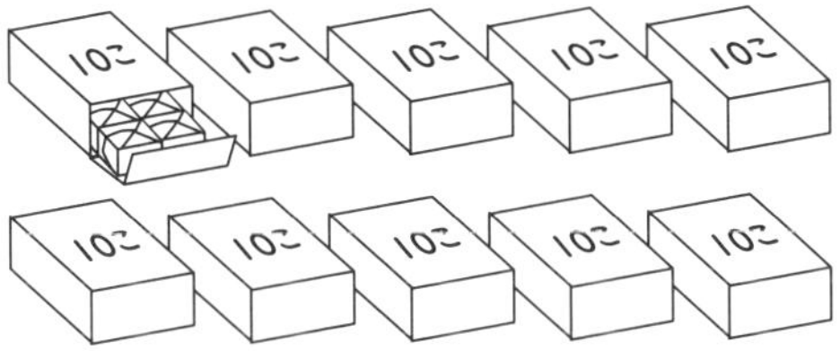

[　　　] こ

2 （　）に　あてはまる　かずを　かきましょう。

10が　10こで，百(ひゃく)と　いいます。

百は，（　　　　）と　かきます。

100は　99より　（　　）

おおきい　かずです。

10が 10こ

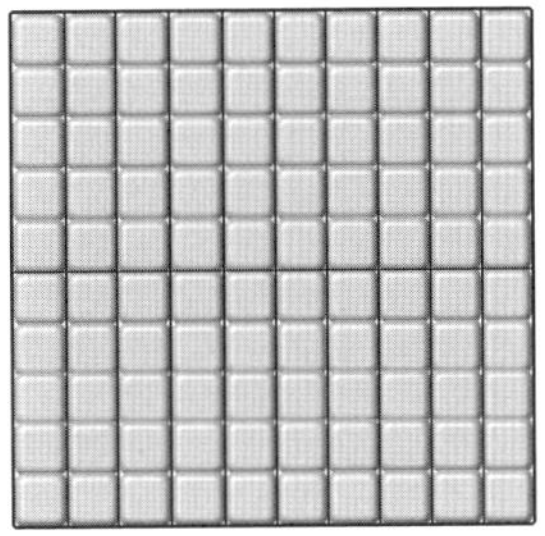

ふくしゅう

① 7 + 9　② 8 + 6　③ 7 + 8

④ 2 + 8　⑤ 4 + 9　⑥ 8 + 5

がつ　　にち

おおきい かず（10） なまえ

● 100までの　かずを　しらべましょう。

0	1	2	3	4	5	6	7	8	9
10	11	12	13	14	15	16	17	18	19
20	21	22	23	24	25	26	27	28	29
30	31	32	33	あ	35	36	37	38	39
40	41	42	43	44	い	う	47	48	49
50	51	52	53	54	55	56	57	58	59
60	61	62	63	64	65	66	67	え	69
70	71	72	73	74	75	76	77	78	79
80	81	82	83	84	85	86	87	88	89
90	91	92	93	94	95	96	97	98	99
お									

① あ～おに　あてはまる　かずを　かきましょう。

あ（　　　）　い（　　　）　う（　　　）

え（　　　）　お（　　　）

② 一(いち)のくらいが　7の　かずは，いくつ　ありますか。

（　　　）こ

③ 十(じゅう)のくらいが　7の　かずは，いくつ　ありますか。

（　　　）こ

ふくしゅう

① 6 + 5　② 8 + 9　③ 6 + 9

④ 4 + 8　⑤ 3 + 7　⑥ 7 + 8

（122%に拡大してご使用ください）

おおきい かず (11)

がつ　にち

なまえ

[1] したの　かずのせんを　つかって　こたえましょう。

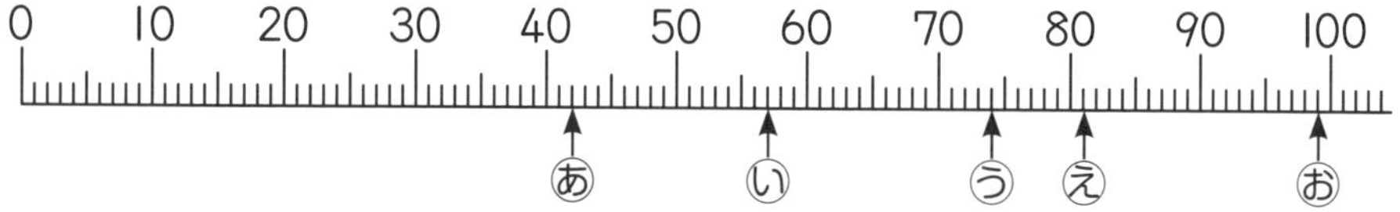

① あ〜おの　めもりが　あらわす　かずを　かきましょう。

あ（　　　）　い（　　　）　う（　　　）

え（　　　）　お（　　　）

② 35より　3　おおきい　かず　（　　　）

③ 75より　3　ちいさい　かず　（　　　）

④ 89より　4　おおきい　かず　（　　　）

[2] おおきい　ほうに　○を　つけましょう。

① [92] と [29]　② [60] と [58]

③ [69] と [71]　④ [98] と [89]

ふくしゅう

① 14 − 9　② 13 − 8　③ 15 − 7

④ 15 − 6　⑤ 12 − 9　⑥ 16 − 4

おおきい かず (12)

がつ　にち

なまえ

● □に　あてはまる　かずを　かきましょう。

① [56]−[57]−[　]−[　]−[　]−[61]−[　]

② [　]−[75]−[80]−[85]−[　]−[　]−[　]

③ [　]−[　]−[60]−[70]−[　]−[　]−[　]

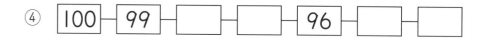

④ [100]−[99]−[　]−[　]−[96]−[　]−[　]

⑤ [　]−[90]−[80]−[70]−[　]−[　]−[　]

ふくしゅう

① 11 − 3　② 13 − 7　③ 14 − 5

④ 12 − 8　⑤ 18 − 6　⑥ 15 − 9

● くるまを　15だい　とめられる　ちゅうしゃじょうが　あります。7だい　とまって　います。あと　なんだい　とめられますか。

しき

こたえ

　（122%に拡大してご使用ください）

がつ　　にち

おおきい かず（13）

なまえ

1　かずのせんの　㋐～㋔の　めもりが　あらわす　かずを　かきましょう。

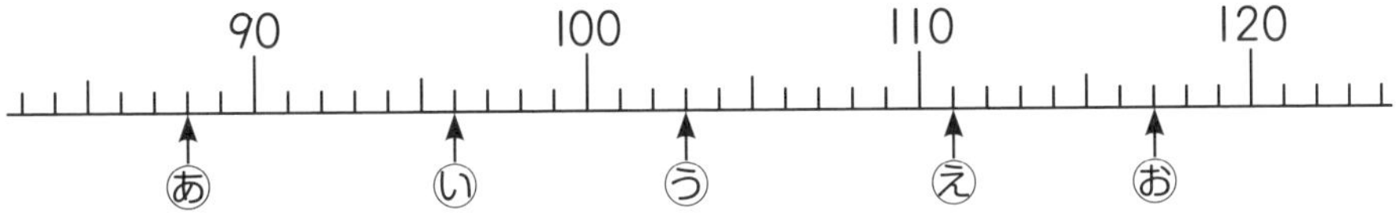

㋐（　　　）　㋑（　　　）　㋒（　　　）

㋓（　　　）　㋔（　　　）

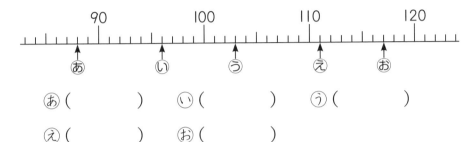

2　おおきい　ほうに　○を　つけましょう。

① 98 と 101　② 104 と 114

③ 120 と 119　④ 110 と 108

3　□に　あてはまる　かずを　かきましょう。

① 98 ― 99 ― □ ― □ ― □ ― 103 ― □

② □ ― 90 ― 95 ― □ ― □ ― □ ― 115

③ 103 ― 102 ― □ ― □ ― □ ― □ ― 97

④ □ ― □ ― □ ― □ ― 80 ― 70 ― 60

がつ　　にち

おおきい かず（14）

なまえ

1　（　）に　あてはまる　かずを　かきましょう。

①　40と　5を　あわせた

かずは　（　　　）です。

40 + 5 =（　　　）

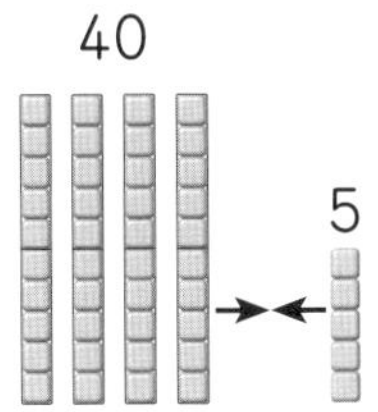

②　67から　7を　とった

かずは　（　　　）です。

67 − 7 =（　　　）

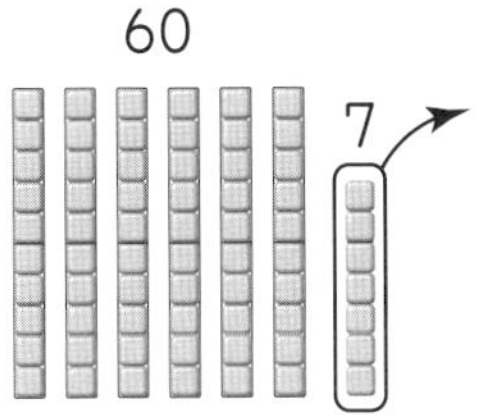

2　けいさんを　しましょう。

① 50 + 2　② 70 + 7　③ 90 + 5

④ 49 − 9　⑤ 61 − 1　⑥ 84 − 4

ふくしゅう

① 14 + 3　② 5 + 6　③ 9 + 0

④ 8 + 7　⑤ 3 + 7　⑥ 15 + 4

⑦ 6 + 8　⑧ 9 + 3　⑨ 7 + 4

　（122%に拡大してご使用ください）

がつ　　にち

おおきい かず (15)　なまえ

1 (　)に　あてはまる　かずを　かきましょう。

① 36 + 3

一(いち)のくらいの　6と　3を
あわせると　(　　　)だから
36 + 3 = (　　　)

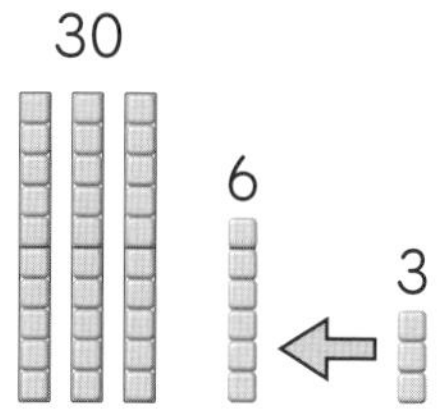

② 47 − 5

一のくらいの　7から　5を
ひくと　(　　　)だから
47 − 5 = (　　　)

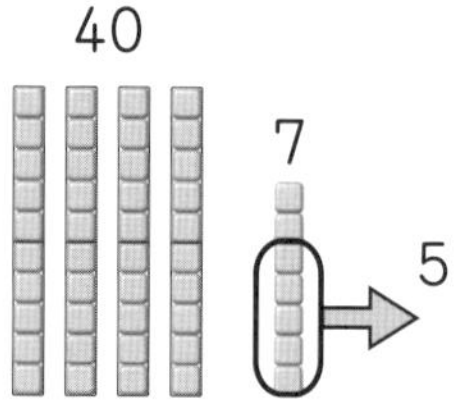

2 けいさんを　しましょう。

① 32 + 4　② 63 + 4　③ 85 + 3

④ 78 − 7　⑤ 65 − 2　⑥ 98 − 4

ふくしゅう

● ばらの　はなが　きのう　5こ，きょう　7こ
さきました。あわせて　なんこ　さきましたか。

しき

こたえ ＿＿＿＿＿＿

● 17ページの　えほんを　よみます。9ページ
よみました。のこりは　なんページですか。

しき

こたえ ＿＿＿＿＿＿

がつ　　にち

おおきい かず (16)　なまえ

1 おりがみが　20まい　あります。
40まい　もらうと，おりがみは
なんまいに　なりますか。

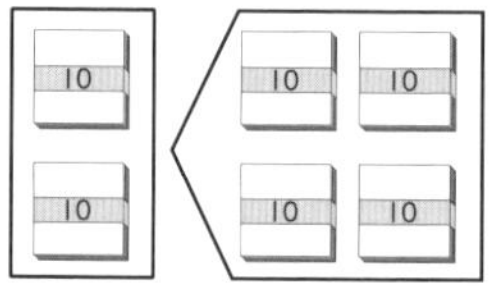

しき

こたえ ＿＿＿＿＿＿

2 おりがみが　70まい　あります。
50まい　つかうと，おりがみは
なんまい　のこりますか。

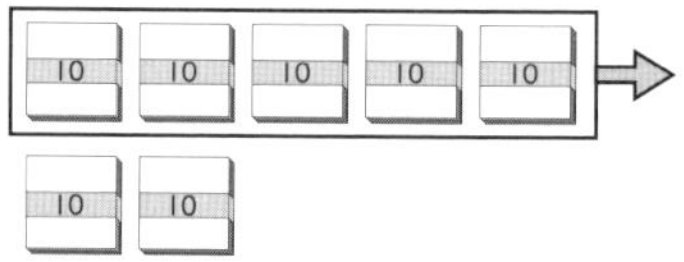

しき

こたえ ＿＿＿＿＿＿

3 けいさんを　しましょう。

① 50 + 30　② 90 + 10　③ 40 + 60

④ 80 − 60　⑤ 100 − 30　⑥ 100 − 80

ふくしゅう

● いぬが　8ひき，ねこが　11ぴき　います。
どちらが　なんびき　おおいですか。

しき

こたえ ＿＿＿＿＿＿

（122%に拡大してご使用ください）

がつ　　にち

おおきい かず
まとめ ①

なまえ

|1| かずを　かぞえて　□に　すうじで　かきましょう。

①

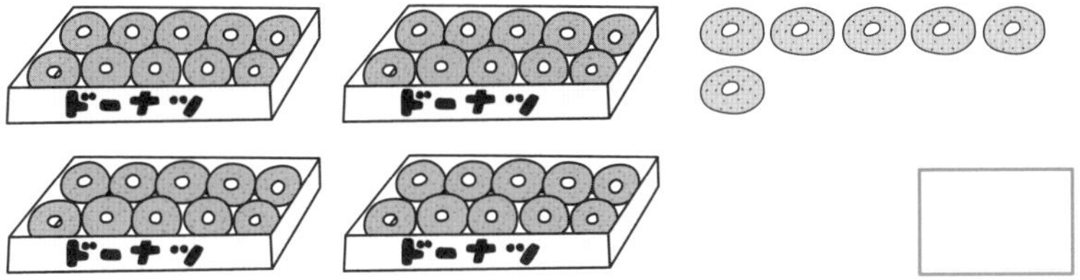

□

②

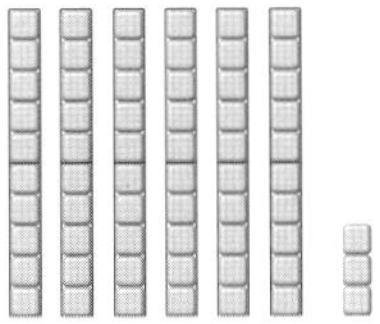

□

③

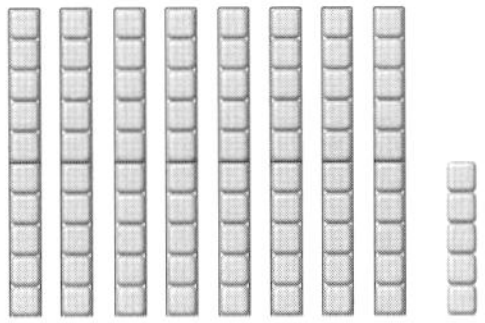

□

|2| (　)に　あてはまる　かずを　かきましょう。

① 10が　7こと，1が　9こで　(　　)です。

② 10が　6こで　(　　)です。

③ 10が　10こで　(　　)です。

④ 57は，10が　(　　)こと，1が　(　　)こです。

⑤ 十(じゅう)のくらいが　8で，一(いち)のくらいが　3の　かずは　(　　)です。

がつ　　にち

おおきい かず
まとめ ②

なまえ

|1| □に　あてはまる　かずを　かきましょう。

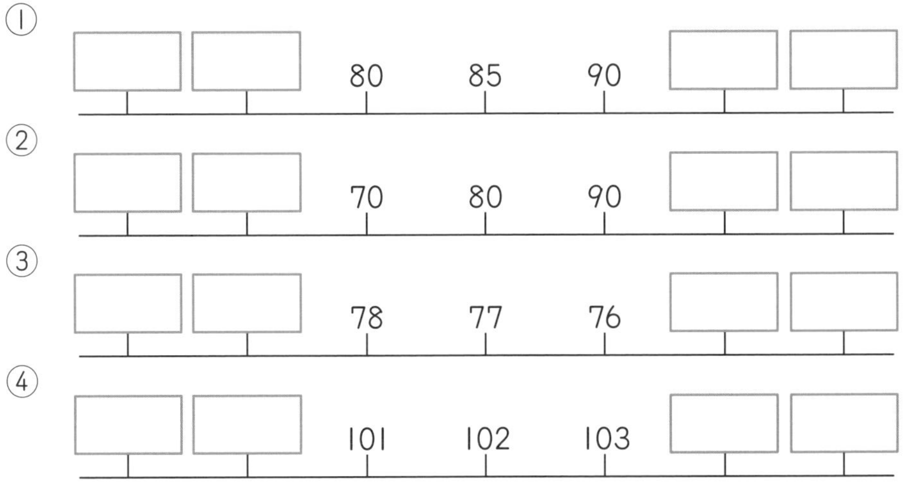

|2| おおきい　ほうに　○を　つけましょう。

① 65 と 56　　② 79 と 81

③ 99 と 110　　④ 111 と 109

|3| けいさんを　しましょう。

① 50 + 6　　② 4 + 43　　③ 30 + 60

④ 49 − 4　　⑤ 60 − 20　　⑥ 100 − 70

(122%に拡大してご使用ください)

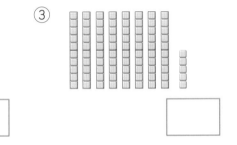

がつ　　にち

どちらが ひろい (1)

なまえ

● どちらが　ひろいですか。かさねて　くらべます。
ひろい　ほうの　(　)に　○を　つけましょう。

①

あ(　　　)　かさねる　い(　　　)

②

う(　　　)　かさねる　え(　　　)

ふくしゅう

● とけいを　よみましょう。

① 
(　　じ)

② 
(　　じ)

③ 
(　　じ)

④ 
(　　じ　　　)

⑤ 
(　　じ　　　)

⑥ 
(　　じ　　　)

がつ　　にち

どちらが ひろい (2)

なまえ

● どちらが　ひろいですか。
ひろい　ほうの　(　)に　○を　つけましょう。

①　あ(　　　)

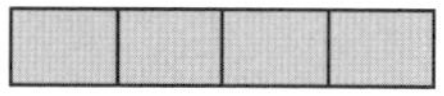

い(　　　)

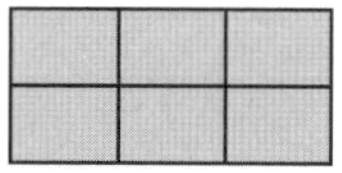

②　う(　　　)

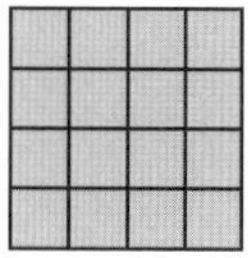

え(　　　)

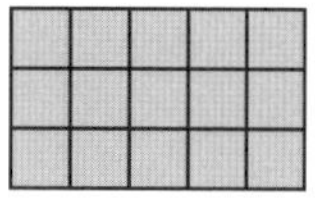

③　お(　　　)

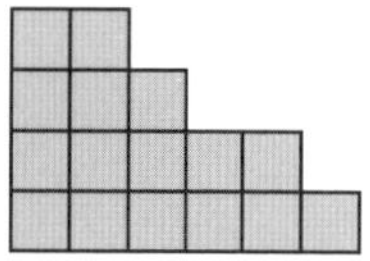

か(　　　)

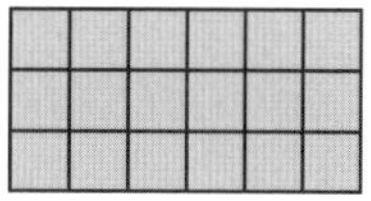

ふくしゅう

● とけいを　よみましょう。

① 
(　　じ　　　)

② 
(　　じ　　　)

③ 
(　　じ　　　)

(122%に拡大してご使用ください)

がつ　　にち

なんじなんぷん（1）

なまえ

● とけいを　よみましょう。

①

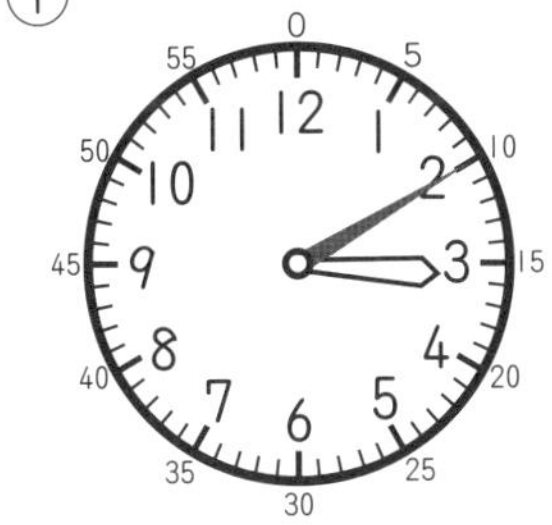

（　）じ（　）ぷん

②

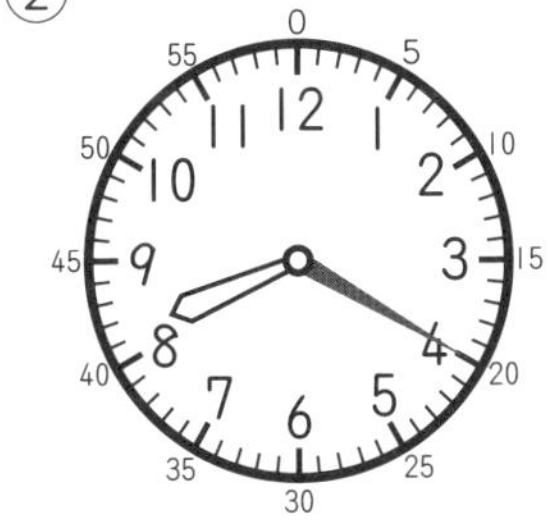

（　）じ（　）ぷん

③

（　）じ（　）ぷん

④

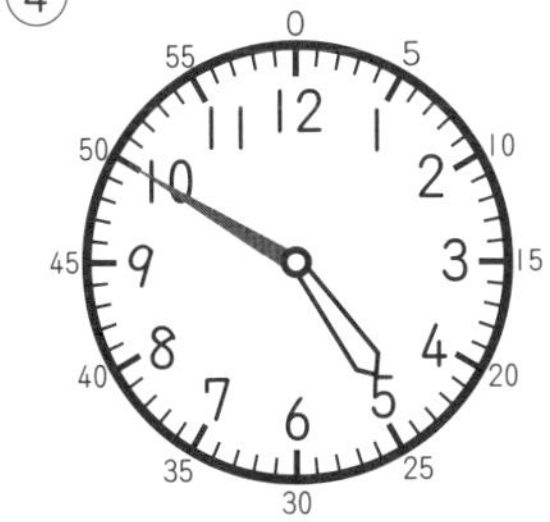

（　）じ（　）ぷん

⑤

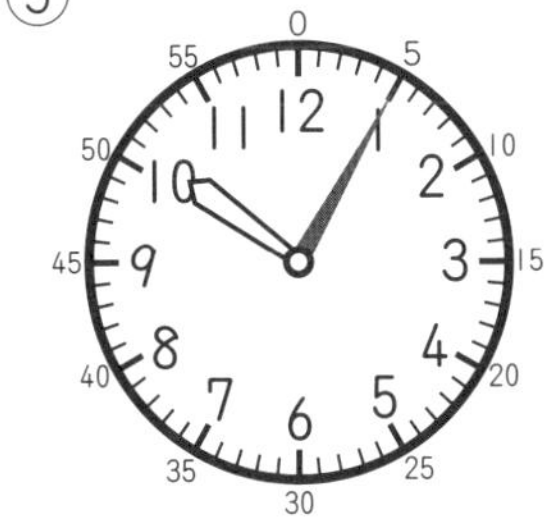

（　）じ（　）ふん

⑥

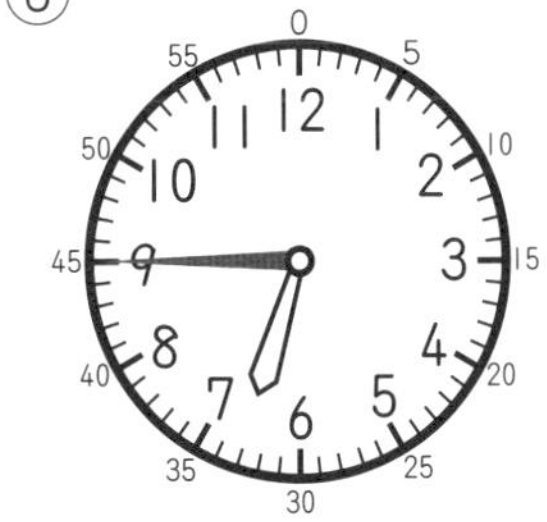

（　）じ（　）ふん

⑦

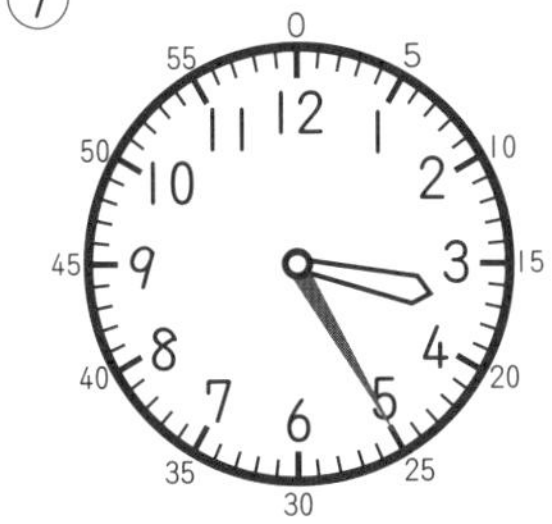

（　）じ（　）ふん

⑧

（　）じ（　）ふん

⑨

（　）じ（　）ふん

がつ　　にち

なんじなんぷん（2）

なまえ

● とけいを　よみましょう。

①

（　）じ（　）ふん

②

（　）じ（　）ぷん

③

（　）じ（　）ふん

④

（　）じ（　）ぷん

⑤

（　）じ（　）ふん

⑥

（　）じ（　）ふん

⑦

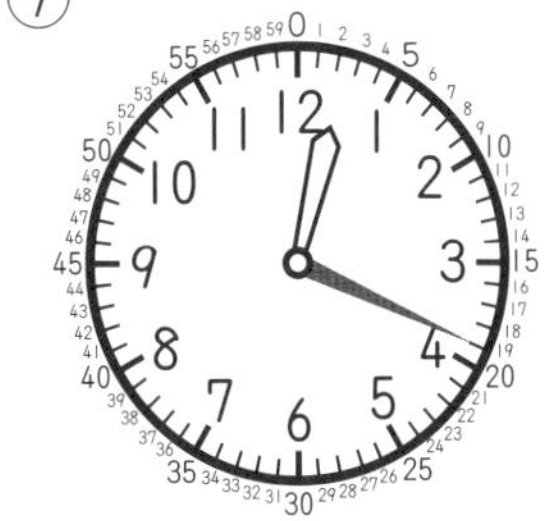

（　）じ（　）ふん

⑧

（　）じ（　）ふん

⑨

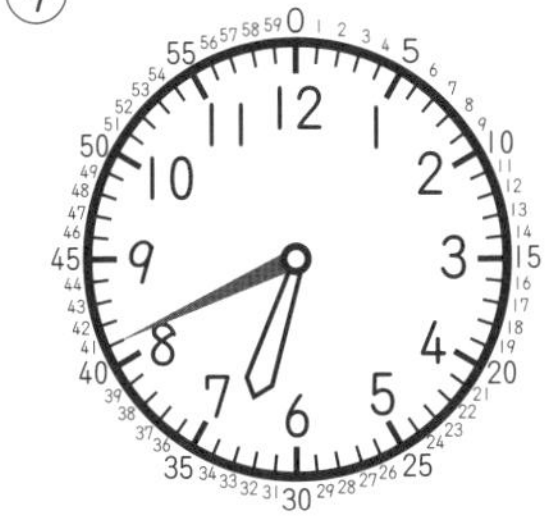

（　）じ（　）ぷん

（122%に拡大してご使用ください）

がつ　　にち

なんじなんぷん（3）

なまえ

● とけいを　よみましょう。

①
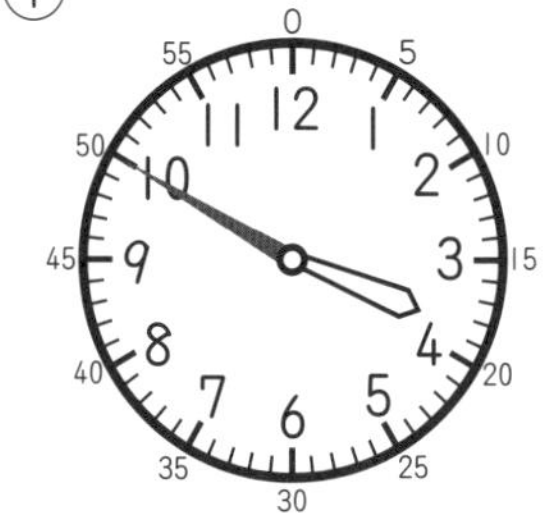

（　）じ（　）ぷん

②

（　）じ（　）ぷん

③

（　）じ（　）ぷん

④

（　）じ（　）ぷん

⑤

（　）じ（　）ぷん

⑥

（　）じ（　）ぷん

⑦

（　）じ（　）ぷん

⑧

（　）じ（　）ぷん

⑨

（　）じ（　）ぷん

がつ　　にち

なんじなんぷん（4）

なまえ

● とけいを　よみましょう。

①
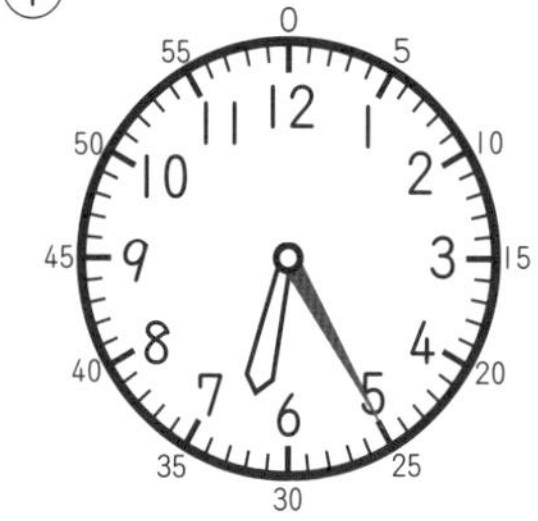

（　）じ（　）ふん

②

（　）じ（　）ふん

③

（　）じ（　）ふん

④

（　）じ（　）ふん

⑤

（　）じ（　）ふん

⑥

（　）じ（　）ふん

⑦

（　）じ（　）ふん

⑧

（　）じ（　）ふん

⑨

（　）じ（　）ふん

（122%に拡大してご使用ください）

がつ　　にち

なんじなんぷん（5）

なまえ

● とけいを　よみましょう。

①

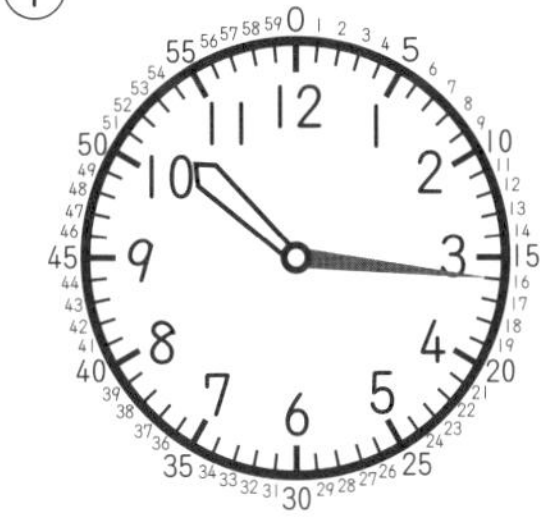

（　）じ（　）ぷん

②

（　）じ（　）ふん

③

（　）じ（　）ふん

④

（　）じ（　）ふん

⑤

（　）じ（　）ふん

⑥

（　）じ（　）ぷん

⑦

（　）じ（　）ぷん

⑧

（　）じ（　）ふん

⑨

（　）じ（　）ふん

がつ　　にち

なんじなんぷん まとめ

なまえ

● とけいを　よみましょう。

①

（　）じ（　）ぷん

②

（　）じ（　）ふん

③

（　）じ（　）ぷん

④

（　）じ（　）ふん

⑤

（　）じ（　）ぷん

⑥

（　）じ（　）ふん

⑦

（　）じ（　）ふん

⑧

（　）じ（　）ぷん

⑨

（　）じ（　）ふん

（122%に拡大してご使用ください）

がつ　　にち

ずを つかって かんがえよう（1）

なまえ

1 ゆめみさんは，まえから　3ばんめに　います。
ゆめみさんの　うしろに　8にん　います。
みんなで　なんにん　いますか。

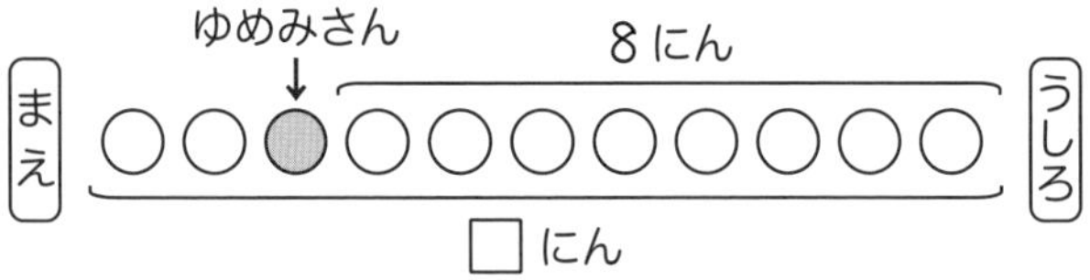

しき

こたえ＿＿＿＿＿＿

2 いちろうさんは，まえから　5ばんめに　います。
いちろうさんの　うしろに　7にん　います。
みんなで　なんにん　いますか。

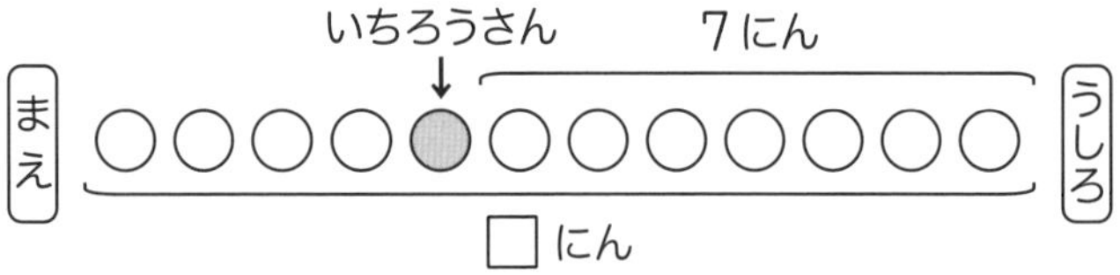

しき

こたえ＿＿＿＿＿＿

ふくしゅう

① 9 + 2　② 6 + 6　③ 15 + 4

④ 5 + 8　⑤ 7 + 6　⑥ 8 + 4

がつ　　にち

ずを つかって かんがえよう（2）

なまえ

1 バスていに　12にん　ならんで　います。
まさきさんは，まえから　3ばんめです。
まさきさんの　うしろには，なんにん　いますか。

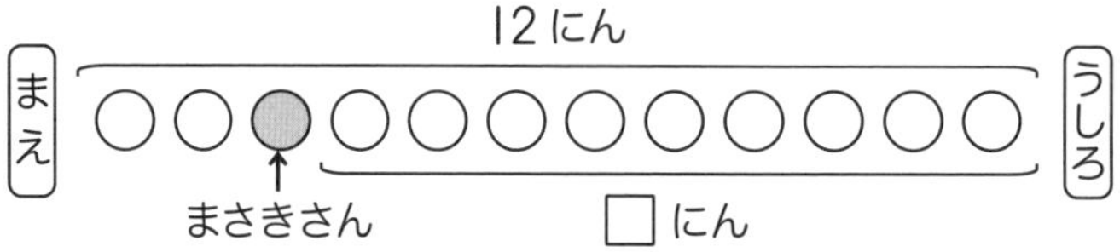

しき

こたえ＿＿＿＿＿＿

2 こどもが　13にん　ならんで　います。
あつしさんは，うしろから　5ばんめです。
あつしさんの　まえには，なんにん　いますか。

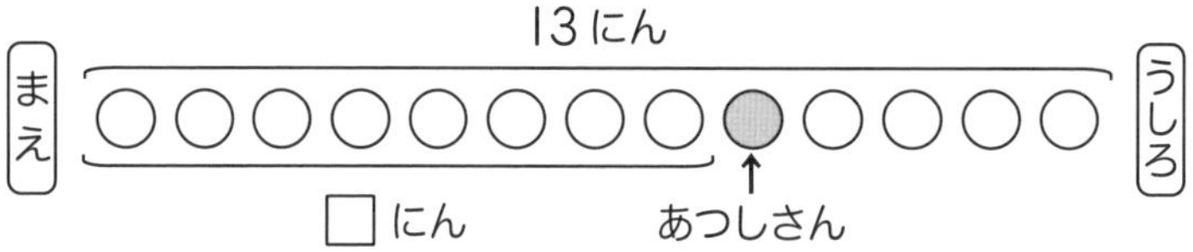

しき

こたえ＿＿＿＿＿＿

ふくしゅう

① 9 + 9　② 8 + 8　③ 0 + 10

④ 7 + 5　⑤ 3 + 7　⑥ 6 + 7

（122%に拡大してご使用ください）

がつ　　にち

ずを つかって かんがえよう（3）

なまえ

※（　）に　あてはまる　かずを　かいて，こたえましょう。

1　8にんが　1こずつ　ボールを　もらいました。
ボールは，あと　6こ　あります。
ボールは，ぜんぶで　なんこ　ありますか。

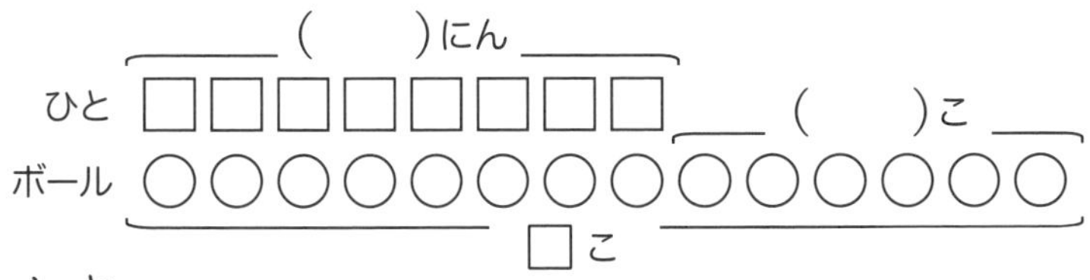

しき

こたえ

2　9にんが　1ぽんずつ　かさを　かりました。かさは，あと　4ほん　あります。かさは，ぜんぶで　なんぼん　ありますか。

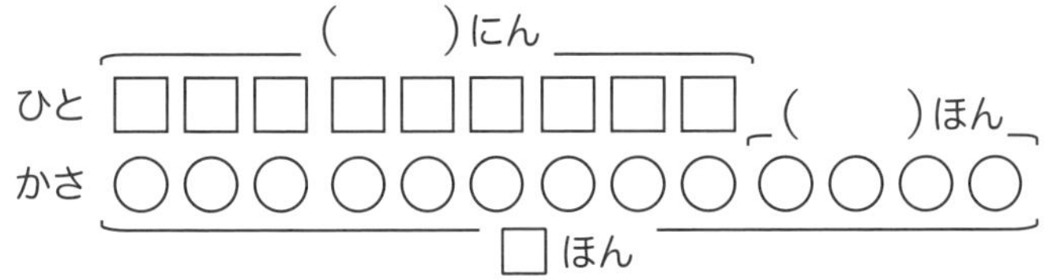

しき

こたえ

ふくしゅう

① 16 − 9　② 15 − 8　③ 16 − 7

④ 11 − 5　⑤ 14 − 7　⑥ 12 − 4

がつ　　にち

ずを つかって かんがえよう（4）

なまえ

※（　）に　あてはまる　かずを　かいて，こたえましょう。

1　7にんが　1こずつ　ケーキを　たべます。
ケーキは　11こ　あります。
ケーキは　なんこ　あまりますか。

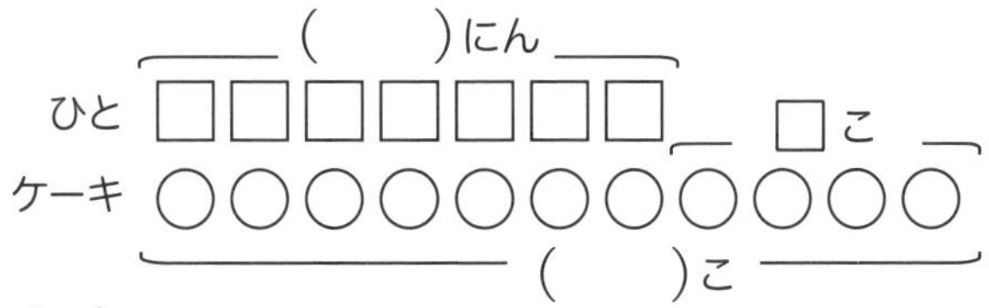

しき

こたえ

2　はなが　6ぽん　あります。
13にんに　1ぽんずつ　あげます。
はなを　もらえない　ひとは　なんにんですか。

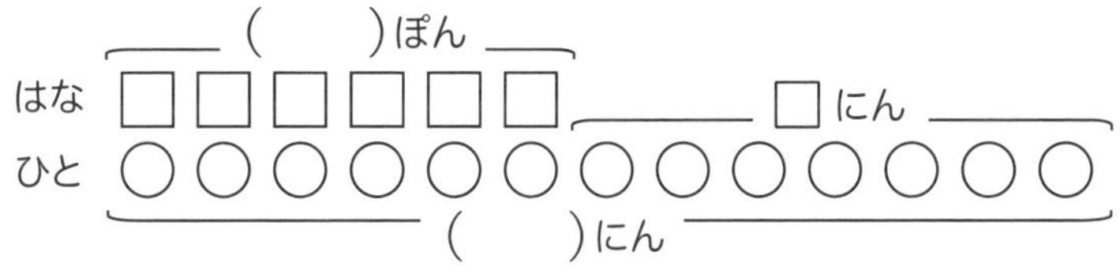

しき

こたえ

ふくしゅう

① 11 − 6　② 17 − 9　③ 8 − 0

④ 12 − 8　⑤ 15 − 6　⑥ 14 − 9

（122%に拡大してご使用ください）

がつ　　にち

ずを つかって かんがえよう（5）

なまえ

※（　）に　あてはまる　かずを　かいて，こたえましょう。

1　あかぐみと　しろぐみで　たまいれを　しました。
しろぐみは　12こ　はいりました。
あかぐみは，しろぐみより　4こ　おおく
はいりました。
あかぐみは，なんこ　はいりましたか。

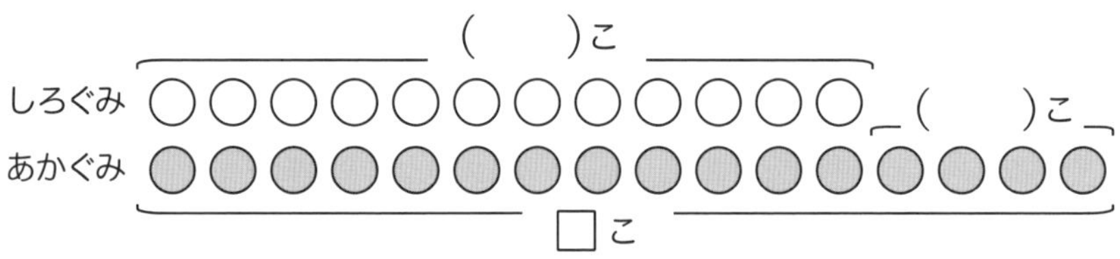

しき

こたえ＿＿＿＿＿＿＿＿

2　りんごが　11こ　あります。みかんは　りんごより
6こ　おおく　あります。
みかんは，なんこ　ありますか。

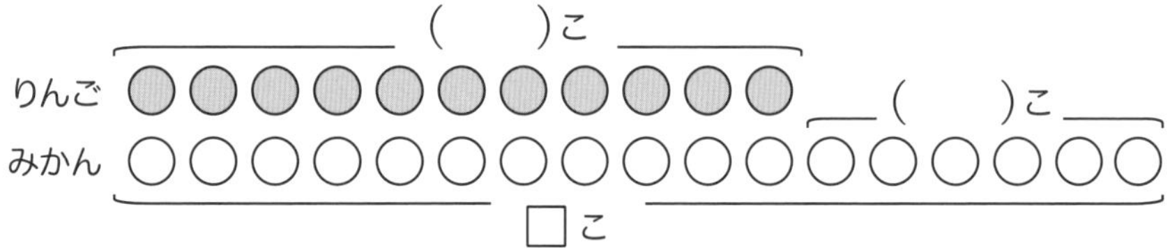

しき

こたえ＿＿＿＿＿＿＿＿

がつ　　にち

ずを つかって かんがえよう（6）

なまえ

※（　）に　あてはまる　かずを　かいて，こたえましょう。

1　ここなさんと　ふみやさんで　あきかんひろいを
しました。ここなさんは　15こ　ひろいました。
ふみやさんは，ここなさんより　7こ　すくなかったです。
ふみやさんは　なんこ　ひろいましたか。

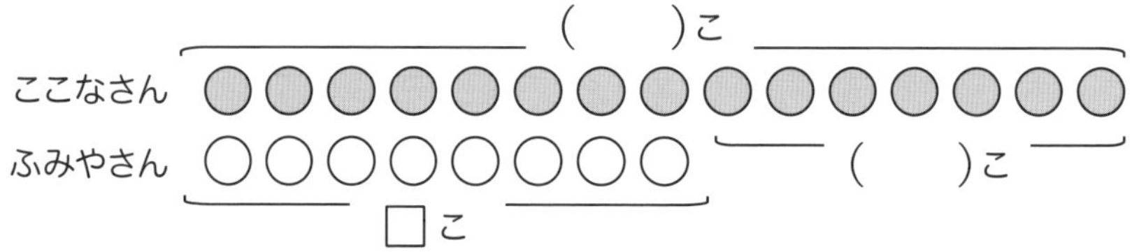

しき

こたえ＿＿＿＿＿＿＿＿

2　ともきさんの　おにいさんは　14さいです。
ともきさんは　おにいさんより　6さい　とししたです。
ともきさんは　なんさいですか。

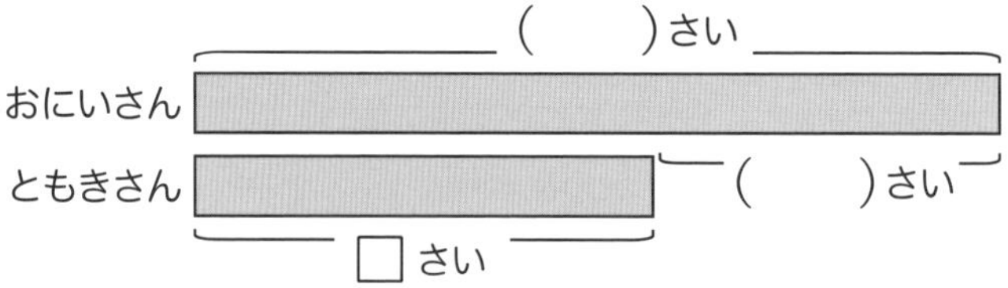

しき

こたえ＿＿＿＿＿＿＿＿

（122%に拡大してご使用ください）

がつ　　にち

ずを つかって かんがえよう（7）

なまえ

※（　）に　あてはまる　かずを　かいて，こたえましょう。

1　バスていに　ひとが　ならんで　います。
しゅんやさんの　まえに　4にん　います。
しゅんやさんの　うしろに　5にん　います。
ぜんぶで　なんにん　ならんで　いますか。

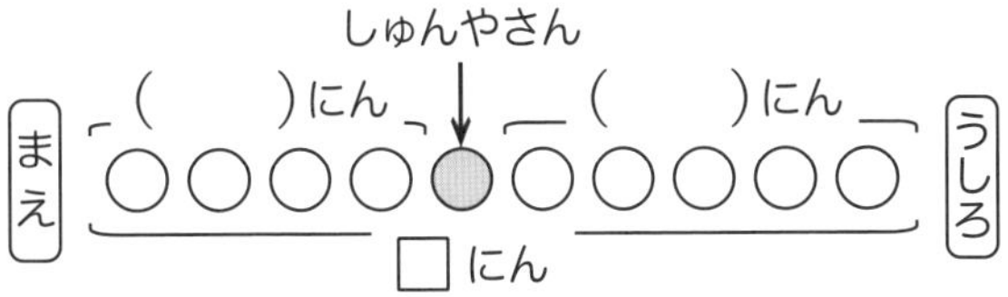

しき

こたえ

2　こどもたちが　ゆうぐの　まえで　ならんで　います。
ひとみさんの　まえに　5にん　います。
ひとみさんの　うしろに　6にん　います。
ぜんぶで　なんにん　ならんで　いますか。

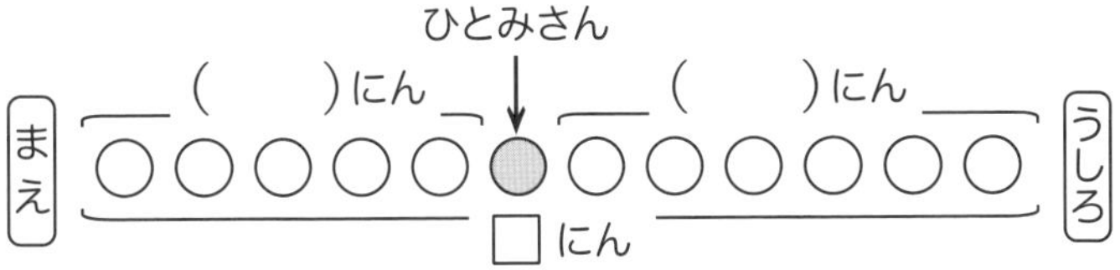

しき

こたえ

がつ　　にち

ずを つかって かんがえよう まとめ

なまえ

※（　）に　あてはまる　かずを　かいて，こたえましょう。

1　こどもが　14にん　ならんで　います。ゆりかさんは，
まえから　6ばんめです。ゆりかさんの　うしろには，
なんにん　いますか。

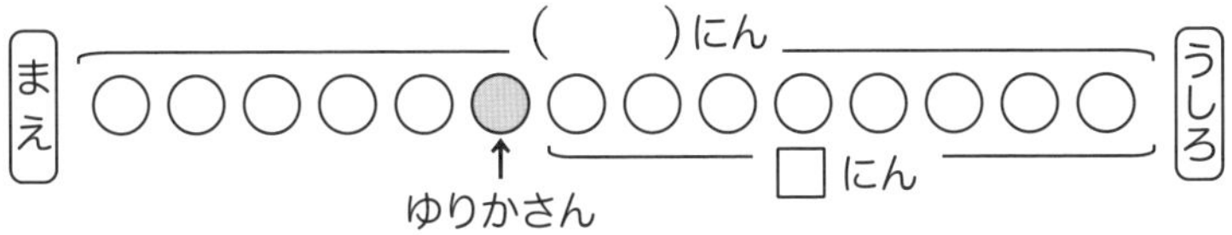

しき

こたえ

2　はるとさんは　どんぐりを　15こ　ひろいました。
みよさんは　はるとさんより　6こ　すくなかったです。
みよさんは　どんぐりを　なんこ　ひろいましたか。

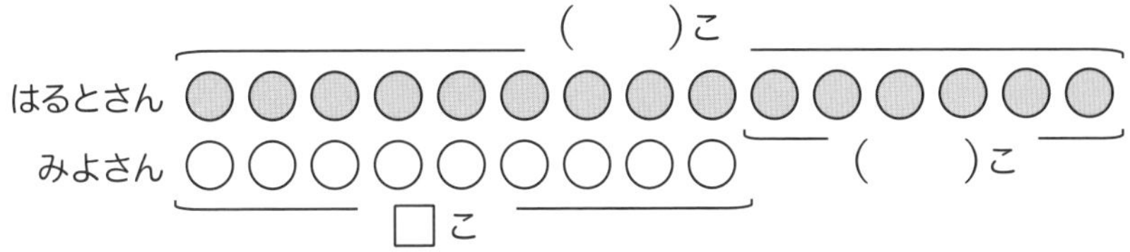

しき

こたえ

3　かけっこを　して，とくじさんは　3ばんめに　ゴール
しました。とくじさんの　あとで　ゴールしたのは　7にん
でした。なんにんで　かけっこ　しましたか。

しき

こたえ

（122%に拡大してご使用ください）

がつ　　にち

かたちづくり（1）

なまえ

● つぎの　かたちは，が　なんまいで　できて　いますか。

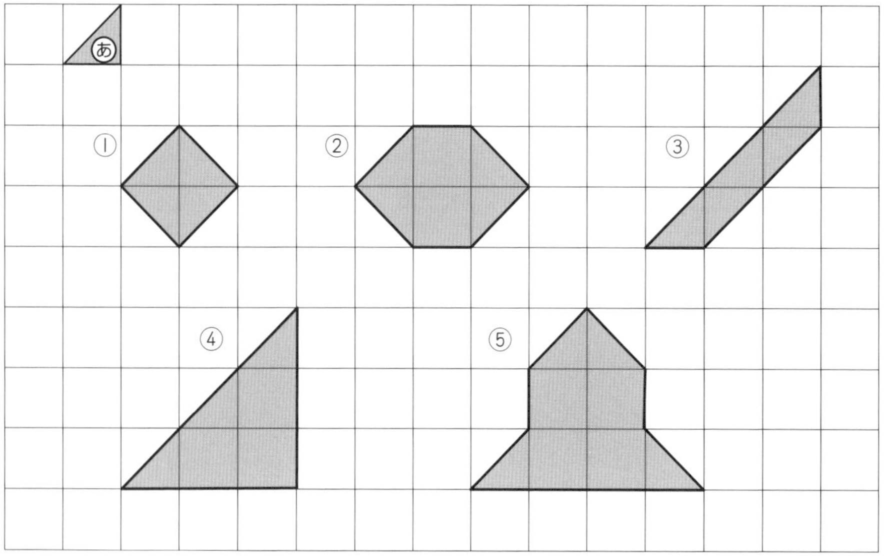

①（　　　）まい　②（　　　）まい　③（　　　）まい

④（　　　）まい　⑤（　　　）まい

ふくしゅう

● とけいを　よみましょう。

①

②

③

（　じ　ぷん）　（　じ　ふん）　（　じ　ふん）

がつ　　にち

かたちづくり（2）

なまえ

● を　１まいだけ　うごかして，かたちを　かえます。〔れい〕のように　うごかした　に　いろを　ぬりましょう。

〔れい〕

①

②

③

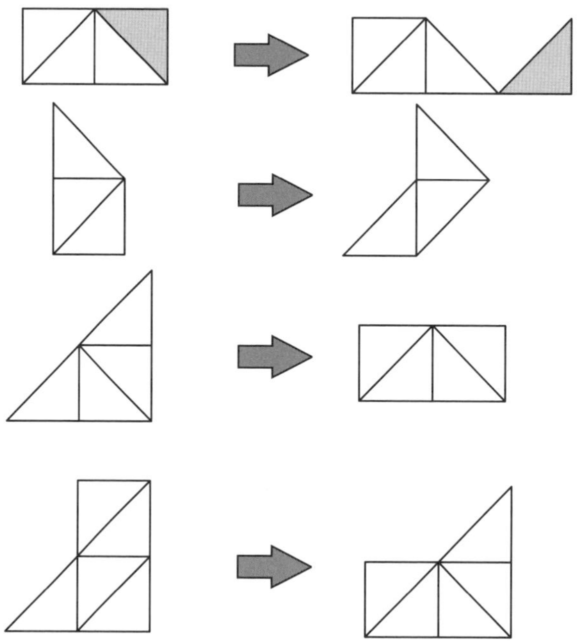

ふくしゅう

● とけいを　よみましょう。

①

②

③

（　じ　ふん）　（　じ　ふん）　（　じ　ぷん）

　（122%に拡大してご使用ください）

がつ　　にち

かたちづくり（3）

なまえ

●　•と　•を　せんで　つないで，おなじ　かたちを
かきましょう。

①
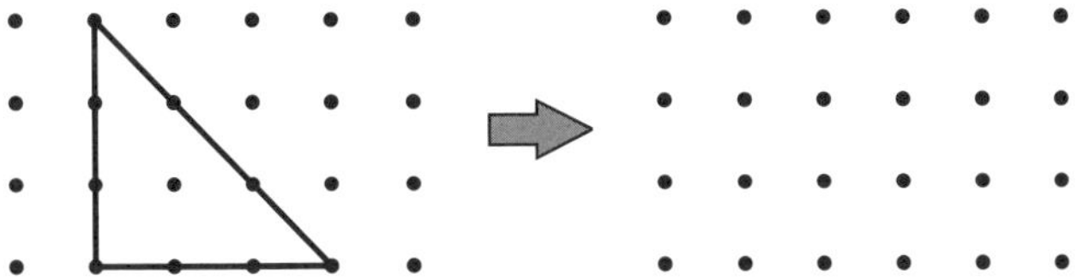

②

③
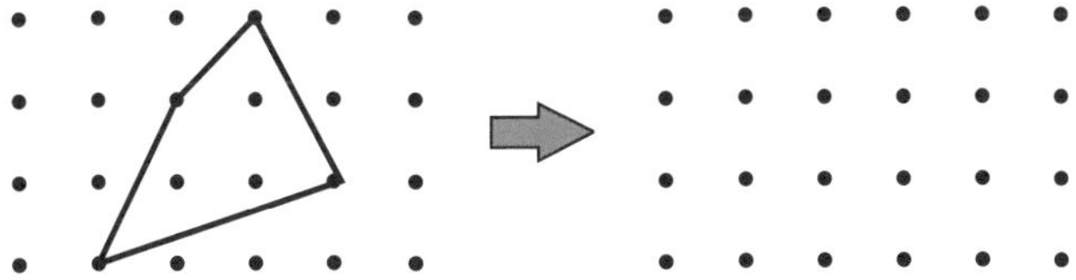

ふくしゅう

①40 + 20　②60 + 5　③34 + 5

③60 − 10　④37 − 7　⑤64 − 2

●　めだかを　6ぴき　かって　います。
12ひき　もらいました。めだかは
ぜんぶで　なんびきに　なりましたか。

しき

こたえ

がつ　　にち

かたちづくり（4）

なまえ

●　•と　•を　せんで　つないで，おなじ　かたちを
かきましょう。

①
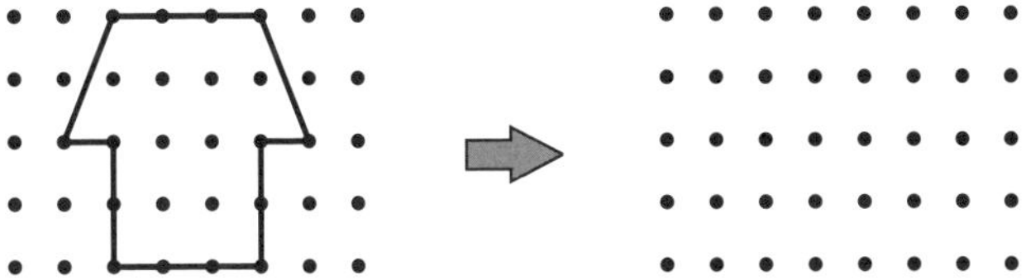

②
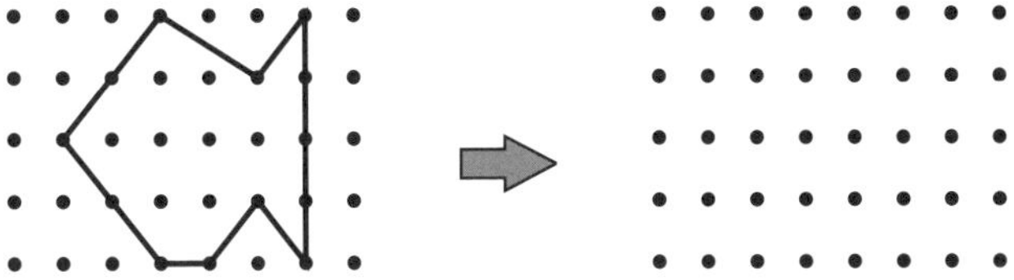

③

ふくしゅう

①50 + 20　②30 + 7　③72 + 4

③80 − 50　④66 − 5　⑤47 − 3

●　ぼくじょうに　うしが　8とう，うまが　17とう
います。うまの　ほうが　なんとう　おおいですか。

しき

こたえ

（122%に拡大してご使用ください）

がつ　にち

かたちづくり（5）

なまえ

● つぎの　かたちは，かぞえぼう　なんぼんで　できて　いますか。

①

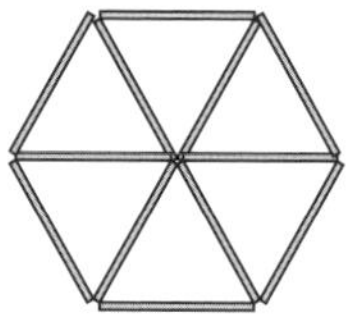

（　　）ほん

②

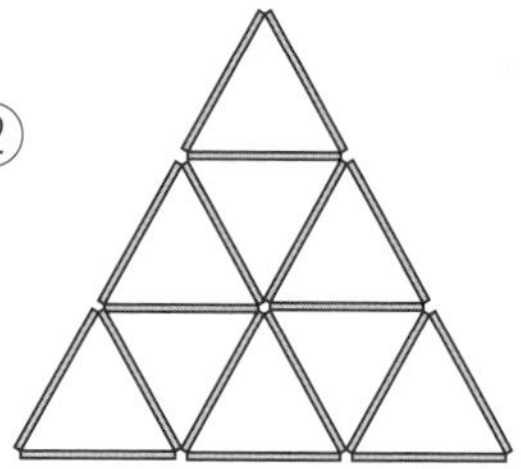

（　　）ほん

③

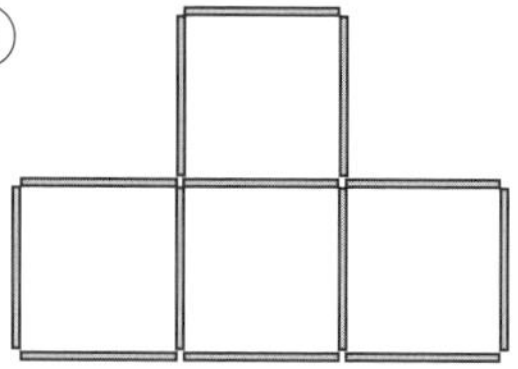

（　　）ぼん

④

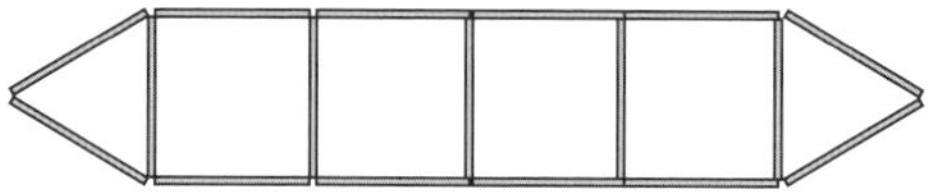

（　　）ほん

ふくしゅう

① 7 + 9　② 12 + 6　③ 30 + 40

③ 16 − 8　④ 17 − 4　⑤ 90 − 40

● はちが　15ひき　とんで　います。
ちょうは　はちより　7ひき　すくないです。
ちょうは　なんびき　いますか。

しき

こたえ

がつ　にち

かたちづくり
まとめ

なまえ

1 つぎの　かたちは，が　なんまいで　できて　いますか。

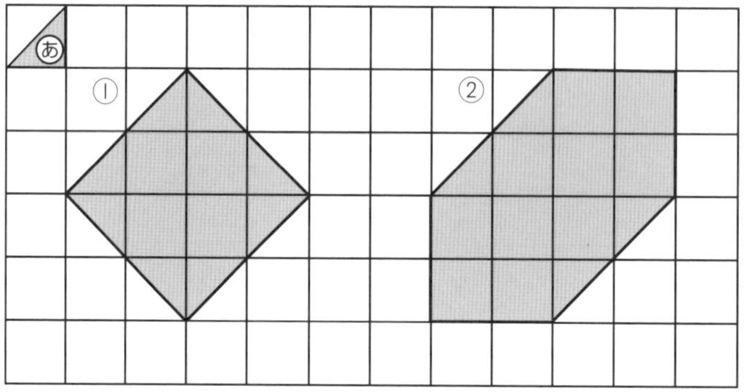

①（　　）まい

②（　　）まい

2 を　1まいだけ　うごかして，かたちを　かえます。
うごかした　に　いろを　ぬりましょう。

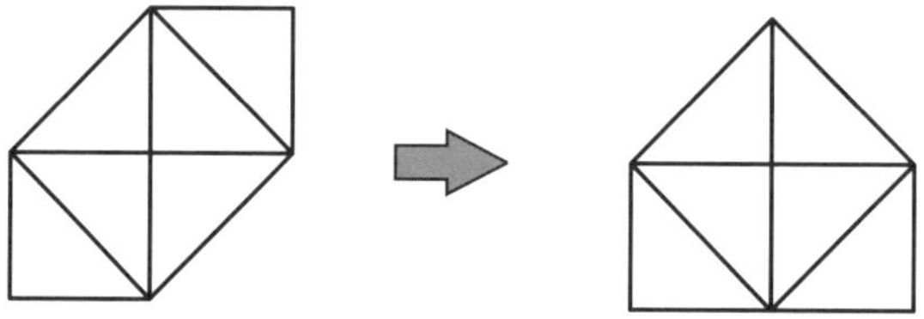

3 ・と　・を　せんで　つないで，おなじ　かたちを　かきましょう。

①

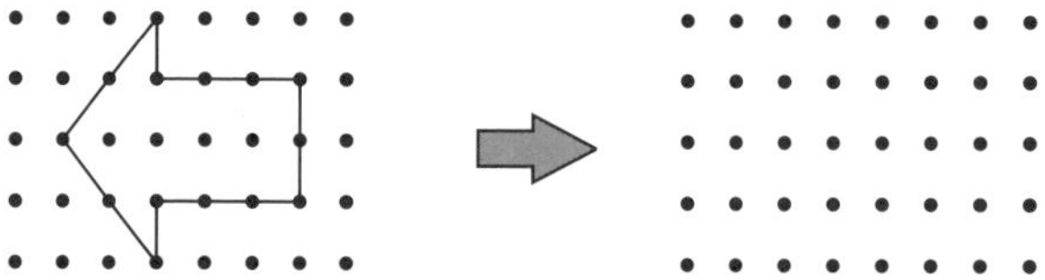

②

　（122%に拡大してご使用ください）

がつ　　にち

1年の まとめ（1）

なまえ

①6 + 4　②3 + 4　③2 + 8

④3 + 8　⑤5 + 9　⑥4 + 7

⑦9 + 8　⑧6 + 8　⑨7 + 6

⑩10 + 4　⑪14 + 2　⑫40 + 8

⑬62 + 7　⑭40 + 30　⑮70 + 30

⑯8 − 4　⑰10 − 7　⑱10 − 2

⑲16 − 3　⑳17 − 7　㉑15 − 6

㉒12 − 8　㉓14 − 9　㉔12 − 3

㉕11 − 7　㉖13 − 5　㉗53 − 3

㉘48 − 5　㉙60 − 40　㉚100 − 60

がつ　　にち

1年の まとめ（2）

なまえ

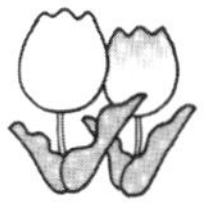

1　きいろい　チューリップが　5ほん，あかい　チューリップが　12ほん　さいて　います。

①　あわせて　なんぼん　ありますか。

しき　　　　こたえ

②　どちらが　なんぼん　おおいですか。

しき

こたえ

2　バスに　17にん　のって　います。そのうち　5にんは　こどもです。おとなは　なんにん　いますか。

しき　　　　こたえ

3　100ページの　ほんを　よんで　います。
80ページまで　よみました。
あと　なんページで　よみおわりますか。

しき　　　　こたえ

4　7にんの　こどもに　おかしを　1こずつ　くばると，4こ　あまります。おかしは　ぜんぶで　なんこ　ありますか。

しき　　　　こたえ

　（122%に拡大してご使用ください）

がつ　　にち

1年の まとめ (3)

なまえ

1　ながい　じゅんに（　）に　きごうを　かきましょう。

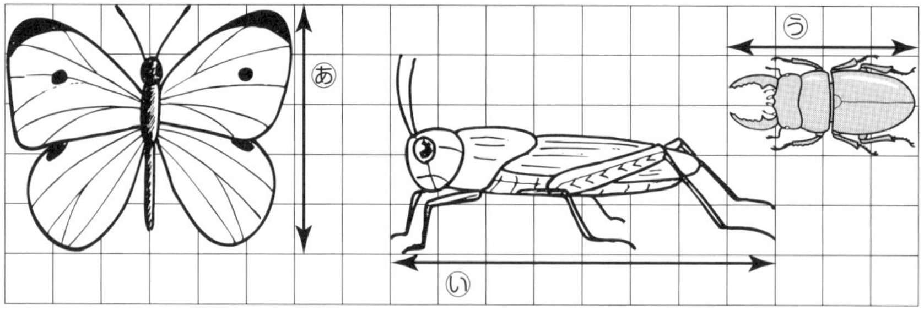

（　　）➡（　　）➡（　　）

2　ひろい　じゅんに（　）に　きごうを　かきましょう。

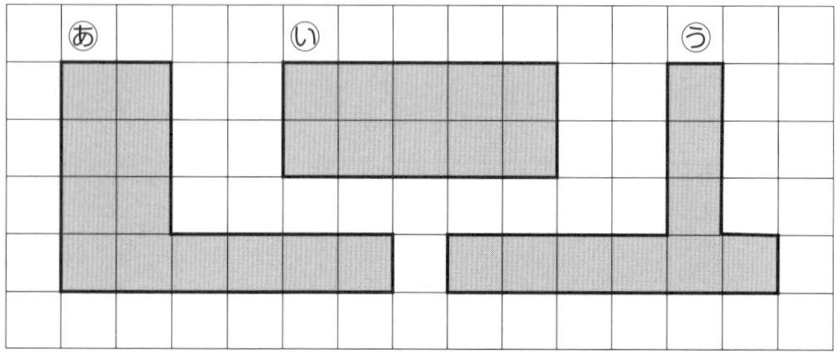

（　　）➡（　　）➡（　　）

3　とけいを　よみましょう。

①

（　じ　ぷん）

②

（　じ　ふん）

③

（　じ　ぷん）

がつ　　にち

1年の まとめ (4)

なまえ

1　□に　あてはまる　かずを　かきましょう。

① 96 － 97 － □ － □ － □ － □ － 102

② □ － 50 － 55 － □ － □ － □ － □

③ □ － 103 － 102 － □ － □ － □ － 98

2　おおきい　ほうに　○を　つけましょう。

① 78　と　87　　② 61　と　59

③ 99　と　101　　④ 109　と　110

3（　）に　あてはまる　かずを　かきましょう。

① 30と　6を　あわせた　かずは，（　　）です。

② 64は，10を（　　）こと　1を（　　）こ　あわせた　かずです。

③ 十（じゅう）のくらいが　5で，一（いち）のくらいが　9の　かずは，（　　）です。

④ 41より　5　おおきい　かずは，（　　）です。

⑤ 78より　3　ちいさい　かずは，（　　）です。

⑥ 10を　8こ　あつめた　かずは，（　　）です。

⑦ 10を　10こ　あつめた　かずは，（　　）です。

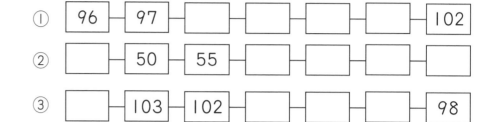

（122%に拡大してご使用ください）

がつ　にち

ちいさい「っ，ゃ，ゅ，ょ」(1)

なまえ

ちいさく かく「つ」を いれて、ただしい ことばに しましょう。

(れい) 
はぱ → はっぱ

① 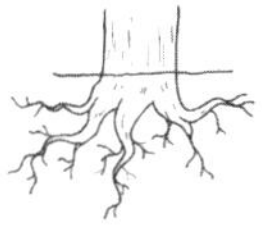
ねこ

② 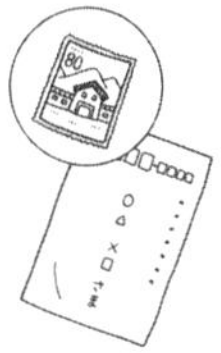
きて

③ 
かぱ

④ 
しぽ

⑤ 
せけん

⑥ 
もきん

⑦ 
かけこ

⑧ 
にらめこ

がつ　にち

ちいさい「っ，ゃ，ゅ，ょ」(2)

なまえ

つぎの ことばを ただしく かきましょう。

① しよつき →

② しゆつぱつ →

③ しやつくり →

④ ひよつとこ →

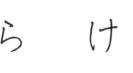

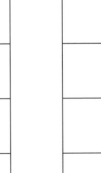

（122%に拡大してご使用ください）

がつ　にち

ちいさい「っ，ゃ，ゅ，ょ」(3)

なまえ

つぎの　ことばを　ただしく　かきましょう。

① でんしや
↓

② きんぎよ
↓

③ おにごつこ
↓

④ しゆじゆつ
↓

がつ　にち

のばす おと (1)

なまえ

えに　あう　ことばを　かきましょう。

① ぞ

② お

③ ふ

④ し

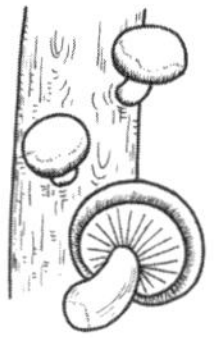

⑤ おに

⑥ おば

（122%に拡大してご使用ください）

がつ　にち

のばす おと（2）

なまえ

えに　あう　ことばを　かきましょう。

①

と□□

②

と□□

③

す□□□

④

こ□□□

⑤

せ□□□

⑥

ゆ□□□□

がつ　にち

のばす おと（3）

なまえ

えに　あう　ことばを　かきましょう。

①
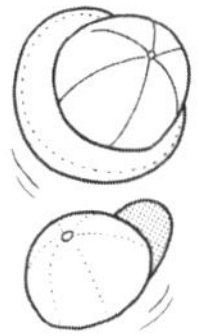
ぼ□□

②

ひ□□□

③

か□□□□

④

せ□□□□

⑤

おね□□□

⑥

と□□んぼ

（122%に拡大してご使用ください）

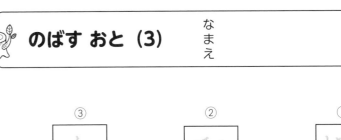

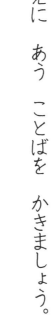

がつ　にち

のばす おと (4)

なまえ

えに　あう　ことばを　かきましょう。

① ぐ

② ぱ

③ おか

④ す

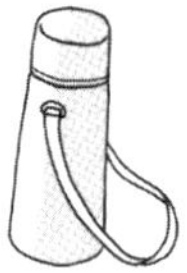

⑤ て

⑥ ほ

がつ　にち

のばす おと (5)

なまえ

えに　あう　ことばを　かきましょう。

① ぶ

② な

③ は

④ ほ

⑤ おと

⑥ お

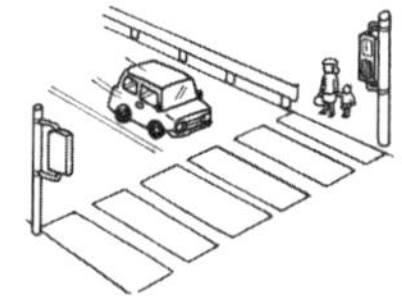

（122%に拡大してご使用ください）

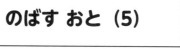

がつ　にち

のばす おと（6）

なまえ

つぎの　ことばを　ただしく　かきましょう。

① おうかみ　↓

② こおばん　↓

③ ええが　↓

④ こおえん　↓

⑤ どおぶつえん　↓

がつ　にち

のばす おと（7）

なまえ

つぎの　ことばを　ただしく　かきましょう。

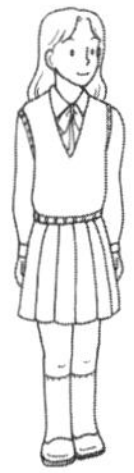

① おとおさん　↓

② おねいさん　↓

③ いもおと　↓

④ おとおと　↓

⑤ こうり　↓

がつ　にち

う・お，ず・づ，じ・ぢ (1)

なまえ

● □に　あう　じを　いれましょう。

① 

□めん（じ・ぢ）

② 

お□きい（う・お）

③ 

す□め（ず・づ）

④ 

お□さん（じ・ぢ）

⑤ 

か□（ず・づ）

⑥ 

ど□ぶつ（う・お）

⑦ 

と□い（う・お）

⑧ 

か□（じ・ぢ）

がつ　にち

う・お，ず・づ，じ・ぢ (2)

なまえ

● □に　あう　じを　いれましょう。

① 

こ□り（う・お）

② 

はな□（じ・ぢ）

③ 

お□かみ（う・お）

④ 

お□さま（う・お）

⑤ 

かん□め（ず・づ）

⑥ 

みか□き（ず・づ）

⑦ 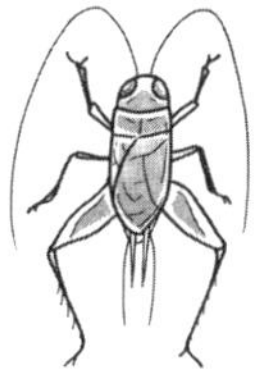

こ□ろぎ（う・お）

⑧ 

す□むし（ず・づ）

（122%に拡大してご使用ください）

がつ　にち

は・わ (1)

なまえ

● □に わ か は を いれましょう。

① きょう□にちようび。
② □る□あたたかい。
③ これ□に□とりだ。
④ □かめ□おいしい。
⑤ □るぐち□いわない。
⑥ ぞうの□な□ながい。

がつ　にち

は・わ (2)

なまえ

● □に わ か は を いれましょう。

① かぶ□ぬけた。
② □に□おおきい。
③ □は□やさしい。
④ □なび□きれい。
⑤ うさぎ□□ねる。
⑥ □なげ□おもしろい。

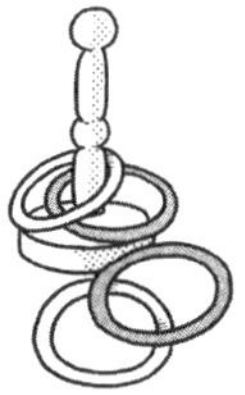

（122%に拡大してご使用ください）

がつ　にち

え・へ

なまえ

□に え か へ を いれましょう。

① □き□ いく。

② い□□ かえる。

③ う□□ あがる。

④ ま□□ すすむ。

⑤ □んぴつで かく。

⑥ こう□ん□ いく。

がつ　にち

お・を

なまえ

□に お か を を いれましょう。

① くつ□ はく。

② かお□ あらう。

③ ぼうし□ かぶる。

④ し□□ なめる。

⑤ □かし□ たべる。

⑥ □りづる□ □る。

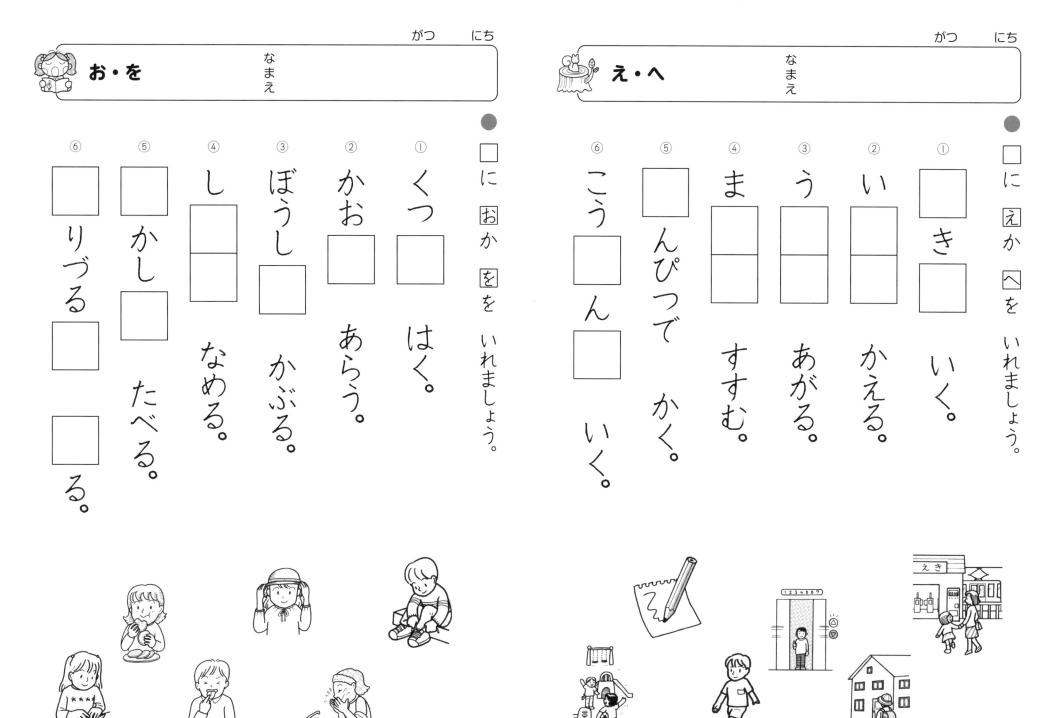

がつ　にち

お・を，は・わ，え・へ (1)

なまえ

□に　あう　じを　いれましょう。

① □（お・を）かし□（お・を）　たべる。

② きょう□（わ・は）□（わ・は）やく　おきた。

③ こう□（え・へ）ん□（え・へ）　あそびに　いく。

④ ご□（わ・は）ん□（お・を）　お□（わ・は）しで　たべる。

⑤ □（わ・は）にが　くち□（お・を）　あける。

がつ　にち

お・を，は・わ，え・へ (2)

なまえ

□に　あう　じを　いれましょう。

① いとぐるま□（お・を）　ま□（わ・は）す。

② や□（わ・は）らかい　まくらで　ねる。

③ に□（わ・は）に　さいた　あさが□（お・を）。

④ □（え・へ）ものの　とりかた□（お・を）　しる。

⑤ きこり□（わ・は）□（わ・は）な□（お・を）　しかけた。

（122%に拡大してご使用ください）

がつ　にち

お・を，は・わ，え・へ (3)

なまえ

● □に　あう　じを　いれましょう。

① □（え・へ）き　□（え・へ）　いく。

② □（お・を）かね　□（お・を）　おとす。

③ いぬが　まご□（お・を）　ひっぱる。

④ □（お・を）□（お・を）きな　くち□（お・を）　あける。

⑤ □（わ・は）たし□（わ・は）　□（わ・は）しりが　□（わ・は）やいです。

がつ　にち

お・を，は・わ，え・へ (4)

なまえ

● □に　あう　じを　いれましょう。

① やっと、かぶ□（わ・は）　ぬけました。

② □（え・へ）やの　なか□（え・へ）　□（わ・は）いる。

③ □（お・を）□（お・を）いそいで　か□（え・へ）る。

④ あかちゃん□（お・を）　□（お・を）んぶ　する。

⑤ □（わ・は）にの　くち□（わ・は）　□（お・を）□（お・を）きい。

（122%に拡大してご使用ください）

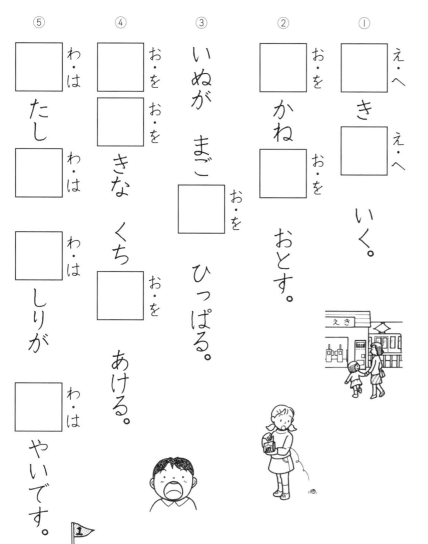

がつ　にち

お・を，は・わ，え・へ (5)

なまえ

●(れい)の　ように　まちがって　いる　ところを　なおしましょう。

(れい)　~~は~~(わ)たし~~わ~~(は)　りんご~~お~~(を)　たべました。

①　をかあさんお　むかへに　をみせまで　はしりました。

②　ををきな　でんしゃの　へきに　いもうとは　いました。

③　わたしわ　ともだちお　たいせつに　をもって　います。

④　をとうさんわ　かいしゃえ　いきました。

がつ　にち

お・を，は・わ，え・へ (6)

なまえ

●(れい)の　ように　まちがって　いる　ところを　なおしましょう。

(れい)　~~は~~(わ)たし~~わ~~(は)　りんご~~お~~(を)　たべました。

①　をふろお　たわしで　あらう。

②　いもおとと　こおえんえ　いきました。

③　ぼくわ　をねいさんが　ふたり　います。

④　をにいさんと　ええがお　みに　いきました。

（122%に拡大してご使用ください）

がつ　にち

の・と・が・に・で (1)

なまえ

□に の・と・が・に・で を いれて ぶんを つくりましょう。

① くるま□ ふね。

② こま□ あそぶ。

③ ふろ□ はいる。

④ いもうと□ なく。

⑤ りんご□ みかん。

⑥ おとうと□ かさ。

がつ　にち

の・と・が・に・で (2)

なまえ

□に の・と・が・に・で を いれて ぶんを つくりましょう。

① いぬ□ ねこ。

② ひまわり□ さく。

③ わたし□ ぼうし。

④ ひろば□ あそぶ。

⑤ うま□ はしる。

⑥ むしとり□ いく。

（122%に拡大してご使用ください）

がつ　にち

ぶんを つくろう (1)　なまえ

● えを　みて　ぶんを　つくりましょう。

①

きつねが　はしる。

②

はを　□□□。

③

やまに　□□□。

④

あかちゃんが　□□。

⑤

あさがおが　□□。

いすに　すわる。

ぼうしを　かぶる。

がつ　にち

ぶんを つくろう (2)　なまえ

● えを　みて　ぶんを　つくりましょう。

①

じを　かく。

②

はなが　□□□。

③

ごはんを　□□□。

④

うたを　□□□。

⑤

ちょうが　□□。

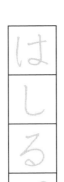

　（122%に拡大してご使用ください）

がつ　　にち

ぶんを つくろう (3)

なまえ

● えを　みて　ぶんを　つくりましょう。

① 

かいがらを　ひろう。

② 

なつは　□□□。

③ 

まどを　□□□。

④ 

ゆきが　□□。

⑤ 

かえるが　□□□。

おはぎは　あまい。

すなばで　あそぶ。

がつ　　にち

ぶんを つくろう (4)

なまえ

● えを　みて　ぶんを　つくりましょう。

① 

むしとりに　いく。

② 

そとへ　□□。

③ 

かさを　□□。

④ 

とんぼが　□□□。

⑤ 

にもつを　□□□。

おかねを　おとす。

うたを　うたう。

がつ　にち

ひらがなの しりとり（1）

なまえ

しりとり　あそびを　しましょう。

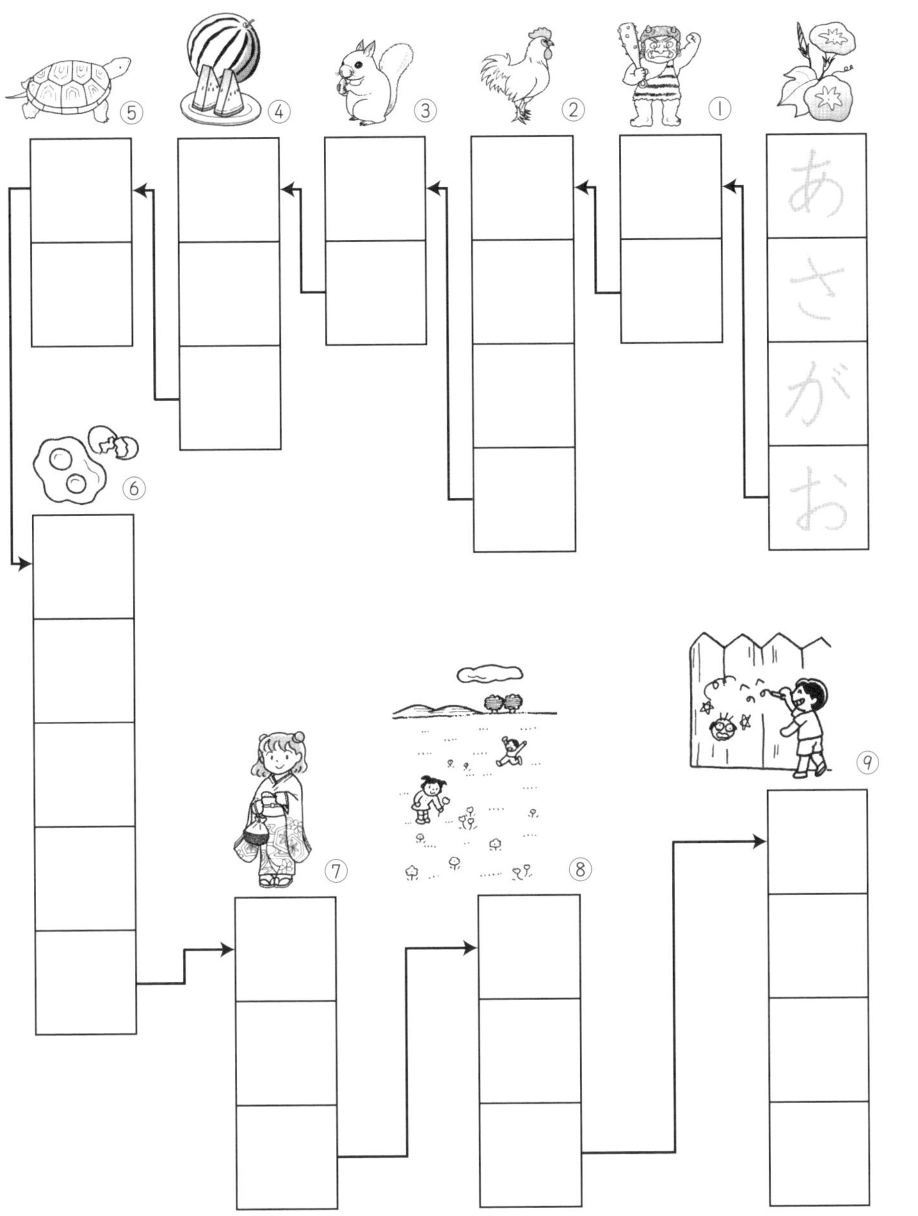

がつ　にち

ひらがなの しりとり（2）

なまえ

しりとり　あそびを　しましょう。

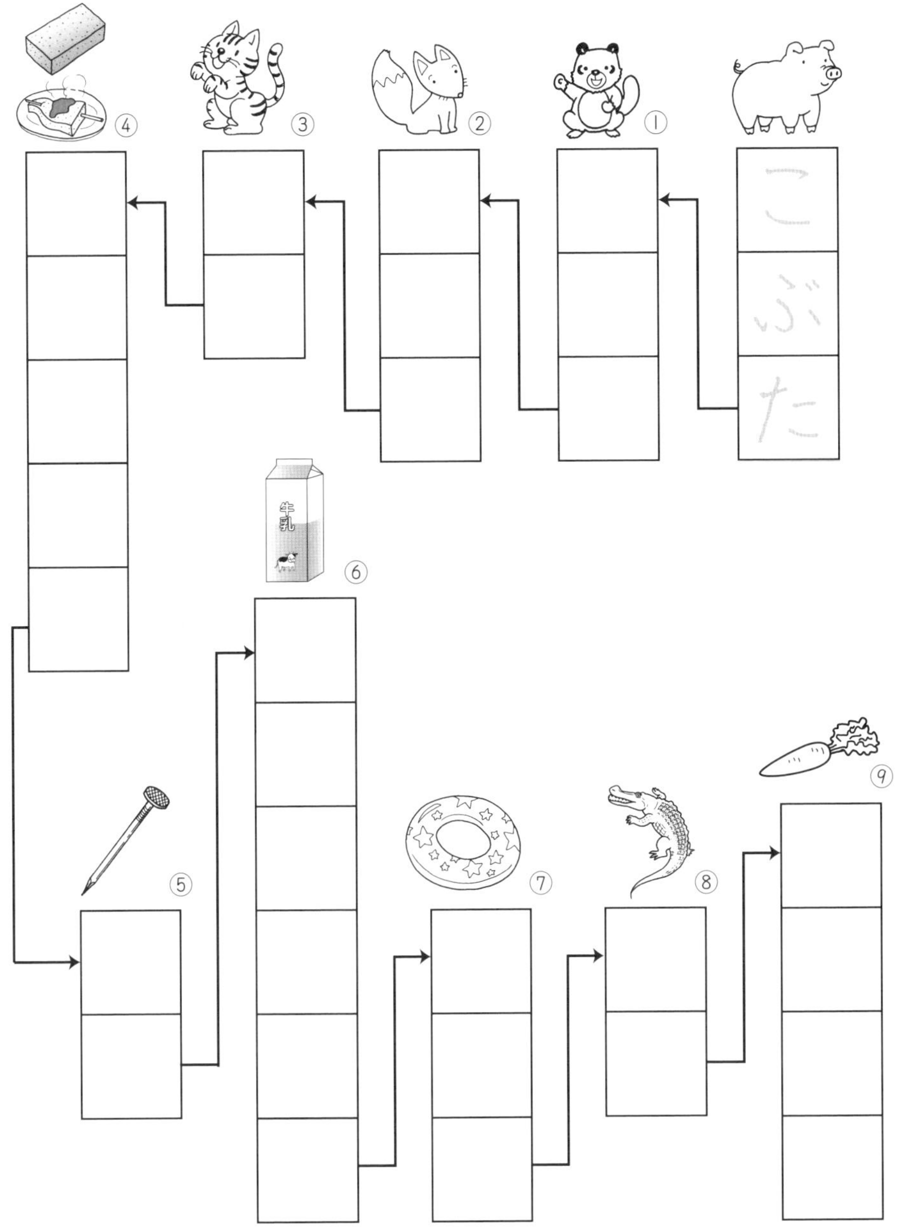

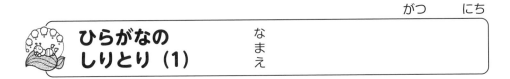

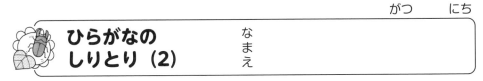

（122%に拡大してご使用ください）

がつ　にち

カタカナで かく ことば（1）

なまえ

ひらがなで かいて ある ことばを かたかなで かきましょう。

①よっと

②へるめっと

③ねくたい

④ひやしんす

⑤はんかち

⑥ほおむらん

がつ　にち

カタカナで かく ことば（2）

なまえ

ひらがなで かいて ある ことばを かたかなで かきましょう。

①てれび

②ぴあの

③らんどせる

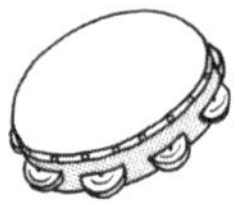

④たんばりん

⑤ころっけ

⑥しんばる

（122%に拡大してご使用ください）

カタカナで かく ことば（3）

なまえ　　　　　　がつ　　にち

● ひらがなで　かいて　ある　ことばを　かたかなで　かきましょう。

① えぷろん

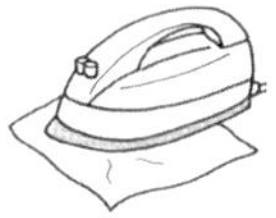

② あいろん

③ とらんぽりん

④ くりすます

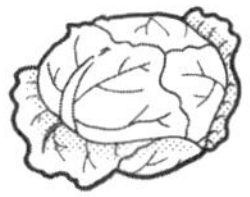

⑤ きゃべつ

⑥ さらだ

カタカナで かく ことば（4）

なまえ　　　　　　がつ　　にち

● ひらがなで　かいて　ある　ことばを　かたかなで　かきましょう。

① とらんぷ

② ぷりん

③ たおる

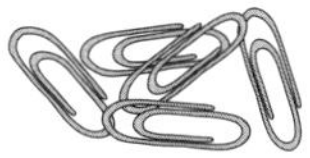

④ くりっぷ

⑤ ぷれぜんと

⑥ かすたねっと

（122%に拡大してご使用ください）

がつ　にち

カタカナで かく ことば (5)

なまえ

● ひらがなで　かいて　ある　ことばを　かたかなで　かきましょう。

① らっこ

② ぷうる

③ くっきい

④ ばいおりん

⑤ はんばあぐ

⑥ かんがるう

がつ　にち

カタカナで かく ことば (6)

なまえ

● ひらがなで　かいて　ある　ことばを　かたかなで　かきましょう。

① けえき

② かっぷ

③ すうぷ

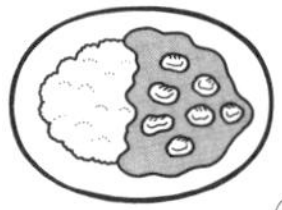

④ かれえらいす

⑤ しゅうくりいむ

がつ　　にち

がっこう たんけん

なまえ

● したの　えは　がっこうに　ある　へやや　ばしょを　かいたものです。
みたことが　ある　へやや　ばしょの　えに　○を　つけましょう。

おんがくしつ

かていかしつ

かだん

こうちょうしつ

じむしつ

しょうかき

しょくいんしつ

ずこうしつ

としょしつ

たいいくかん

ひじょうぐち

ほけんしつ

りかしつ

おにいさん おねえさんの きょうしつ

がつ　　にち

あさがお（1）　なまえ

1　あさがおの　たねに　○を　つけましょう。

①

（　　）

②

（　　）

2　あさがおの　たねの　まきかたの　じゅんばんに，
1・2・3・4の　ばんごうを　かきましょう。

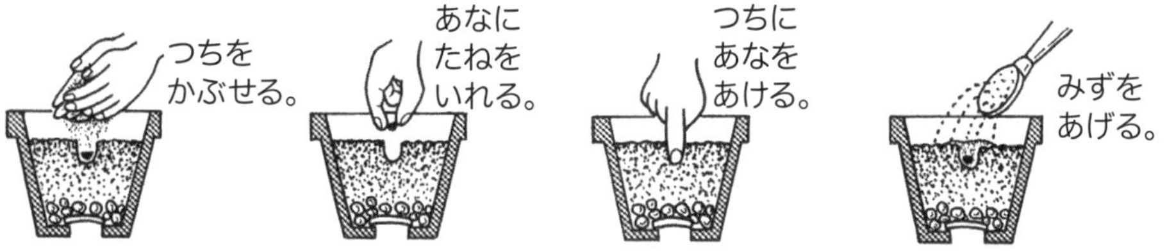
つちを
かぶせる。
あなに
たねを
いれる。
つちに
あなを
あける。
みずを
あげる。

（　　）　（　　）　（　　）　（　　）

3　あさがおの　めが　でてきました。あさがおの　めに
○を　つけましょう。

①

（　　）

②
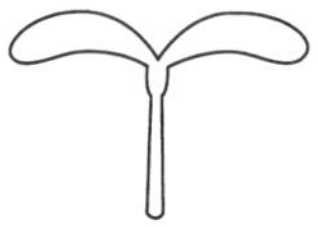
（　　）

③

（　　）

がつ　　にち

あさがお（2）　なまえ

1　あさがおの　はなが　さきました。

(1)　はなが　さきそうな　つぼみ
2つに，□に　○を
つけましょう。

(2)　きょう　さいた　はなは，
あすも　さくでしょうか。
ただしい　ほうに　○を
つけましょう。

①（　　）あすも，さく。

②（　　）あすは，さかない。

2　あさがおの　つぼみから　はなが　さいて，たねに
なるまでの　じゅんばんに，1・2・3・4・5の
ばんごうを　かきましょう。

（　　）　（　　）　（　　）　（　　）　（　　）

　（122%に拡大してご使用ください）

がつ　　にち

いきものと ともだち（1）

なまえ

● こうていに　いる　いきものの　えと　なまえを　せんで　むすびましょう。

① 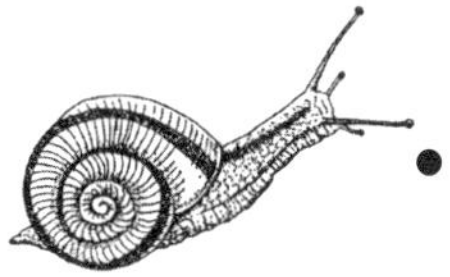 •		• てんとうむし
②  •		• だんごむし
③  •		• あり
④  •		• かたつむり
⑤  •		• はさみむし
⑥ 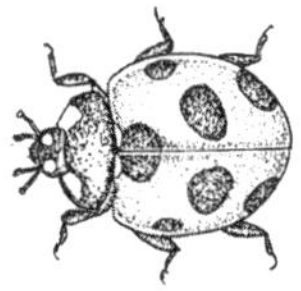 •		• もんしろちょう
⑦ 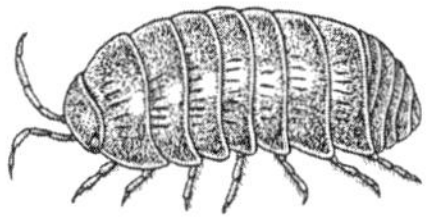 •		• あげは

がつ　　にち

いきものと ともだち（2）

なまえ

[1] うさぎの　すきな　たべものは　どれですか。○を　２つ　つけましょう。

だんごむし	にんじん	きゃべつ	さかな
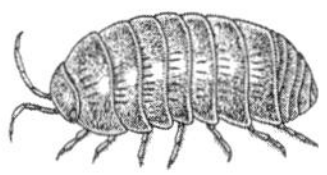	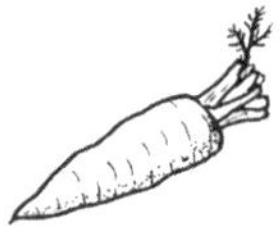		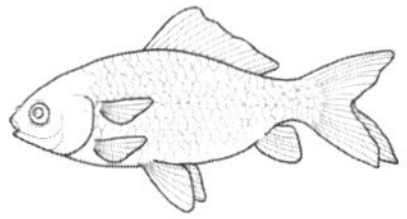
（　　）	（　　）	（　　）	（　　）

[2] ①，②の　にわとりは，「おんどり」と　「めんどり」の　どちらでしょう。□に　かきましょう。

① 

（　　　　　　）

② 

（　　　　　　）

（122%に拡大してご使用ください）

がつ　　にち

いきものと ともだち（3）

なまえ

● いきもの（ばったやこおろぎ）を　かうときには，どんなことに　きをつければ　よいですか。ただしいものに○を　つけましょう。

（　　）えさが　くさらないように　とりかえる。

（　　）ときどき　きりふきで　つちを　ぬらす。

（　　）せわの　まえには　てを　あらわない。

（　　）えさは　さらに　のせる。

（　　）かくれる　ところも　つくって　あげる。

（　　）まいにち　ようすを　みる。

がつ　　にち

あめふり（1）

なまえ

1 ぶんと　えを　せんで　つなぎましょう。

① はれの　ひの　うんどうじょう　●　　●

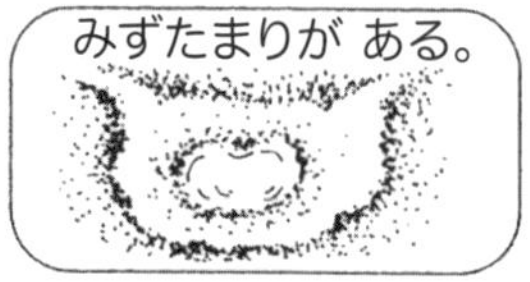
みずたまりが ある。

② あめが　やんだ　あとの　うんどうじょう　●　　●

みずが いっぱい。

③ あめが　ふっている　ときの　うんどうじょう　●　　●

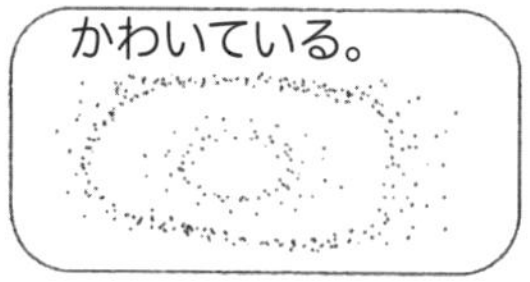
かわいている。

2 ぶんと　えを　せんでつなぎましょう。

① あめが　ふっている　とき　●　　●

にじ

② あめが　やんだ　あと　●　　●

③ はれの　ひ　●　　●

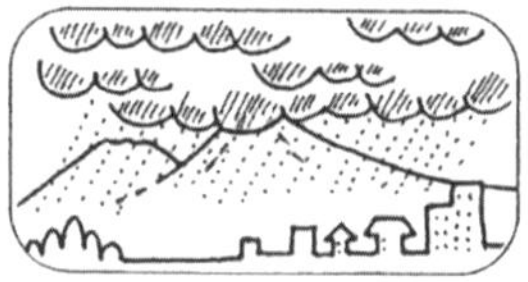

がつ　にち

あめふり（2）

なまえ

1　あめふりの　ときに　みられる　ものに　○を　つけましょう。

あおぞら　あまだれ　みずたまり　ちいさな ながれ

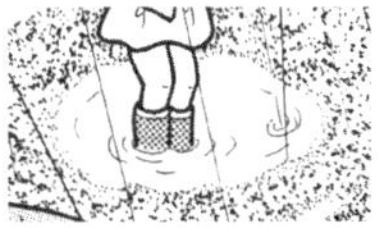

（　　）　（　　）　（　　）　（　　）

2　あめふりの　とき　にごった　みずを，こっぷに　とって　しばらく　おいておくと，どうなりますか。ただしい　ほうに　○を　つけましょう。

① にごったままに　なっている。（　　）

② したの　ほうに　つちが　しずんでいる。（　　）

3　あめが　やむと，じめんの　ようすは　どのような　じゅんばんで　かわって　いくでしょうか。1・2・3の　ばんごうで　かきましょう。

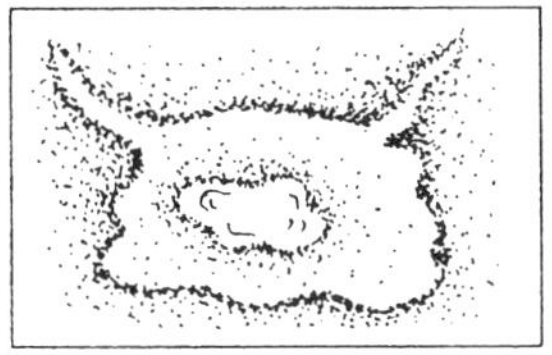
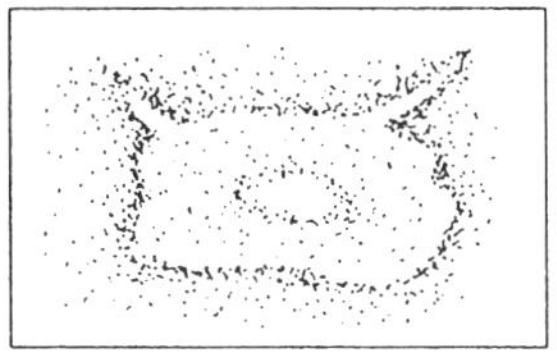
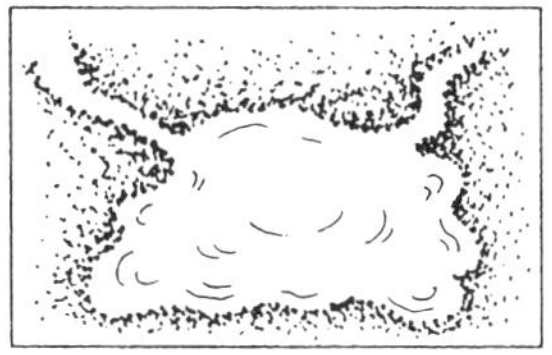

（　　）　（　　）　（　　）

がつ　にち

おちばや たねで あそぼう（1）

なまえ

1　あきに　なると　はっぱの　いろが　かわるものが　あります。したから　3つ　えらんで（　）の　なかに　○を　つけましょう。

いちょう　まつ　かえで　さくら

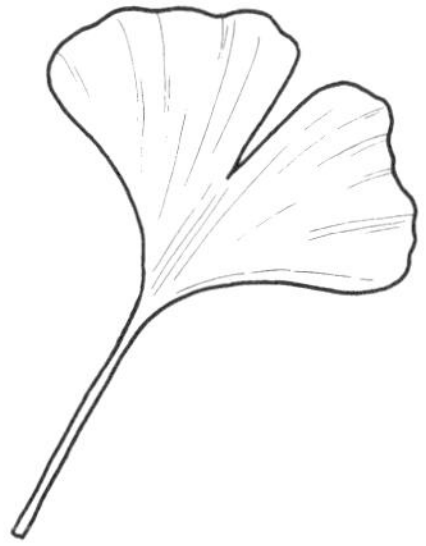

①（　　）　②（　　）　③（　　）　④（　　）

2　いろいろな　おちばを　あつめました。したの　えに　いろを　ぬりましょう。

いちょう　かき　かえで

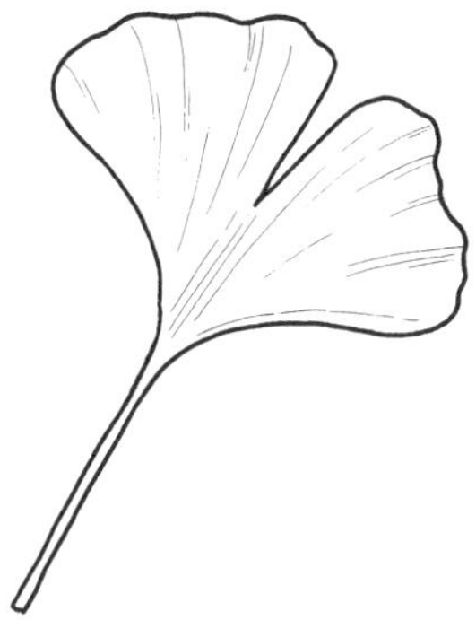

がつ　　にち

おちばや たねで あそぼう（2）

なまえ

● したの　たねや　みの　えと，その　せつめいが　かいて　ある　ぶんとを，せんで　むすびましょう。

ほうせんか

① 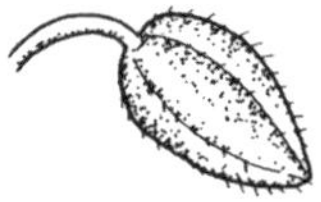 ●　　　● こめつぶより　おおきい　くろい　たねが　はいっている。

あさがお

②  ●　　　● ちいさい　たねが　はじけて　とぶ。

おなもみ

③  ●　　　● ふくなどに　くっついて　はこばれる。

がつ　　にち

きゅうこんを うえよう（1）

なまえ

1 ちゅうりっぷの　めは　どれでしょうか。　１つ　えらんで　○を　つけましょう。

①  （　　）

②  （　　）

③  （　　）

2 めが　でた　あとの　せわで，よいものに　○を，まちがって　いるものに　×を　つけましょう。

①（　　）みずを　やる。

②（　　）ひの　あたらない　ところに　おく。

3 ちゅうりっぷの　きゅうこんを　うえるときに　つかわない　ものを　１つ　えらんで，×を　つけましょう。

①  （　　）

②  （　　）

③  （　　）

④  （　　）

（122%に拡大してご使用ください）

がつ　　にち

きゅうこんを うえよう（2）

なまえ

● ちゅうりっぷの　きゅうこんを　かだんに　うえました。したの　もんだいに　こたえましょう。

① うえる　じゅんばんに，（　）の　なかに　1・2・3の　ばんごうを　かきましょう。

きゅうこんを うえて つちを かぶせる。

（　　）

水やりを する。

（　　）

つちを ほる。

（　　）

② うえかたで，よい ほうの（　）に ○を　つけましょう。

㋐ うえる むき

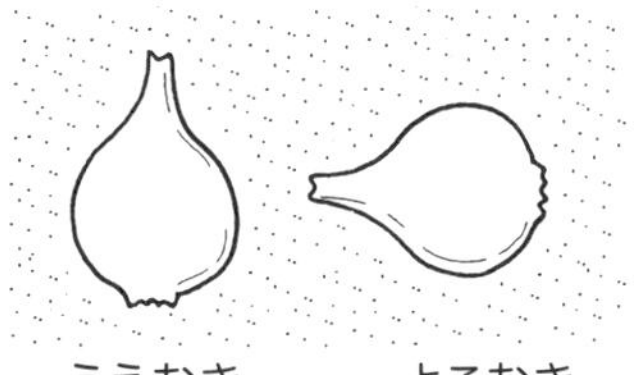

うえむき（　　）　よこむき（　　）

㋑ はちうえ

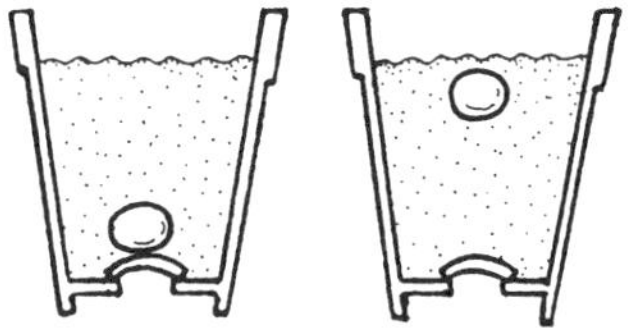

（　　）（　　）

がつ　　にち

いしあそび（1）

なまえ

1 つぎのような　いしあそびを　するとき，ひらたい　いしと　まるい　いしでは，どちらの　ほうが　つかいやすいですか。よいと　おもう　ほうに　○を　つけましょう。

① いしを　つみあげる　あそびを　するとき

㋐ ひらたい　いし（　　）　㋑ まるい　いし（　　）

② いしを　ころがして　あそぶとき

㋐ ひらたい　いし（　　）　㋑ まるい　いし（　　）

2 したの　えの　ように　すると，いしの　どんな　ことが　わかりますか。したの　□　の　なかから　あう　ぶんを　えらんで，（　）の　なかに　きごうを　かきましょう。

くぎの　さきで　こすってみる。

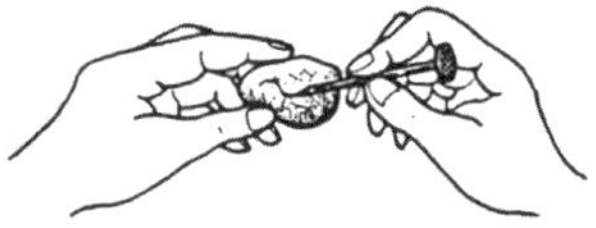

（　　）

ゆびで　なでてみる。

（　　）

ころがして　みる。

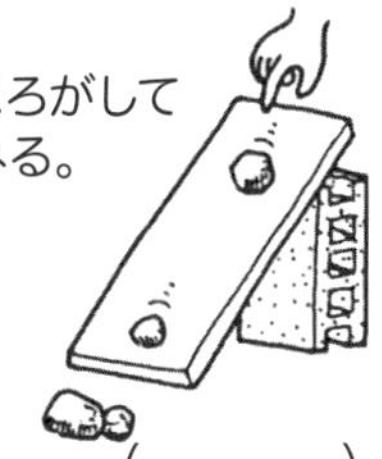

（　　）

Ⓐ かたいか　やわらかいか
Ⓘ ざらざらか　すべすべか
Ⓤ まるいか　かどばっているか

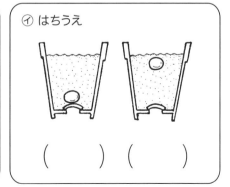

（122%に拡大してご使用ください）

がつ　にち

いしあそび（2）

なまえ

● いろいろな　いしを　わけて　みました。①～③の　いしは　どのように　わけたでしょう。わけかたを　かいた　ぶんを，せんで　つなぎましょう。

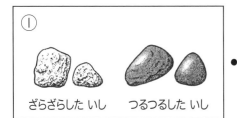

①

ざらざらした いし　つるつるした いし

②

くろい いし　しろい いし

③

まるい いし　しかくい いし

● いろで わける。

● かたちで わける。

● てで さわってみて わける。

がつ　にち

ふゆごしを する むし

なまえ

● したの　むしたちは，えの　どこで　ふゆごしを　して　いるでしょうか。さがして　（　）に，ばんごうを　かきましょう。

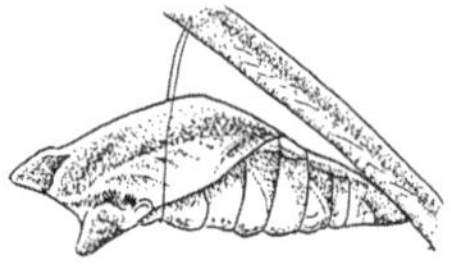

あげは（　　）

みのが（　　）

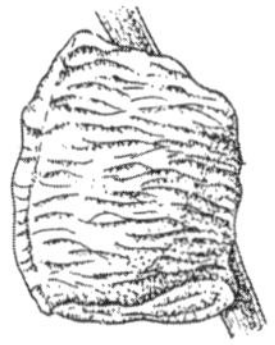

かまきり（　　）

てんとうむし（　　）

あり（　　）

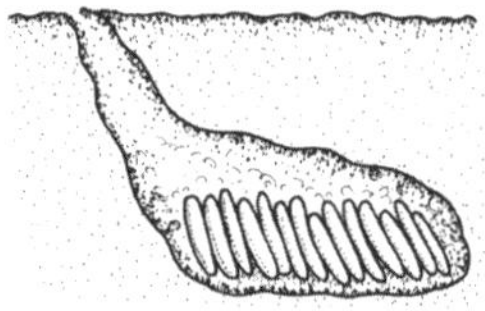

とのさまばった（　　）

がつ　　にち

さむい ひ (1)

なまえ

1　ふゆの　とても　さむい　ひに，つぎの　ばしょでは　なにが　できますか。したの □ の　なかから　えらんで，(　)に　きごうを　かきましょう。

① いけの　みずの　うえ ……………………… (　　)

② かだんの　つちの　うえ …………………… (　　)

③ くさの　はの　うえや
　じどうしゃや　いえの　まど ………………… (　　)

㋐ しも　　㋑ しもばしら　　㋒ こおり

2　こおりづくりを　しました。こおりの　できかたで　ただしいものに　○を，まちがって　いるものに　×を　つけましょう。

①　　　　②　　　　③

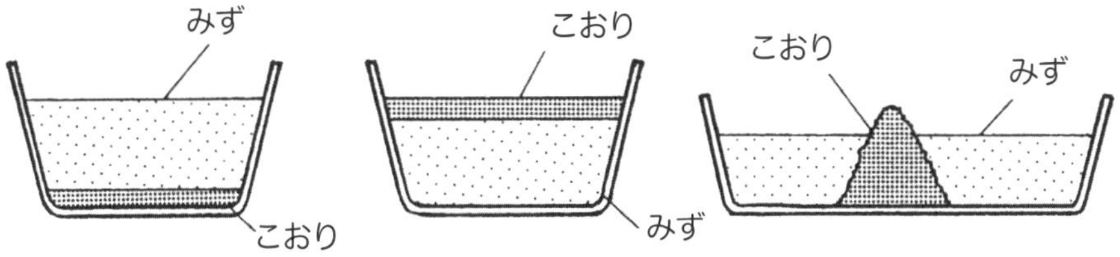

(　　)　　(　　)　　(　　)

がつ　　にち

さむい ひ (2)

なまえ

1　ひの　あたっている　ところと，ひの　あたっていない　かげの　ところでは，どちらが　はやく　こおりが　とける　でしょうか。はやく　とける　ほうに　○を　つけましょう。

㋐ ひの　あたっていない　かげの　ところ　(　　)

㋑ ひの　あたっている　ところ　(　　)

2　さむい　ほうに　○を　つけましょう。

① いけに　あつい　こおりが　できた　あさ　(　　)
　 いけに　こおりが　できていない　あさ　(　　)

② はれの　ひの　ひるま　(　　)
　 ゆきの　ひの　ひるま　(　　)

　(122%に拡大してご使用ください)

ひらがな（1）

つまる おと

なまえ

えを　みて　ことばを　ひらがなで　かきましょう。

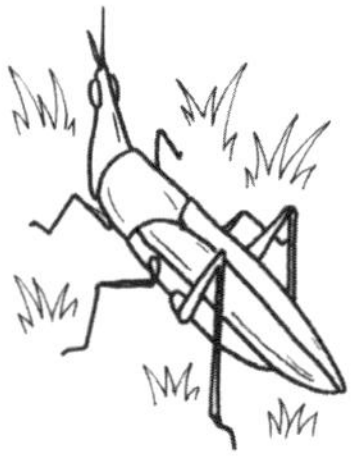

にらめっこ

ばった

もっきん

まっくら

ひらがな（2）

つまる おと

なまえ

えを　みて　ことばを　ひらがなで　かきましょう。

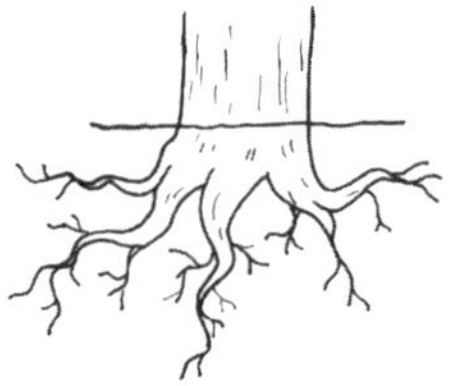

ねっこ

なっとう

せっけん

しっぽ

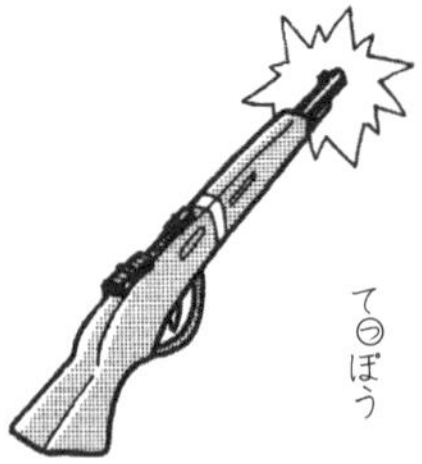

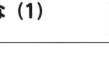

がつ　にち

ひらがな（3）
つまる おと

なまえ

えを　みて　ことばを　ひらがなで　かきましょう。

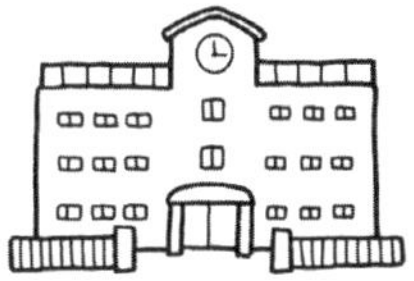

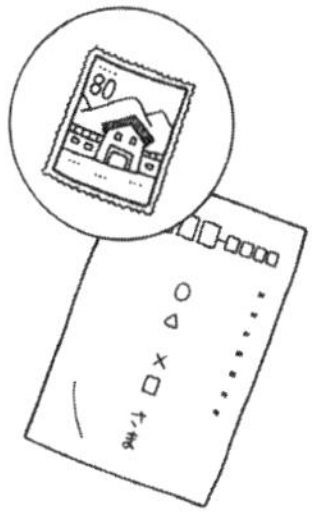

きっぷ

きって

かっぱ

がっこう

がつ　にち

ひらがな（4）
つまる おと

なまえ

えを　みて　ことばを　ひらがなで　かきましょう。

かっこう

かけっこ

えにっき

おっとせい

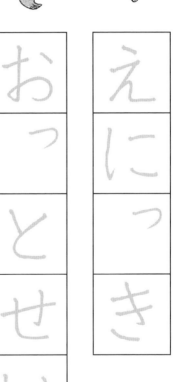

がつ　にち

ひらがな (5)
ねじれた おと

なまえ

えを みて ことばを ひらがなで かきましょう。

じてんしゃ

くじゃく

みゃく

はくしゅ

がつ　にち

ひらがな (6)
ねじれた おと

なまえ

えを みて ことばを ひらがなで かきましょう。

あくしゅ

きょくげい

としょかん

きんぎょ

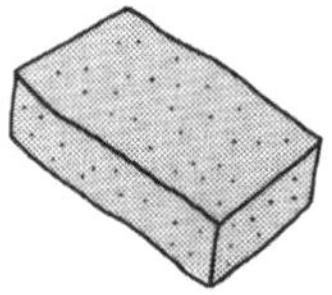

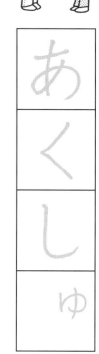

がつ　にち

ひらがな（7）

ねじれた おと

なまえ

● えを　みて　ことばを　ひらがなで　かきましょう。

さんりんしゃ

こうちゃ

ひゃくえん

じゃがいも

がつ　にち

ひらがな（8）

ねじれた おと

なまえ

● えを　みて　ことばを　ひらがなで　かきましょう。

しゃぼんだま

しゅくだい

いしゃ

でんしゃ

（122%に拡大してご使用ください）

がつ　にち

ひらがな（9）

ねじれた ながい おと

なまえ

えを みて ことばを ひらがなで かきましょう。

どじょう

びょうぶ

にんぎょう

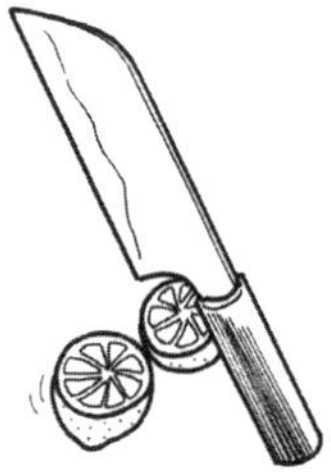

ほうちょう

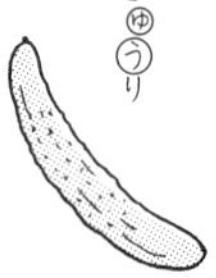

がつ　にち

ひらがな（10）

ねじれた ながい おと

なまえ

えを みて ことばを ひらがなで かきましょう。

ぎゅうにゅう

がびょう

じょうろ

びょういん

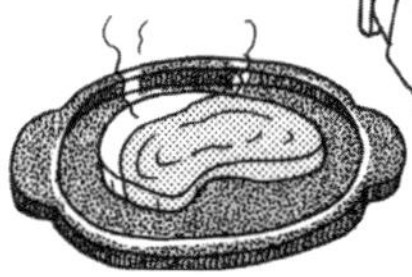

がつ　にち

ひらがな（11）

ねじれた ながい おと

なまえ

えを みて ことばを ひらがなで かきましょう。

きゅうこん

きょうりゅう

にゅうがく

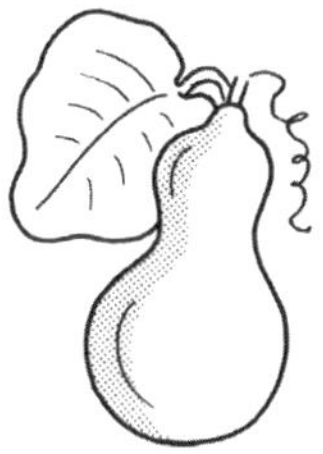

ひょうたん

がつ　にち

ひらがな（12）

ねじれた ながい おと

なまえ

えを みて ことばを ひらがなで かきましょう。

きゅうしょく

しゅうじ

ちゅうしゃ

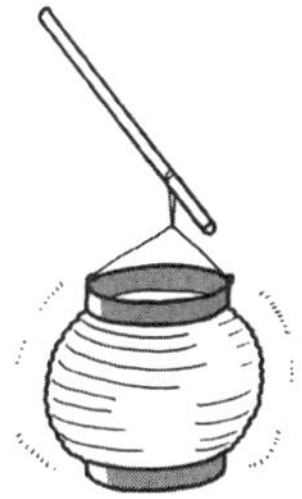

ちょうちん

（122%に拡大してご使用ください）

がつ　にち

ひらがな（13）

ねじれて　つまる　おと

なまえ

えを　みて　ことばを　ひらがなで　かきましょう。

しょっかく

しょっき

しゅっこう

しゅっちょう

しょっぱい

がつ　にち

ひらがな（14）

ねじれて　つまる　おと

なまえ

えを　みて　ことばを　ひらがなで　かきましょう。

ひゃっぴき

ちょっきゅう

ひょっとこ

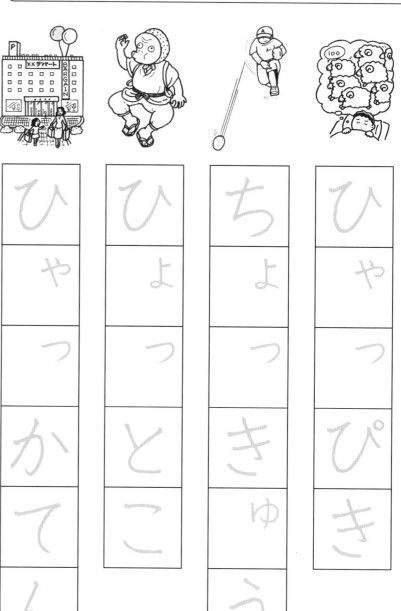

ひゃっかてん

がつ　にち

カタカナ（1）
のばす おん

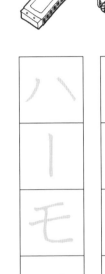

なまえ

えを　みて　ことばを　カタカナで　かきましょう。

アイスクリーム

ハムスター

ケーブルカー

ブルドーザー

ハーモニカ

がつ　にち

カタカナ（2）
のばす おん

なまえ

えを　みて　ことばを　カタカナで　かきましょう。

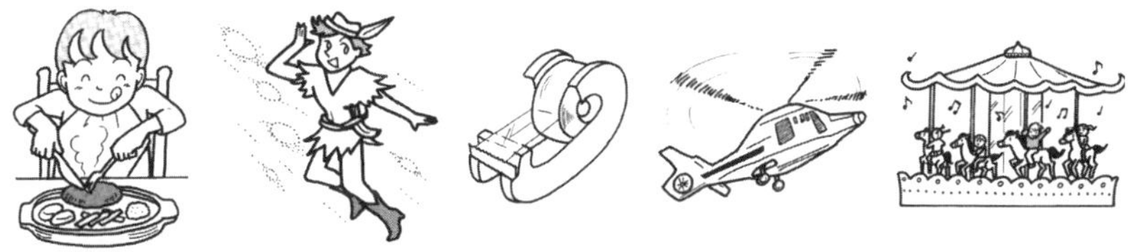

メリーゴーランド

ヘリコプター

セロハンテープ

ピーターパン

ハンバーグ

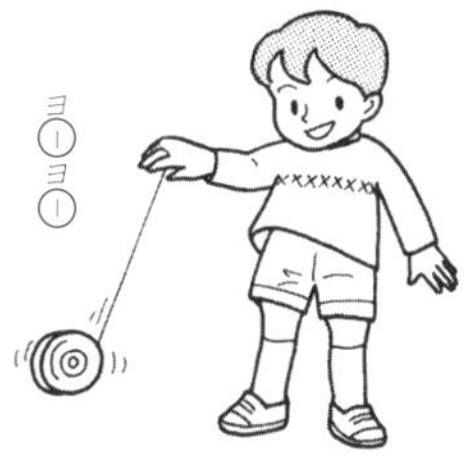

がつ　にち

カタカナ（3）

ちいさい「ッ」

なまえ

えを　みて　ことばを　カタカナで　かきましょう。

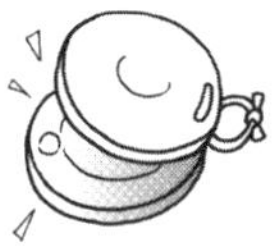

トラック

ビスケット

カスタネット

ロケット

コロッケ

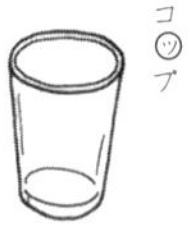

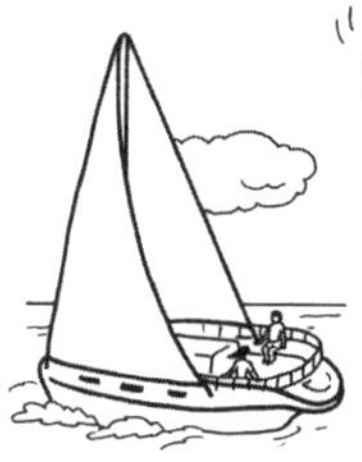

がつ　にち

カタカナ（4）

ちいさい「ャ・ュ・ョ」

なまえ

えを　みて　ことばや　なきごえを　カタカナで　かきましょう。

ジャングルジム

チュンチュン

パジャマ

ジャンパー

チョコレート

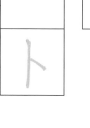

がつ　にち

カタカナ（5）
むずかしい カタカナ

なまえ

えを みて ことばを カタカナで かきましょう。

キャッチボール

ピッチャー

チューリップ

シャーベット

ショッピング

シャッター

ジェットコースター

がつ　にち

カタカナ（6）
むずかしい カタカナ

なまえ

えを みて ことばを カタカナで かきましょう。

ケチャップ

バーベキュー

ニュース

ウェットティッシュ

ティーシャツ

チェック

解答

児童に実施させる前に，必ず指導される方が問題を解いてください。本書の解答は，あくまでも１つの例です。指導される方の作られた解答をもとに，本書の解答例を参考に児童の多様な考えに寄り添って○つけをお願いします。

P.4

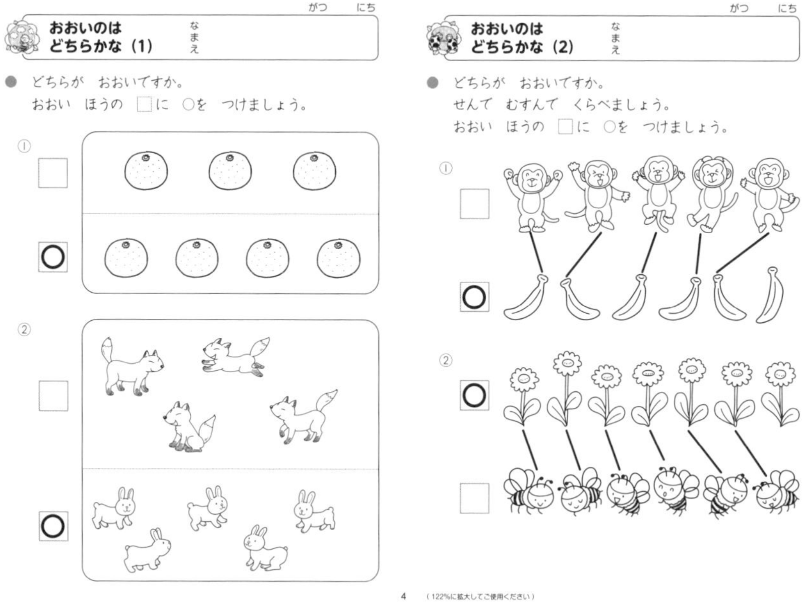
おおいのは どちらかな（1）　なまえ　がつ　にち

● どちらが　おおいですか。
おおい　ほうの □に　○を　つけましょう。

①　○（下）

②　○（下）

おおいのは どちらかな（2）　なまえ　がつ　にち

● どちらが　おおいですか。
せんで　むすんで　くらべましょう。
おおい　ほうの □に　○を　つけましょう。

①　○（下）

②　○（上）

4　（122%に拡大してご使用ください）

P.5

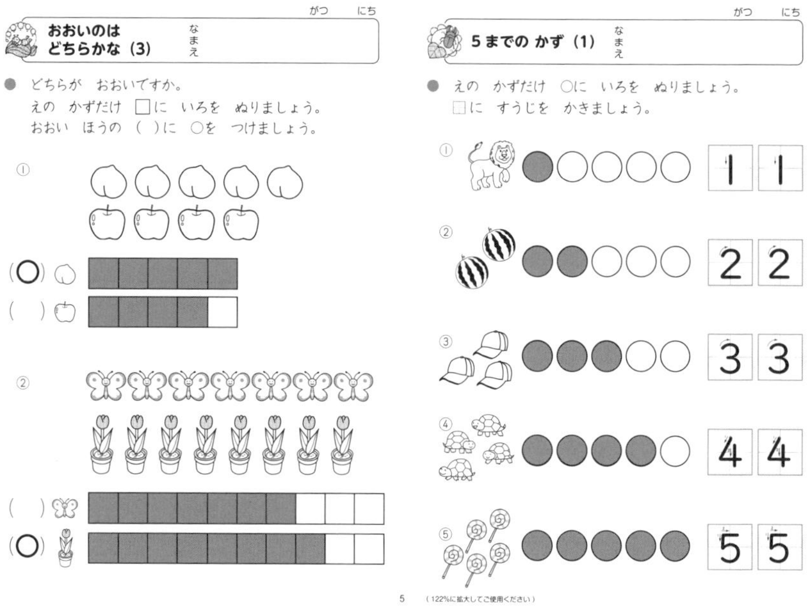
おおいのは どちらかな（3）　なまえ　がつ　にち

● どちらが　おおいですか。
えの　かずだけ □に　いろを　ぬりましょう。
おおい　ほうの（　）に　○を　つけましょう。

①　(○)　(　)

②　(　)　(○)

5までの かず（1）　なまえ　がつ　にち

● えの　かずだけ　○に　いろを　ぬりましょう。
□に　すうじを　かきましょう。

① 1 1
② 2 2
③ 3 3
④ 4 4
⑤ 5 5

5　（122%に拡大してご使用ください）

P.6

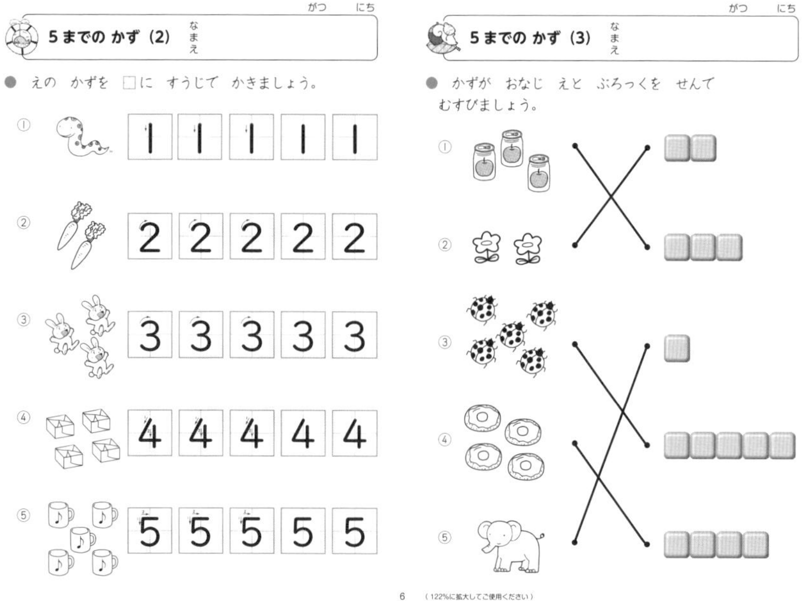
5までの かず（2）　なまえ　がつ　にち

● えの　かずを □に　すうじで　かきましょう。

① 1 1 1 1 1
② 2 2 2 2 2
③ 3 3 3 3 3
④ 4 4 4 4 4
⑤ 5 5 5 5 5

5までの かず（3）　なまえ　がつ　にち

● かずが　おなじ　えと　ぶろっくを　せんで
むすびましょう。

6　（122%に拡大してご使用ください）

P.7

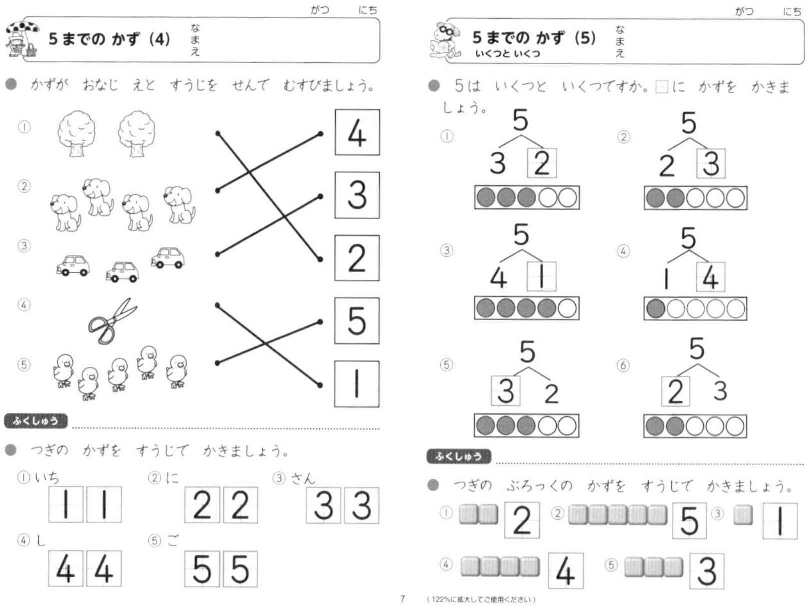
5までの かず（4）　なまえ　がつ　にち

● かずが　おなじ　えと　すうじを　せんで　むすびましょう。

4　3　2　5　1

ふくしゅう

● つぎの　かずを　すうじで　かきましょう。

①いち 1 1　②に 2 2　③さん 3 3
④し 4 4　⑤ご 5 5

5までの かず（5）　なまえ　がつ　にち
いくつと いくつ

● 5は　いくつと　いくつですか。□に　かずを　かきましょう。

① 5　3 2
② 5　2 3
③ 5　4 1
④ 5　1 4
⑤ 5　3 2
⑥ 5　2 3

ふくしゅう

● つぎの　ぶろっくの　かずを　すうじで　かきましょう。

① 2　② 5　③ 1
④ 4　⑤ 3

7　（122%に拡大してご使用ください）

児童に実施させる前に，必ず指導される方が問題を解いてください。本書の解答は，あくまでも１つの例です。指導される方の作られた解答をもとに，本書の解答例を参考に児童の多様な考えに寄り添って○つけをお願いします。

解答

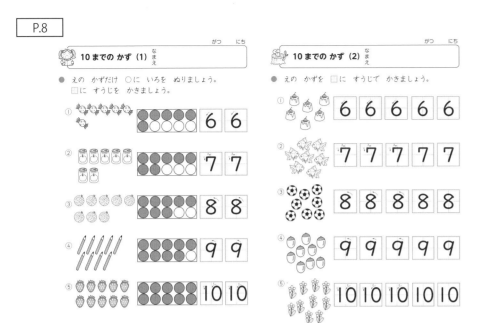

P.8

10までの かず（1）

がつ　にち　なまえ

● えの　かずだけ　○に　いろを　ぬりましょう。
□に　すうじを　かきましょう。

① 6　6
② 7　7
③ 8　8
④ 9　9
⑤ 10　10

10までの かず（2）

がつ　にち　なまえ

● えの　かずを　□に　すうじで　かきましょう。

① 6　6　6　6　6
② 7　7　7　7　7
③ 8　8　8　8　8
④ 9　9　9　9　9
⑤ 10　10　10　10　10

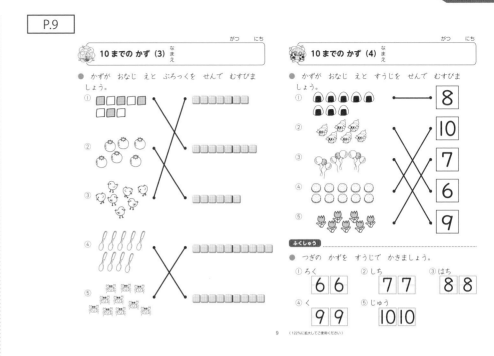

P.9

10までの かず（3）

がつ　にち　なまえ

● かずが　おなじ　えと　ぶろっくを　せんで　むすびましょう。

①〜⑤

10までの かず（4）

がつ　にち　なまえ

● かずが　おなじ　えと　すうじを　せんで　むすびましょう。

① 8
② 10
③ 7
④ 6
⑤ 9

ふくしゅう

● つぎの　かずを　すうじで　かきましょう。

① ろく　6　6
② しち　7　7
③ はち　8　8
④ く　9　9
⑤ じゅう　10　10

P.10

10までの かず（5） いくつと いくつ

がつ　にち　なまえ

1 □が　6こ　あります。
□で　かくして　いる　かずを　□に　かきましょう。

① 5 と 1
② 3 と 3
③ 2 と 4
④ 1 と 5

2 □に　あう　かずを　かきましょう。

① 6 → 1 と 5
② 6 → 2 と 4
③ 6 → 3 と 3
④ 6 → 2 と 4
⑤ 6 → 1 と 5
⑥ 6 → 4 と 2

10までの かず（6） いくつと いくつ

がつ　にち　なまえ

1 □が　7こ　あります。
□で　かくして　いる　かずを　□に　かきましょう。

① 5 と 2
② 1 と 6
③ 3 と 4
④ 4 と 3

2 □に　あう　かずを　かきましょう。

① 7 → 5 と 2
② 7 → 2 と 5
③ 7 → 1 と 6
④ 7 → 4 と 3
⑤ 7 → 3 と 4
⑥ 7 → 2 と 5

P.11

10までの かず（7） いくつと いくつ

がつ　にち　なまえ

1 □が　8こ　あります。
8は　いくつと　いくつですか。

① 5 と 3
② 6 と 2
③ 7 と 1
④ 4 と 4
⑤ 2 と 6
⑥ 3 と 5

2 □に　あう　かずを　かきましょう。

① 8 → 5 と 3
② 8 → 4 と 4
③ 8 → 1 と 7
④ 8 → 4 と 4
⑤ 8 → 5 と 3
⑥ 8 → 6 と 2

10までの かず（8） いくつと いくつ

がつ　にち　なまえ

1 □が　9こ　あります。
9は　いくつと　いくつですか。

① 5 と 4
② 6 と 3
③ 7 と 2
④ 1 と 8
⑤ 4 と 5
⑥ 3 と 6

2 □に　あう　かずを　かきましょう。

① 9 → 5 と 4
② 9 → 6 と 3
③ 9 → 2 と 7
④ 9 → 1 と 8
⑤ 9 → 4 と 5
⑥ 9 → 6 と 3

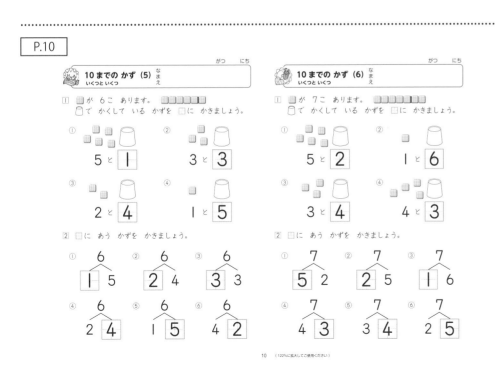

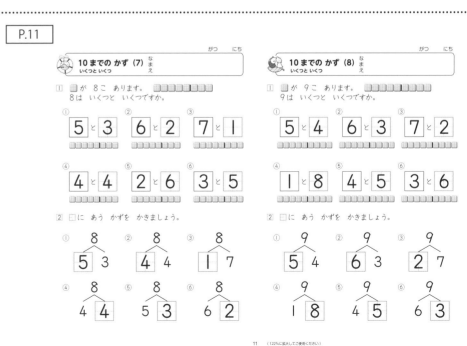

児童に実施させる前に，必ず指導される方が問題を解いてください。本書の解答は，あくまでも１つの例です。指導される方の作られた解答をもとに，本書の解答例を参考に児童の多様な考えに寄り添って○つけをお願いします。

P.12

10までの かず (9) いくつと いくつ

がつ　にち　なまえ

● ▢が 10こ あります。みえて いる かずと かくれて いる かずは いくつですか。

① 6 と 4　② 8 と 2
③ 7 と 3　④ 9 と 1
⑤ 5 と 5　⑥ 3 と 7
⑦ 4 と 6　⑧ 2 と 8
⑨ 1 と 9

10までの かず (10) いくつと いくつ

がつ　にち　なまえ

● □に あう かずを かきましょう。

① 10 は 8 と 2　② 10 は 3 と 7　③ 10 は 6 と 4
④ 10 は 9 と 1　⑤ 10 は 5 と 5　⑥ 10 は 8 と 2
⑦ 10 は 3 と 7　⑧ 10 は 6 と 4　⑨ 10 は 9 と 1

ふくしゅう

● □に あう かずを かきましょう。

① 6 は 1 と 5　② 7 は 2 と 5　③ 8 は 3 と 5　④ 9 は 4 と 5

12 （122%に拡大してご使用ください）

P.13

10までの かず (11)

がつ　にち　なまえ

● かずの おおきい ほうに ○を つけましょう。

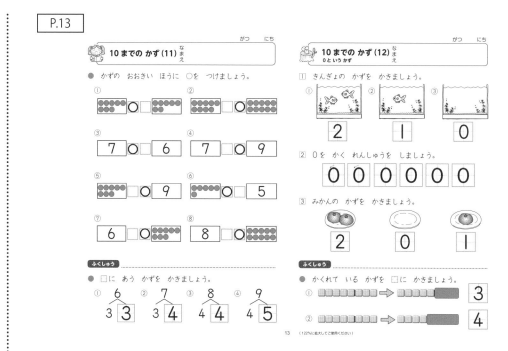

①（ドット図）○ □（ドット図）
②（ドット図）□ ○（ドット図）
③ 7 ○ □ 6　④ 7 □ ○ 9
⑤（ドット図）□ ○ 9　⑥（ドット図）○ □ 5
⑦ 6 □ ○（ドット図）　⑧ 8 □ ○（ドット図）

ふくしゅう

● □に あう かずを かきましょう。

① 6 は 3 と 3　② 7 は 3 と 4　③ 8 は 4 と 4　④ 9 は 4 と 5

10までの かず (12) 0という かず

がつ　にち　なまえ

1 きんぎょの かずを かきましょう。

① 2　② 1　③ 0

2 0を かく れんしゅうを しましょう。

0 0 0 0 0 0

3 みかんの かずを かきましょう。

2　0　1

ふくしゅう

● かくれて いる かずを □に かきましょう。

① 3　② 4

13 （122%に拡大してご使用ください）

P.14

10までの かず まとめ①

がつ　にち　なまえ

1 かずが おなじ ものを せんで むすびましょう。

①　②　③（線で結ぶ）

2 えの かずを すうじで かきましょう。

① 8　② 6　③ 9　④ 10　⑤ 7

10までの かず まとめ②

がつ　にち　なまえ

1 かずが おなじ ものを せんで むすびましょう。

① 8　② 9　③ 6　④ 10　⑤ 7（線で結ぶ）

2 □に あう かずを かきましょう。

① 9 は 3 と 6　② 6 は 2 と 4　③ 8 は 3 と 5
④ 7 は 3 と 4　⑤ 5 は 2 と 3　⑥ 10 は 6 と 4

14 （122%に拡大してご使用ください）

P.15

10までの かず まとめ③

がつ　にち　なまえ

1 □に あう かずを かきましょう。

① 3 - 4 - 5 - 6 - 7 - 8
② 0 - 1 - 2 - 3 - 4 - 5
③ 5 - 6 - 7 - 8 - 9 - 10
④ 10 - 9 - 8 - 7 - 6 - 5

2 2つの かずで 10を つくります。たて，よこ，ななめで みつけて，⬭で かこみましょう。

2	8	4	3
4	3	6	9
5	7	6	1
7	5	2	5

いくつ みつけたかな。

5つ あるよ。

10までの かず まとめ④

がつ　にち　なまえ

1 □に あう かずを かきましょう。

① 6は 3と 3　② 7は 5と 2
③ 8は 5と 3　④ 9は 4と 5
⑤ 8は 4と 4　⑥ 9は 6と 3
⑦ 10は 7と 3　⑧ 10は 4と 6
⑨ 10は 2と 8　⑩ 10は 5と 5

2 2つの かずで 10を つくります。たて，よこ，ななめで みつけて，⬭で かこみましょう。

3	6	9	5
5	7	1	2
8	5	8	6
3	4	4	1

5つ あるよ。みつけられたかな。

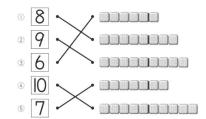

15 （122%に拡大してご使用ください）

P.16

なんばんめ (1)

がつ　にち　なまえ

● ◯で かこみましょう。

① まえから 3にん（まえ … うしろ：まえから3にんをかこむ）

② まえから 3にんめ（3にんめをかこむ）

③ まえから 5にんめ（5にんめをかこむ）

④ うしろから 4にん（うしろから4にんをかこむ）

⑤ うしろから 6にんめ（まえから2にんめをかこむ）

なんばんめ (2)

がつ　にち　なまえ

● どこに いますか。□に すうじを かきましょう。

① （らいおん）は，うえから 2 ばんめです。

② （くま）は，うえから 4 ばんめです。

③ （うさぎ）は，したから 3 ばんめです。

ふくしゅう

● □に あう かずを かきましょう。

① 9 → 2 と 7　② 6 → 2 と 4　③ 5 → 1 と 4　④ 8 → 4 と 4

P.17

なんばんめ (3)

がつ　にち　なまえ

● どこに ありますか。□に すうじを かきましょう。

ひだり　りんご　パイナップル　いちご　バナナ　もも　みかん　みぎ

① （パイナップル）は，ひだりから 2 ばんめです。

② （もも）は，ひだりから 5 ばんめです。

③ （いちご）は，みぎから 4 ばんめです。

④ （バナナ）は，みぎから 3 ばんめです。

⑤ （バナナ）は，ひだりから 4 ばんめです。

ふくしゅう

● □に あう かずを かきましょう。

① 6 → 3 と 3　② 10 → 8 と 2　③ 8 → 4 と 4　④ 7 → 2 と 5

なんばんめ (4)

がつ　にち　なまえ

● どこに いますか。□に すうじを かきましょう。

① （うさぎ）は，ひだりから 2 ばんめ，まえから 2 ばんめです。

② （うし）は，みぎから 3 ばんめ，うしろから 2 ばんめです。

③ （らいおん）は，みぎから 4 ばんめ，まえから 4 ばんめです。

P.18

たしざん① (1) あわせて いくつ

がつ　にち　なまえ

● あわせると いくつに なりますか。□に すうじを かきましょう。

① 2 + 1 = 3

② 3 + 2 = 5

③ 4 + 2 = 6

たしざん① (2) あわせて いくつ

がつ　にち　なまえ

● あわせると いくつに なりますか。しきと こたえを かきましょう。

① しき 3 + 3 = 6　こたえ 6 こ

② しき 5 + 2 = 7　こたえ 7 こ

③ しき 4 + 1 = 5　こたえ 5 こ

P.19

たしざん① (3) あわせて いくつ

がつ　にち　なまえ

● しきに かいて けいさんを しましょう。

① 3 + 2 = 5

② 2 + 4 = 6

③ 5 + 3 = 8

④ 3 + 4 = 7

⑤ 4 + 4 = 8

⑥ 5 + 4 = 9

⑦ 1 + 6 = 7

たしざん① (4) ふえると いくつ

がつ　にち　なまえ

● ふえると いくつに なりますか。しきと こたえを かきましょう。

① しき 4 + 5 = 9　こたえ 9 わ

② しき 5 + 2 = 7　こたえ 7 にん

③ しき 3 + 4 = 7　こたえ 7 ほん

解答

児童に実施させる前に，必ず指導される方が問題を解いてください。本書の解答は，あくまでも１つの例です。指導される方の作られた解答をもとに，本書の解答例を参考に児童の多様な考えに寄り添って○つけをお願いします。

P.20

たしざん ① (5) ふえると いくつ

がつ　にち　なまえ

● しきに　かいて　けいさんを　しましょう。

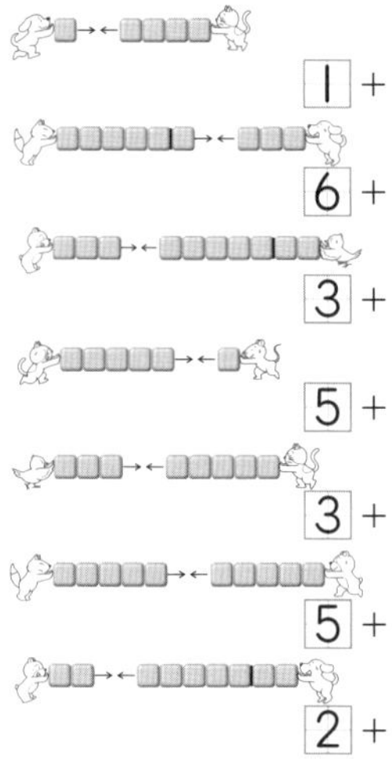

① 1 + 4 = 5

② 6 + 3 = 9

③ 3 + 7 = 10

④ 5 + 1 = 6

⑤ 3 + 5 = 8

⑥ 5 + 5 = 10

⑦ 2 + 7 = 9

たしざん ① (6)

がつ　にち　なまえ

● けいさんを　しましょう。

① 2 + 3	5	② 3 + 1	4
③ 2 + 2	4	④ 1 + 4	5
⑤ 4 + 3	7	⑥ 3 + 6	9
⑦ 4 + 5	9	⑧ 2 + 6	8
⑨ 6 + 1	7	⑩ 7 + 1	8
⑪ 7 + 3	10	⑫ 1 + 9	10
⑬ 2 + 8	10	⑭ 4 + 4	8
⑮ 4 + 6	10	⑯ 6 + 2	8
⑰ 6 + 4	10	⑱ 7 + 2	9

P.21

たしざん ① (7)

がつ　にち　なまえ

1 しろい　はなが　4ほん，あかい　はなが　5ほん　さいて　います。
はなは　あわせて　なんぼん　さいて　いますか。

しき　4 + 5 = 9

こたえ　9ほん

2 かえるが　6ぴき　います。2ひき　くると，みんなで　なんびきに　なりますか。

しき　6 + 2 = 8

こたえ　8ひき

3 くるまが　8だい　とまって　います。
2だい　ふえると，なんだいに　なりますか。

しき　8 + 2 = 10

こたえ　10だい

たしざん ① (8)

がつ　にち　なまえ

1 おなじ　こたえに　なる　かあどを　せんで　むすびましょう。

- 3+3 → 4+2
- 1+4 → 2+3
- 6+3 → 7+2
- 6+2 → 4+4
- 5+2 → 3+4

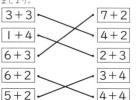

2 こたえが　10に　なる　かあどに　○を　つけましょう。

6+4 (○)　7+2　8+2 (○)　3+6　5+5 (○)　3+7 (○)

3 けいさんを　しましょう。

① 9 + 1	10	② 2 + 5	7
③ 1 + 2	3	④ 8 + 1	9
⑤ 4 + 3	7	⑥ 6 + 3	9

P.22

たしざん ① (9) 0のたしざん

がつ　にち　なまえ

1 たまいれて　はいった　かずを　しきに　かきましょう。

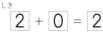

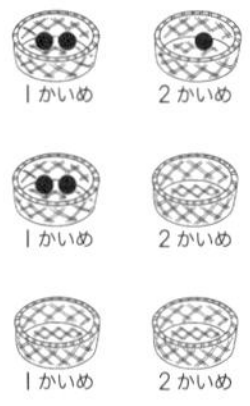

しき　2 + 1 = 3

しき　2 + 0 = 2

しき　0 + 0 = 0

2 けいさんを　しましょう。

① 1 + 0	1	② 0 + 3	3
③ 7 + 0	7	④ 0 + 8	8

ふくしゅう

● □に　あう　かずを　かきましょう。

① 9 → 2, 7　② 7 → 5, 2　③ 6 → 2, 4　④ 8 → 3, 5

たしざん ① まとめ①

がつ　にち　なまえ

1 えを　みて，しきと　こたえを　かきましょう。

①

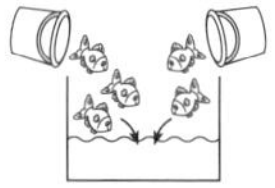

しき　3 + 2 = 5
こたえ　5ひき

②

しき　4 + 3 = 7
こたえ　7わ

③

しき　8 + 2 = 10
こたえ　10こ

2 けいさんを　しましょう。

① 1 + 1	2	② 5 + 4	9
③ 3 + 3	6	④ 6 + 4	10
⑤ 7 + 2	9	⑥ 2 + 6	8

P.23

たしざん ① まとめ②

がつ　にち　なまえ

1 こどもが　6にん　あそんで　います。
3にん　きました。
こどもは，みんなで　なんにんに　なりましたか。

しき　6 + 3 = 9
こたえ　9にん

2 はなに　とまっている　ちょうは　7ひき　います。
とんでいる　ちょうは　3びき　います。
ちょうは　あわせて　なんびき　いますか。

しき　7 + 3 = 10
こたえ　10ぴき

3 おなじ　こたえに　なる　かあどを　せんで　むすびましょう。

- 3+5 → 2+6
- 5+4 → 6+3
- 2+5 → 3+4
- 4+6 → 8+2
- 5+1 → 2+4

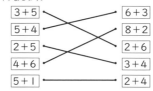

ひきざん ① (1) のこりは いくつ

がつ　にち　なまえ

● のこりは　いくつに　なりますか。
□に　すうじを　かきましょう。

①

しき　5 − 2 = 3
こたえ　3 ぼん

②

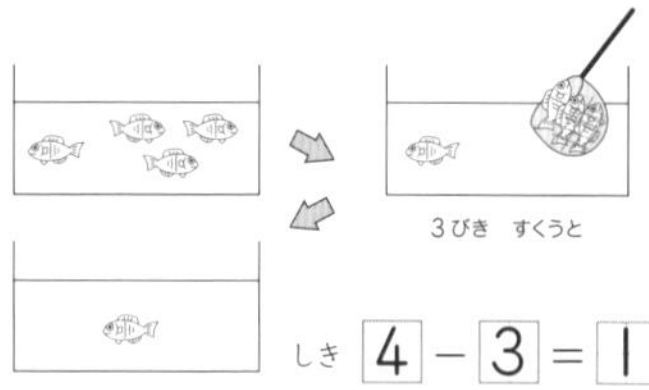

しき　4 − 3 = 1
こたえ　1 ぴき

児童に実施させる前に，必ず指導される方が問題を解いてください。本書の解答は，あくまでも１つの例です。指導される方の作られた解答をもとに，本書の解答例を参考に児童の多様な考えに寄り添って○つけをお願いします。

解答

P.24

ひきざん ① (2) のこりは いくつ

がつ　にち　なまえ

● のこりは いくつに なりますか。しきと こたえを かきましょう。

① 2こ たべると

7 － 2 ＝ 5　　こたえ 5 こ

② 3にん かえると

6 － 3 ＝ 3　　こたえ 3 にん

③ 2ほん かれると

8 － 2 ＝ 6　　こたえ 6 ぼん

ひきざん ① (3) のこりは いくつ

がつ　にち　なまえ

● しきに かいて けいさんを しましょう。

① 4 － 3 ＝ 1　　② 5 － 3 ＝ 2

③ 7 － 2 ＝ 5　　④ 6 － 5 ＝ 1

⑤ 9 － 6 ＝ 3　　⑥ 7 － 4 ＝ 3

24 （122%に拡大してご使用ください）

P.25

ひきざん ① (4) こちらは いくつ

がつ　にち　なまえ

1 ライオンが 7とう います。
（ねこ）は 3とうです。
（ライオン）は なんとう いますか。

しき 7 － 3 ＝ 4　　こたえ 4 とう

2 ぼうしが 8こ あります。
（ぼうし）は 5こです。
（○）は なんこ ありますか。

しき 8 － 5 ＝ 3　　こたえ 3 こ

3 けいさんを しましょう。

① 3 － 2	1	② 4 － 2	2
③ 6 － 4	2	④ 7 － 5	2
⑤ 9 － 3	6	⑥ 8 － 6	2

ひきざん ① (5)

がつ　にち　なまえ

● けいさんを しましょう。

① 3 － 1	2	② 5 － 3	2
③ 6 － 5	1	④ 8 － 3	5
⑤ 9 － 5	4	⑥ 7 － 4	3
⑦ 9 － 7	2	⑧ 6 － 5	1
⑨ 6 － 2	4	⑩ 9 － 6	3
⑪ 9 － 4	5	⑫ 2 － 1	1
⑬ 7 － 6	1	⑭ 8 － 4	4
⑮ 6 － 3	3	⑯ 9 － 8	1
⑰ 8 － 7	1	⑱ 9 － 2	7

25 （122%に拡大してご使用ください）

P.26

ひきざん ① (6)

がつ　にち　なまえ

1 こたえが 5に なる かあどに ○を つけましょう。

（8－3）　（6－1）　9－3
（9－4）　（10－5）　7－1
（7－2）　8－2　9－5

2 おなじ こたえに なる かあどを せんで むすびましょう。

7－5 ― 4－2
5－4 ― 2－1
6－3 ― 5－2
9－5 ― 7－3

3 けいさんを しましょう。

① 10 － 2	8	② 6 － 5	1
③ 7 － 2	5	④ 10 － 7	3
⑤ 8 － 2	6	⑥ 9 － 7	2

ひきざん ① (7) 0の ひきざん

がつ　にち　なまえ

1 きんぎょが 3びき いました。のこりの きんぎょは なんびきですか。

① 1ぴき すくうと　しき 3 － 1 ＝ 2　　こたえ 2 ひき

② 3びき すくうと　しき 3 － 3 ＝ 0　　こたえ 0 ひき

③ 1ぴきも すくえないと　しき 3 － 0 ＝ 3　　こたえ 3 びき

2 けいさんを しましょう。

① 2 － 2	0	② 6 － 6	0
③ 3 － 0	3	④ 0 － 0	0

26 （122%に拡大してご使用ください）

P.27

ひきざん ① (8) ちがいは いくつ

がつ　にち　なまえ

1 あかい じどうしゃが 8だい とまって います。
しろい じどうしゃが 4だい とまって います。
あかい じどうしゃは，しろい じどうしゃより なんだい おおいですか。

しき 8 － 4 ＝ 4　　こたえ 4 だい

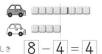

2 ひよこが 6わ います。
にわとりが 4わ います。
ひよこは，にわとりより なんわ おおいですか。

しき 6 － 4 ＝ 2　　こたえ 2 わ

ひきざん ① (9) ちがいは いくつ

がつ　にち　なまえ

1 おりがみで ひこうき と ふね を つくりました。どちらが なんこ おおいですか。

しき 8 － 6 ＝ 2　　こたえ ひこうき が 2 こ おおい。

2 くわがた と かぶとむし が います。どちらが なんびき おおいですか。

しき 8 － 3 ＝ 5　　こたえ くわがた が 5 ひき おおい。

3 （びん）と（ぶどうのびん）の かずの ちがいは なんぼんですか。

しき 9 － 6 ＝ 3　　こたえ 3 ぼん

27 （122%に拡大してご使用ください）

児童に実施させる前に，必ず指導される方が問題を解いてください。本書の解答は，あくまでも１つの例です。指導される方の作られた解答をもとに，本書の解答例を参考に児童の多様な考えに寄り添って○つけをお願いします。

P.28

ひきざん① (10)

がつ にち なまえ

1 みかんが 6こ ありました。 2こ たべました。
みかんは なんこ のこって いますか。

しき 6－2＝4

こたえ 4こ

2 あかと きいろの いろがみが あわせて 7まい あります。そのうち あかの いろがみは 4まいです。
きいろの いろがみは なんまいですか。

しき 7－4＝3

こたえ 3まい

3 びわが 6こ あります。
ももは 8こ あります。
どちらが なんこ おおいですか。

しき 8－6＝2

こたえ もも が 2こ おおい。

ひきざん① まとめ①

がつ にち なまえ

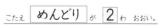

1 ばったが 10ぴき いました。
3びき とんで いきました。
のこって いる ばったは なんびきですか。

しき 10－3＝7

こたえ 7ひき

2 おんどりは 7わ います。めんどりは 9わ います。
どちらが なんわ おおいですか。

しき 9－7＝2

こたえ めんどり が 2わ おおい。

3 けいさんを しましょう。

① 8－1 7　② 4－3 1
③ 7－7 0　④ 9－6 3
⑤ 5－0 5　⑥ 10－3 7

28 （122%に拡大してご使用ください）

P.29

ひきざん① まとめ②

がつ にち なまえ

1 こうえんに 10にん います。
そのうち 4にんは おとなです。
こどもは なんにん いますか。

しき 10－4＝6

こたえ 6にん

2 こたえが 3に なる かあどに ○を つけましょう。

（7－4）　8－4　（6－3）
（5－2）　（10－7）　4－2

3 おなじ こたえに なる かあどを せんで むすびましょう。

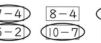

6－4 ― 5－3
8－2 ― 7－1
9－6 ― 10－7
7－2 ― 9－4
9－5 ― 10－6

たしざん・ひきざん① まとめ①

がつ にち なまえ

1 たしざんを しましょう。

① 3＋2 5　② 4＋3 7　③ 1＋5 6
④ 3＋5 8　⑤ 1＋9 10　⑥ 2＋4 6
⑦ 7＋3 10　⑧ 4＋4 8　⑨ 6＋2 8

2 ひきざんを しましょう。

① 5－2 3　② 7－6 1　③ 8－3 5
④ 6－3 3　⑤ 8－6 2　⑥ 7－4 3
⑦ 10－2 8　⑧ 9－2 7　⑨ 10－4 6

3 こたえが 6に なる かあどに ○を つけましょう。

3＋4　（3＋3）　（8－2）
（9－3）　10－3　（10－4）

29 （122%に拡大してご使用ください）

P.30

たしざん・ひきざん① まとめ②

がつ にち なまえ

● ちゅうりっぷの えを みて こたえましょう。

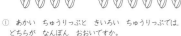

① あかい ちゅうりっぷと きいろい ちゅうりっぷでは，どちらが なんぼん おおいですか。

しき 6－4＝2

こたえ きいろい ちゅうりっぷが 2ほん おおい。

② ちゅうりっぷは，ぜんぶで なんぼん ありますか。

しき 4＋6＝10

こたえ 10ぽん

③ ぜんぶの ちゅうりっぷから 3ぼん とりました。
のこって いる ちゅうりっぷは なんぼんですか。

しき 10－3＝7

こたえ 7ほん

どちらが ながい (1)

がつ にち なまえ

● ながい ほうや，たかい ほうの （ ）に ○を つけましょう。

① （ ）（○）

② （○）（ ）

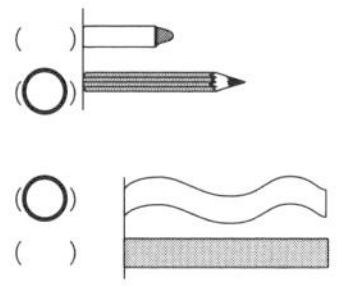

③ （○）（ ）　④ （ ）（○）

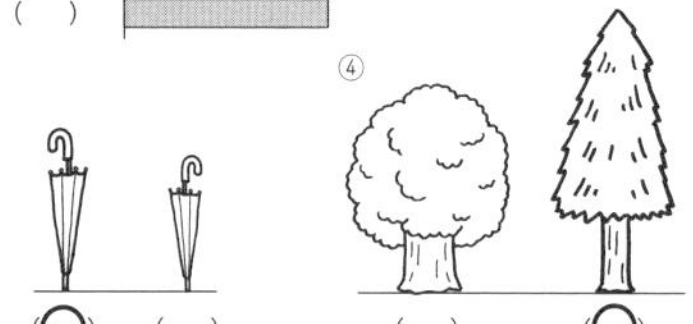

ふくしゅう

① 1＋5 6　② 4＋2 6　③ 5＋3 8
④ 6＋1 7　⑤ 4＋6 10　⑥ 7＋3 10
⑦ 5＋5 10　⑧ 3＋6 9　⑨ 2＋8 10

30 （122%に拡大してご使用ください）

P.31

どちらが ながい (2)

がつ にち なまえ

● ながい ほうの （ ）に ○を つけましょう。

① たて（ ）
よこ（○）

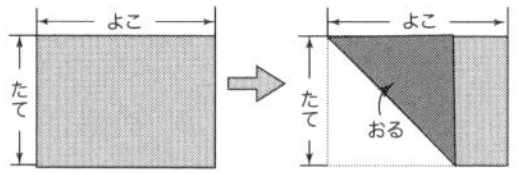

② えんぴつ（○）　あかえんぴつ（ ）

③ あおてえぷ（ ）　しろてえぷ（○）

ふくしゅう

① 4－1 3　② 6－5 1　③ 3－3 0
④ 6－4 2　⑤ 7－0 7　⑥ 8－4 4
⑦ 9－2 7　⑧ 10－4 6　⑨ 10－8 2

どちらが ながい (3)

がつ にち なまえ

1 ながい ほうの （ ）に ○を つけましょう。

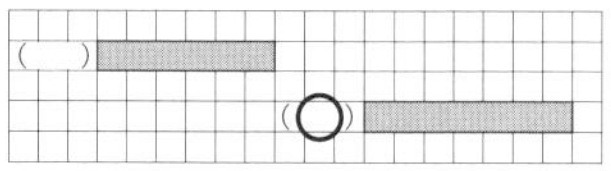

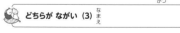

2 ながい じゅんに （ ）に ばんごうを かきましょう。

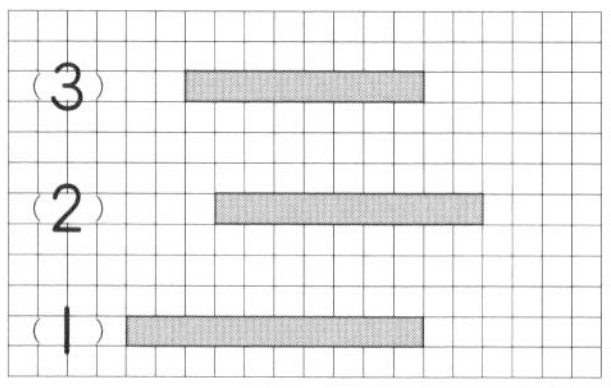

ふくしゅう

① 10－1 9　② 7－5 2　③ 5－3 2
④ 6－3 3　⑤ 9－8 1　⑥ 8－0 8
⑦ 8－5 3　⑧ 10－10 0　⑨ 9－2 7

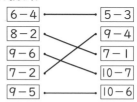

31 （122%に拡大してご使用ください）

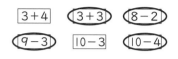

P.32

どちらが ながい まとめ

がつ　にち　なまえ

1 あと いの ながさを くらべましょう。
（ ）に あう すうじや きごうを かきましょう。

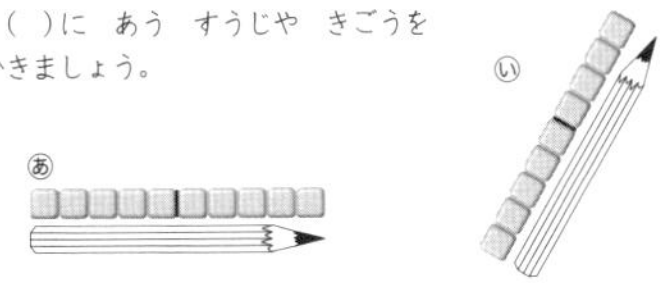

あの えんぴつは ぶろっく（10）こぶんです。

いの えんぴつは ぶろっく（9）こぶんです。

あと いでは，（あ）の ほうが ながいです。

2 ながい じゅんに（ ）に ばんごうを かきましょう。

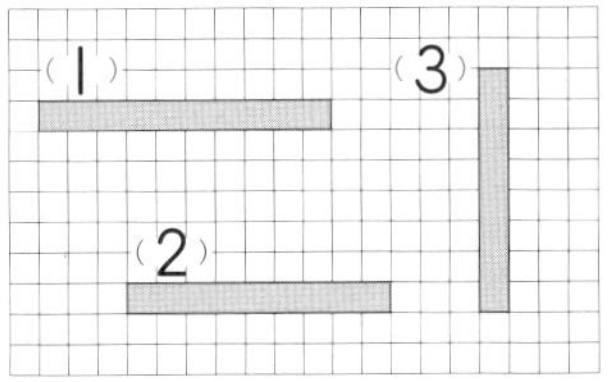

わかりやすく せいりしよう（1）

がつ　にち　なまえ

● やさいの かずを しらべましょう。

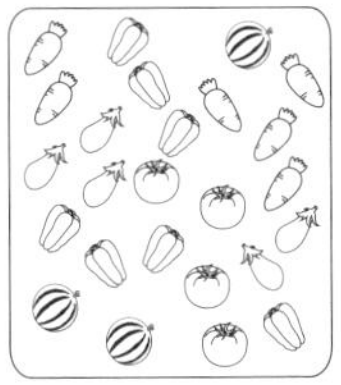

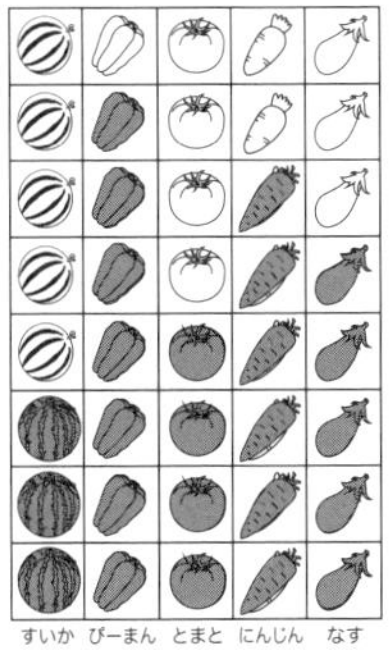

① したから じゅんに やさいの かずだけ いろを ぬりましょう。

② いちばん おおい やさいは なんですか。
また，それは なんこですか。

（ぴーまん）で（7）こ

P.33

わかりやすく せいりしよう（2）

がつ　にち　なまえ

● くだものの かずを しらべましょう。

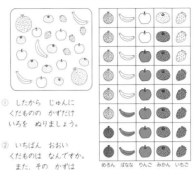

① したから じゅんに くだものの かずだけ いろを ぬりましょう。

② いちばん おおい くだものは なんですか。
また，その かずは なんこですか。

（みかん）で（7）こ

③ いちばん すくない くだものは なんですか。
また，その かずは なんこですか。

（めろん）で（2）こ

10より おおきい かず（1）

がつ　にち　なまえ

● どんぐりの かずを かぞえましょう。10と いくつですか。10を ○で かこんで かんがえましょう。

①（例）

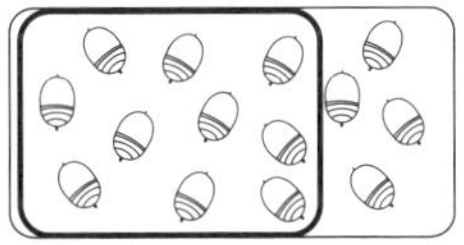

10こと（4）こ

②（例）

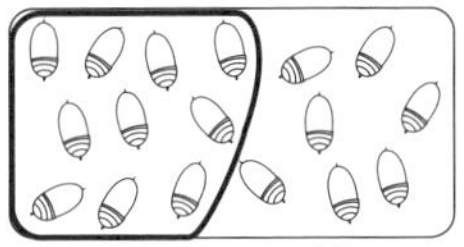

10こと（7）こ

ふくしゅう

① 4＋2　6　② 1＋3　4　③ 6＋2　8

④ 2＋7　9　⑤ 4＋6　10　⑥ 5＋5　10

P.34

10より おおきい かず（2）

がつ　にち　なまえ

● ぶろっくの かずを □に かきましょう。

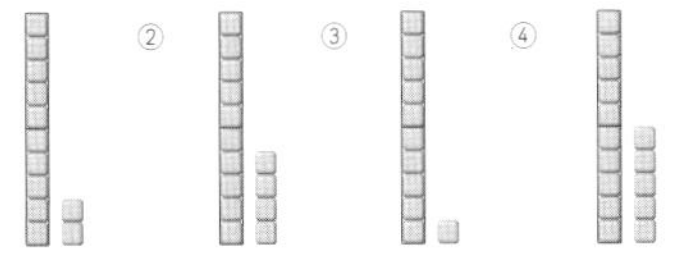

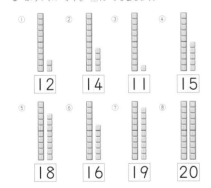

① 12　② 14　③ 11　④ 15

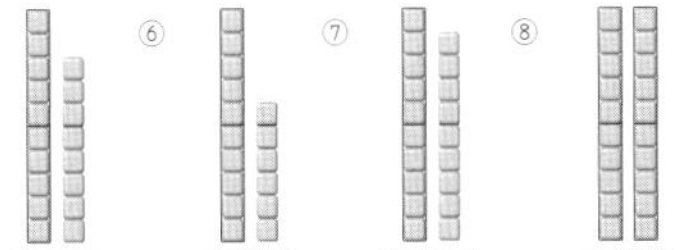

⑤ 18　⑥ 16　⑦ 19　⑧ 20

ふくしゅう

① 3－2　1　② 5－1　4　③ 10－4　6

④ 7－5　2　⑤ 9－2　7　⑥ 10－1　9

10より おおきい かず（3）

がつ　にち　なまえ

● かずを かぞえて □に かきましょう。

①
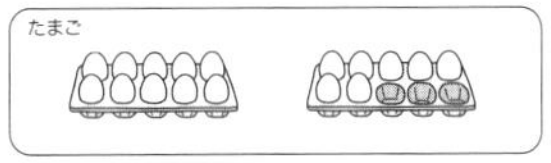

17

②

18

③

20

④
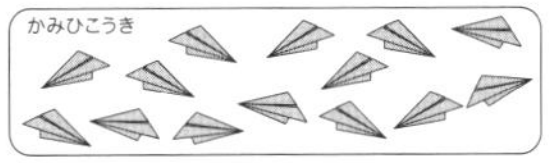

14

ふくしゅう

① 5＋1　6　② 6＋3　9　③ 9＋1　10

④ 0＋0　0　⑤ 2＋3　5　⑥ 7＋2　9

P.35

10より おおきい かず（4）

がつ　にち　なまえ

1 したの えを みて こたえましょう。

① みんなで なんにん ならんで いますか。
（15）にん

② ふみやさんは まえから なんばんめに いますか。
まえから（12）ばんめ

③ まえから 14ばんめに いるのは だれですか。
（ここな）さん

④ まさきさんは うしろから なんばんめに いますか。
うしろから（10）ばんめ

⑤ うしろから 12ばんめに いるのは だれですか。
（しゅん）さん

2 1から20まで じゅんばんに かきましょう。

略

10より おおきい かず（5）

がつ　にち　なまえ

1（ ）に かずを かきましょう。

① 10と 3で（13）

② 10と 5で（15）

③ 10と 7で（17）

④ 10と 9で（19）

⑤ 10と 10で（20）

2（ ）に かずを かきましょう。

① 11は 10と（1）

② 18は 10と（8）

③ 14は（10）と 4

④ 16は（10）と 6

⑤ 20は（10）と 10

ふくしゅう

● ふうせんが 10こ ありました。4こ われました。
ふうせんは なんこ のこっていますか。

しき　10－4＝6

こたえ　6こ

解答

児童に実施させる前に，必ず指導される方が問題を解いてください。本書の解答は，あくまでも１つの例です。指導される方の作られた解答をもとに，本書の解答例を参考に児童の多様な考えに寄り添って○つけをお願いします。

P.36

がつ　にち

10より おおきい かず（6）　なまえ

● □に あてはまる かずを かきましょう。

① 9 − 10 − 11 − 12 − 13 − 14
② 15 − 16 − 17 − 18 − 19 − 20
③ 14 − 13 − 12 − 11 − 10 − 9
④ 4 − 6 − 8 − 10 − 12 − 14
⑤ 20 − 18 − 16 − 14 − 12 − 10
⑥ 5 − 10 − 15 − 20

ふくしゅう

● しろい いぬが ２ひき，くろい いぬが ６ぴき います。
いぬは あわせて なんびき いますか。

しき　2＋6＝8

こたえ　8ひき

10より おおきい かず（7）　なまえ

● かずのせんを みて かんがえましょう。

かずのせん

0 1 2 3 4 5 6 7 8 9 10 11 12 13 14 15 16 17 18 19 20

（1） おおきい ほうに ○を つけましょう。

① （ 11 と ⑬ ）　② （ ⑳ と 19 ）
③ （ ⑱ と 16 ）　④ （ ⑯ と 14 ）
⑤ （ ⑳ と 12 ）　⑥ （ 15 と ⑳ ）

（2） つぎの かずを （ ）に かきましょう。

① 12よりも 3 おおきい かず　（15）
② 15よりも 2 おおきい かず　（17）
③ 11よりも 3 ちいさい かず　（8）
④ 20よりも 5 ちいさい かず　（15）

ふくしゅう

● えんぴつが ９ほん あります。
けずった えんぴつは ４ほんです。
けずって いない えんぴつは なんぼんですか。

しき　9−4＝5

こたえ　5ほん

P.37

がつ　にち

10より おおきい かず（8）　なまえ

1 （ ）に あてはまる かずを かきましょう。

① 10 と 4を あわせた かずは （14）です。
② 14から 4を とった かずは （10）です。
③ 10 と 8を あわせた かずは （18）です。
④ 18から 8を とった かずは （10）です。

2 けいさんを しましょう。

① 10＋2 12　② 10＋5 15　③ 10＋9 19
④ 11−1 10　⑤ 15−5 10　⑥ 17−7 10

ふくしゅう

● 10りょうの でんしゃと 8りょうの でんしゃが あります。ちがいは，なんりょうですか。

しき　10−8＝2

こたえ　2りょう

10より おおきい かず（9）　なまえ

1 （ ）に あてはまる かずを かきましょう。

① 15＋3
10は そのままで
5＋（3）＝（8）だから
15＋3＝（18）

② 16−2
10は そのままで
6−（2）＝（4）だから
16−2＝（14）

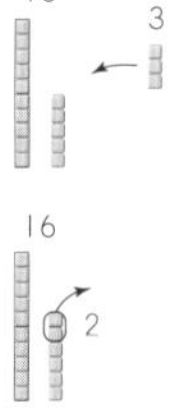

2 けいさんを しましょう。

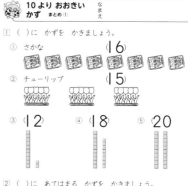

① 12＋3 15　② 11＋5 16　③ 12＋6 18
④ 15−2 13　⑤ 16−4 12　⑥ 18−5 13

ふくしゅう

● ばすに ５にん のって います。
つぎの ばすていで ３にん のって きました。
みんなで なんにんに なりましたか。

しき　5＋3＝8

こたえ　8にん

P.38

がつ　にち

10より おおきい かず（10）　なまえ

1 きゃらめるが はこに １２こ はいって います。
はこの そとに ５こ あります。
きゃらめるは，あわせて なんこ ありますか。

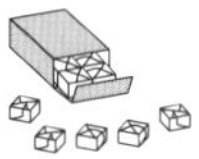

しき　12＋5＝17

こたえ　17こ

2 けいさんを しましょう。

① 10＋4 14　② 15＋4 19　③ 12＋6 18
④ 11＋8 19　⑤ 13＋3 16　⑥ 10＋9 19
⑦ 12＋7 19　⑧ 11＋4 15　⑨ 15＋2 17
⑩ 10＋5 15　⑪ 15＋3 18　⑫ 13＋4 17

ふくしゅう

● はんかちが ４まい，たおるが ８まい あります。
たおるの ほうが なんまい おおいですか。

しき　8−4＝4

こたえ　4まい

10より おおきい かず（11）　なまえ

1 すずめが １６わ やねに とまって います。
５わ とんで いきました。やねに とまって いる すずめは，なんわに なりましたか。

しき　16−5＝11

こたえ　11わ

2 けいさんを しましょう。

① 13−3 10　② 18−2 16　③ 19−7 12
④ 17−7 10　⑤ 17−4 13　⑥ 15−5 10
⑦ 16−3 13　⑧ 14−2 12　⑨ 18−4 14
⑩ 19−6 13　⑪ 17−3 14　⑫ 16−2 14

ふくしゅう

● いろがみを ７まい もって います。３まい もらいました。いろがみは なんまいに なりましたか。

しき　7＋3＝10

こたえ　10まい

P.39

がつ　にち

10より おおきい かず（12）　なまえ

1 かずを かぞえて （ ）に かきましょう。

① おりがみ

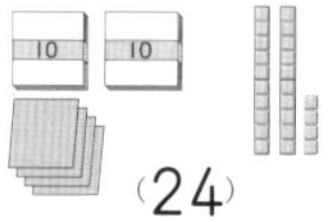

（24）

② かぞえぼう

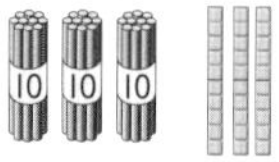

（30）

2 かれんだあの つづきを □に かきましょう。

にち	げつ	か	すい	もく	きん	ど
			1	2	3	4	5
6	7	8	9	10	11	12
13	14	15	16	17	18	19
20	21	22	23	24	25	26
27	28	29	30	31		

ふくしゅう

① 4＋3 7　② 5＋3 8　③ 5＋5 10
④ 10＋2 12　⑤ 10＋6 16　⑥ 10＋10 20

10より おおきい かず まとめ①　なまえ

1 （ ）に かずを かきましょう。

① さかな （16）

② チューリップ （15）

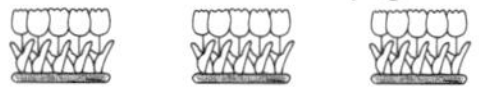

③ （12）　④ （18）　⑤ （20）

2 （ ）に あてはまる かずを かきましょう。

① 10と 1で （11）
② 10と 3で （13）
③ 17は （10）と 7
④ 19は 10 と （9）

3 おおきい ほうに ○を つけましょう。

① （ 12 と ⑭ ）　② （ ⑳ と 18 ）
③ （ ⑰ と 15 ）　④ （ 9 と ⑪ ）

P.40

10より おおきい かず まとめ②

1 □に あてはまる かずを かきましょう。

① 10 11 12 13 14 15
② 8 10 12 14 16 18
③ 20 19 18 17 16 15
④ 20 18 16 14 12 10

2 つぎの かずを （ ）に かきましょう。

① 13より 2 おおきい かず （15）
② 17より 3 おおきい かず （20）
③ 17より 3 ちいさい かず （14）
④ 15より 4 ちいさい かず （11）

3 けいさんを しましょう。

① 10＋4 14 ② 10＋8 18 ③ 12＋4 16
④ 15＋4 19 ⑤ 13＋4 17 ⑥ 16＋3 19
⑦ 16－6 10 ⑧ 15－2 13 ⑨ 18－4 14
⑩ 19－9 10 ⑪ 17－6 11 ⑫ 16－4 12

なんじ なんじはん (1)

● とけいを よみましょう。

① （7）じ ② （11）じ ③ （12）じ
④ （1）じ ⑤ （3）じ ⑥ （4）じ
⑦ （6）じ ⑧ （8）じ ⑨ （9）じ

ふくしゅう

① 7－3 4 ② 8－5 3 ③ 6－4 2
④ 10－2 8 ⑤ 10－4 6 ⑥ 10－5 5
⑦ 9－2 7 ⑧ 8－4 4 ⑨ 9－6 3

P.41

なんじ なんじはん (2)

● とけいを よみましょう。

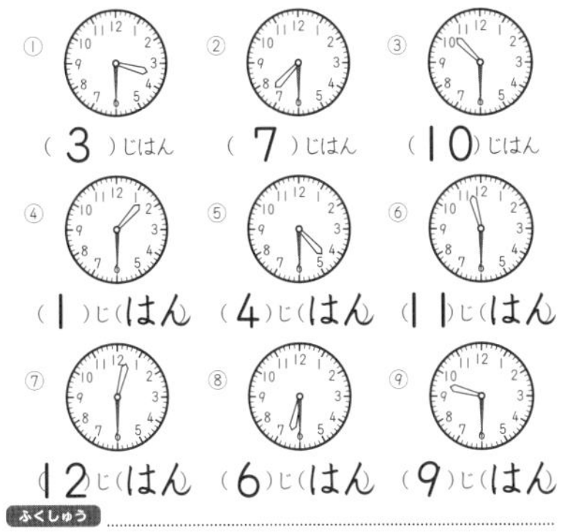

① （3）じはん ② （7）じはん ③ （10）じはん
④ （1）じ（はん ⑤ （4）じ（はん ⑥ （11）じ（はん
⑦ 12じ（はん ⑧ （6）じ（はん ⑨ （9）じ（はん

ふくしゅう

① 7－5 2 ② 5－1 4 ③ 9－7 2
④ 8－6 2 ⑤ 10－6 4 ⑥ 10－7 3
⑦ 14－4 10 ⑧ 16－5 11 ⑨ 18－4 14

3つの かずの けいさん (1)

1 1つの しきに かいて こたえましょう。

ちょうが 2ひき いました。
そこへ 3びき やって きました。
また，4ひき やって きました。
ちょうは あわせて なんびきに
なりましたか。

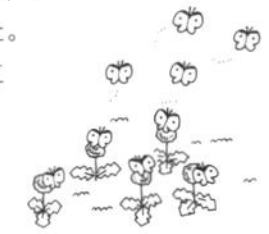

2＋3＋4＝9

こたえ 9ひき

2 けいさんを しましょう。

① 2＋1＋4 7 ② 2＋3＋3 8
③ 4＋1＋5 10 ④ 7＋3＋4 14
⑤ 8＋2＋6 16 ⑥ 5＋5＋5 15
⑦ 4＋6＋2 12 ⑧ 9＋1＋10 20

P.42

3つの かずの けいさん (2)

1 1つの しきに かいて こたえましょう。

かえるが 7ひき いました。
2ひき いけに はいりました。
また，1ぴき いけに はいりました。
かえるは なんびきに なりましたか。

しき 7－2－1＝4

こたえ 4ひき

2 けいさんを しましょう。

① 8－3－2 3 ② 9－3－2 4
③ 7－3－1 3 ④ 8－2－4 2
⑤ 14－4－2 8 ⑥ 15－5－3 7
⑦ 13－3－5 5 ⑧ 17－7－6 4

3つの かずの けいさん (3)

1 1つの しきに かいて こたえましょう。

あめが 6こ ありました。
4こ たべました。
5こ もらいました。
あめは なんこに なりましたか。

しき 6－4＋5＝7

こたえ 7こ

2 けいさんを しましょう。

① 9－3＋2 8 ② 8－4＋2 6
③ 10－5＋1 6 ④ 16－6＋4 14
⑤ 13－3＋7 17 ⑥ 17－6＋5 16
⑦ 19－6＋3 16 ⑧ 18－7＋4 15

P.43

3つの かずの けいさん (4)

1 おすの らいおんが 4とう，
めすの らいおんが 3とう います。
そのうち 2とうの らいおんが どこかへ
いきました。
らいおんは なんとうに なりましたか。

しき

4＋3－2＝5

こたえ 5とう

2 けいさんを しましょう。

① 5＋3－2 6 ② 4＋3－5 2
③ 2＋8－4 6 ④ 7＋3－9 1
⑤ 10＋7－3 14 ⑥ 10＋6－4 12
⑦ 12＋6－3 15 ⑧ 11＋7－4 14

3つの かずの けいさん (5)

1 ばすに 8にん のって います。つぎの ばすていで
3にん おりました。そして，4にん のりました。
みんなで なんにんに なりましたか。

しき 8－3＋4＝9

こたえ 9にん

2 きょうは あさに うんどうじょうを 4しゅう
はしりました。おひるに 6しゅう はしりました。
ゆうがたに 5しゅう はしりました。
きょうは なんしゅう はしりましたか。

しき 4＋6＋5＝15

こたえ 15しゅう

3 みかんが 15こ ありました。きのう 5こ
たべました。きょう 3こ たべました。
みかんは なんこ のこって いますか。

しき 15－5－3＝7

こたえ 7こ

児童に実施させる前に，必ず指導される方が問題を解いてください。本書の解答は，あくまでも１つの例です。指導される方の作られた解答をもとに，本書の解答例を参考に児童の多様な考えに寄り添って○つけをお願いします。

P.44

3つの かずの けいさん (6)

がつ　にち　なまえ

● けいさんを しましょう。

① 5＋1－3 **3**　② 7－5＋2 **4**
③ 4＋2＋3 **9**　④ 9－3－2 **4**
⑤ 3＋6－4 **5**　⑥ 7－3＋5 **9**
⑦ 8－2＋4 **10**　⑧ 5＋4＋1 **10**
⑨ 4＋6－7 **3**　⑩ 10－4＋2 **8**
⑪ 5＋5＋2 **12**　⑫ 1＋9－6 **4**
⑬ 10＋3－1 **12**　⑭ 12－2＋5 **15**
⑮ 14＋2－5 **11**　⑯ 13＋6－4 **15**
⑰ 17－5＋2 **14**　⑱ 18－6＋4 **16**
⑲ 12－2－5 **5**　⑳ 14－4－7 **3**

3つの かずの けいさん まとめ

がつ　にち　なまえ

1 ちゅうしゃじょうに くるまが 6だい とまって いました。4だい はいって きました。2だい でて いきました。ちゅうしゃじょうに とまって いる くるまは なんだいに なりましたか。

しき 6＋4－2＝8

こたえ 8だい

2 ばすに 7にん のって います。つぎの ばすていで 3にん のりました。その つぎの ばすていでは 4にん のりました。ばすに のって いる ひとは，なんにんに なりましたか。

しき 7＋3＋4＝14

こたえ 14にん

3 けいさんを しましょう。

① 16－6－7 **3**　② 9－6＋5 **8**
③ 10－7＋4 **7**　④ 12＋4＋3 **19**

P.45

かさくらべ (1)

がつ　にち　なまえ

● おおい ほうの （ ）に ○を つけましょう。

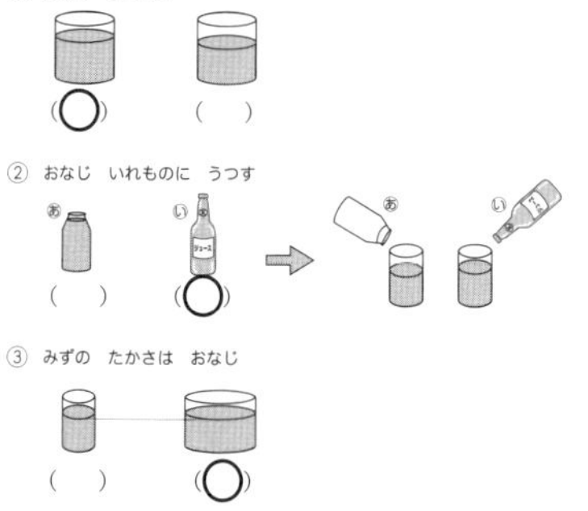

① おなじ いれもの　（○）（ ）
② おなじ いれものに うつす　あ（ ）　い（○）
③ みずの たかさは おなじ　（ ）（○）

ふくしゅう

① 3＋4 **7**　② 4＋2 **6**　③ 1＋7 **8**
④ 8＋2 **10**　⑤ 4＋4 **8**　⑥ 0＋5 **5**
⑦ 10＋2 **12**　⑧ 15＋3 **18**　⑨ 17＋2 **19**

かさくらべ (2)

がつ　にち　なまえ

● おおい ほうの （ ）に ○を つけましょう。

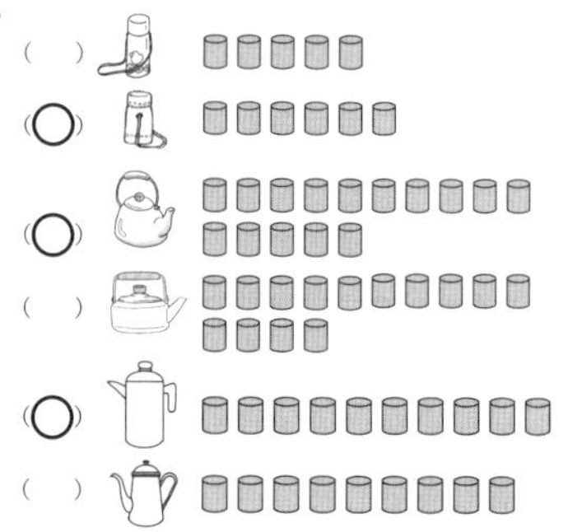

① （ ）（○）
② （○）（ ）
③ （○）（ ）

ふくしゅう

① 5－3 **2**　② 7－4 **3**　③ 8－5 **3**
④ 9－3 **6**　⑤ 10－2 **8**　⑥ 10－7 **3**
⑦ 16－2 **14**　⑧ 19－7 **12**　⑨ 17－7 **10**

P.46

かさくらべ (3)

がつ　にち　なまえ

● おおい じゅんに ばんごうを かきましょう。

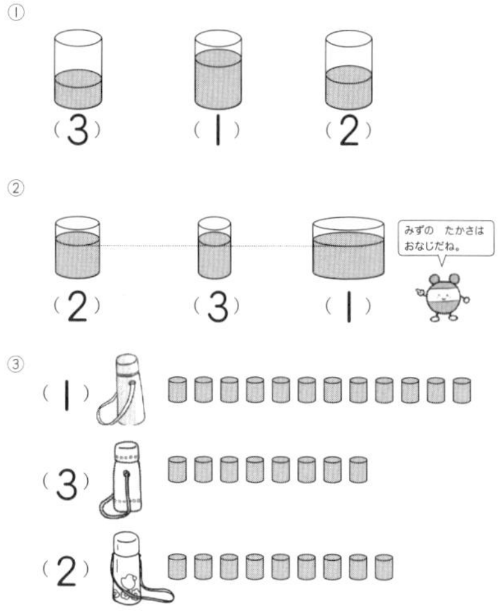

① （3）（1）（2）
② （2）（3）（1）
③ （1）（3）（2）

かさくらべ まとめ

がつ　にち　なまえ

● おおい ほうの （ ）に ○を つけましょう。

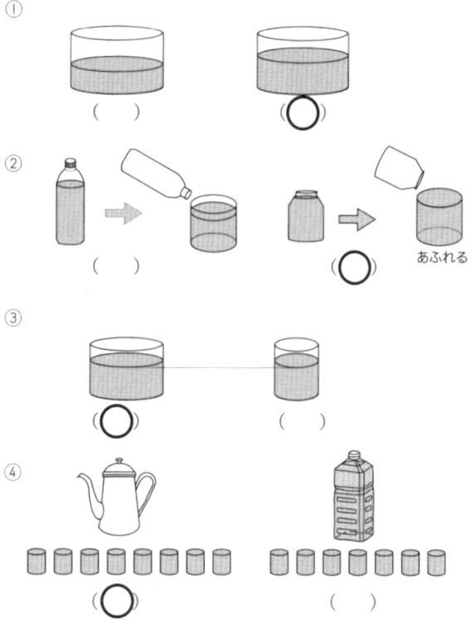

① （ ）（○）
② （ ）（○）
③ （○）（ ）
④ （○）（ ）

P.47

たしざん ② (1) くりあがり

がつ　にち　なまえ

1 あかの あさがおが 9こ，むらさきの あさがおが 4こ さいて います。あさがおの はなは，あわせて なんこ さいて いますか。

しき 9＋4＝13

こたえ 13こ

2 けいさんを しましょう。

① 9＋3 **12**　② 9＋5 **14**
③ 9＋7 **16**　④ 9＋4 **13**
⑤ 9＋8 **17**　⑥ 9＋6 **15**
⑦ 9＋9 **18**　⑧ 9＋2 **11**

ふくしゅう

● □に あう かずを かきましょう。

① 3 → 2 と **1**　② 4 → **3** と 1　③ 4 → **2** と 2　④ 5 → 3 と **2**　⑤ 5 → 1 と **4**

たしざん ② (2) くりあがり

がつ　にち　なまえ

1 とりが 8わ います。3わ やって きました。とりは，ぜんぶで なんわに なりましたか。

しき 8＋3＝11

こたえ 11わ

2 けいさんを しましょう。

① 8＋4 **12**　② 8＋7 **15**
③ 8＋6 **14**　④ 8＋9 **17**
⑤ 8＋8 **16**　⑥ 8＋5 **13**
⑦ 9＋9 **18**　⑧ 9＋2 **11**

ふくしゅう

● □に あう かずを かきましょう。

① 5 → 2 と **3**　② 6 → 2 と **4**　③ 6 → 1 と **5**　④ 6 → 3 と **3**　⑤ 7 → 4 と **3**

P.48

がつ　にち

たしざん ② (3) くりあがり　なまえ

1 くるまが　7だい　とまって　います。
4だい　くると，ぜんぶで　なんだいに　なりますか。

しき　7＋4＝11

こたえ　11だい

2 けいさんを　しましょう。

① 7＋5	12	② 7＋7	14
③ 7＋8	15	④ 7＋6	13
⑤ 7＋9	16	⑥ 7＋3	10

ふくしゅう

● □に　あう　かずを　かきましょう。

① 7 → 5 [2]　② 7 → 6 [1]　③ 7 → 2 [5]　④ 7 → 3 [4]　⑤ 7 → 1 [6]

⑥ 8 → [4] 4　⑦ 8 → [2] 6　⑧ 8 → [3] 5　⑨ 8 → [1] 7　⑩ 8 → [5] 3

がつ　にち

たしざん ② (4) くりあがり　なまえ

1 けいさんを　しましょう。

① 8＋3	11	② 9＋5	14
③ 9＋6	15	④ 7＋7	14
⑤ 8＋6	14	⑥ 7＋8	15
⑦ 7＋4	11	⑧ 9＋7	16

2 おやの　りすが　9ひき，こどもの　りすも　9ひき　います。りすは　ぜんぶで　なんびき　いますか。

しき　9＋9＝18

こたえ　18ひき

3 はなが　かびんに　7ほん　いけて　あります。6ぽん　たすと，ぜんぶで　なんぼんに　なりますか。

しき　7＋6＝13

こたえ　13ぼん

P.49

がつ　にち

たしざん ② (5) くりあがり　なまえ

1 いちごあじの　あめが　3こ　あります。めろんあじの　あめが　9こ　あります。あめは　あわせて　なんこ　ありますか。

しき　3＋9＝12

こたえ　12こ

2 けいさんを　しましょう。

① 4＋9	13	② 3＋8	11
③ 5＋7	12	④ 3＋9	12
⑤ 5＋8	13	⑥ 2＋9	11
⑦ 4＋7	11	⑧ 4＋8	12

ふくしゅう

● □に　あう　かずを　かきましょう。

① 9 → 5 [4]　② 9 → 3 [6]　③ 9 → 8 [1]　④ 9 → 7 [2]　⑤ 9 → 6 [3]

がつ　にち

たしざん ② (6) くりあがり　なまえ

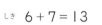

1 おりがみを　6まい　もって　いました。7まい　もらいました。おりがみは，なんまいに　なりましたか。

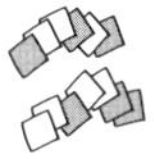

しき　6＋7＝13

こたえ　13まい

2 けいさんを　しましょう。

① 6＋6	12	② 7＋7	14
③ 6＋8	14	④ 7＋6	13
⑤ 7＋8	15	⑥ 6＋5	11
⑦ 5＋7	12	⑧ 5＋8	13

ふくしゅう

● □に　あう　かずを　かきましょう。

① 10 → 5 [5]　② 10 → 4 [6]　③ 10 → 2 [8]　④ 10 → 1 [9]　⑤ 10 → 3 [7]

P.50

がつ　にち

たしざん ② (7) くりあがり　なまえ

● けいさんを　しましょう。

① 5＋6	11	② 6＋7	13
③ 7＋5	12	④ 5＋9	14
⑤ 8＋3	11	⑥ 8＋5	13
⑦ 6＋9	15	⑧ 8＋9	17
⑨ 9＋3	12	⑩ 2＋9	11
⑪ 8＋7	15	⑫ 6＋5	11
⑬ 7＋9	16	⑭ 8＋4	12
⑮ 6＋6	12	⑯ 8＋8	16
⑰ 7＋9	16	⑱ 3＋9	12
⑲ 9＋4	13	⑳ 6＋8	14

がつ　にち

たしざん ② (8) くりあがり　なまえ

● けいさんを　しましょう。

① 9＋8	17	② 7＋5	12
③ 6＋5	11	④ 6＋7	13
⑤ 4＋7	11	⑥ 2＋9	11
⑦ 9＋5	14	⑧ 8＋6	14
⑨ 9＋7	16	⑩ 6＋9	15
⑪ 8＋3	11	⑫ 4＋8	12
⑬ 6＋9	15	⑭ 5＋9	14
⑮ 5＋6	11	⑯ 8＋4	12
⑰ 8＋9	17	⑱ 3＋8	11
⑲ 4＋9	13	⑳ 9＋2	11

P.51

がつ　にち

たしざん ② (9) くりあがり　なまえ

1 りんごが　かごに　4こ，れいぞうこに　7こ　はいって　います。りんごは，ぜんぶで　なんこ　ありますか。

しき　4＋7＝11

こたえ　11こ

2 けいさんを　しましょう。

① 9＋3	12	② 7＋9	16
③ 6＋6	12	④ 8＋5	13
⑤ 5＋6	11	⑥ 4＋8	12
⑦ 3＋8	11	⑧ 6＋7	13
⑨ 7＋8	15	⑩ 5＋9	14

ふくしゅう

● □に　あう　かずを　かきましょう。

① 10 → 2 [8]　② 10 → 6 [4]　③ 10 → 3 [7]　④ 10 → 5 [5]　⑤ 10 → 9 [1]

がつ　にち

たしざん ② (10) くりあがり　なまえ

1 きょうは　ぴあのの　れんしゅうを　あさに　9かい，よるに　6かい　しました。きょう　いちにちで　なんかい　ぴあのの　れんしゅうを　しましたか。

しき　9＋6＝15

こたえ　15かい

2 けいさんを　しましょう。

① 8＋7	15	② 9＋8	17
③ 9＋4	13	④ 7＋6	13
⑤ 4＋7	11	⑥ 5＋7	12
⑦ 6＋8	14	⑧ 8＋8	16
⑨ 5＋8	13	⑩ 7＋9	16

ふくしゅう

● □に　あう　かずを　かきましょう。

① 10 → [9] 1　② 10 → [5] 5　③ 10 → [2] 8　④ 10 → [7] 3　⑤ 10 → [6] 4

児童に実施させる前に，必ず指導される方が問題を解いてください。本書の解答は，あくまでも１つの例です。指導される方の作られた解答をもとに，本書の解答例を参考に児童の多様な考えに寄り添って○つけをお願いします。

P.52

たしざん ② (11) くりあがり

がつ　にち　なまえ

1 こたえが おおきい ほうの かあどに ○を つけましょう。

① 7＋6 と (9＋5)
② (8＋5) と 3＋9
③ 6＋9 と (8＋8)

2 こたえが おなじに なる かあどを せんで むすびましょう。

① 7＋6 ― 8＋5
② 2＋9 ― 5＋6
③ 6＋6 ― 8＋4
④ 8＋7 ― 9＋6

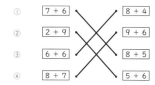

3 こたえが 14に なる かあどに ○を つけましょう。

(6＋8)　8＋5　(7＋7)
7＋8　(9＋5)　6＋9

たしざん ② (12) くりあがり

がつ　にち　なまえ

1 さかなつりを しました。たつきさんは 7ひき，おとうさんは 9ひき つりました。あわせて なんびき つりましたか。

しき 7＋9＝16

こたえ 16ぴき

2 えんぴつが ふでばこに 4ほん，えんぴつたてに 8ほん あります。あわせて なんぼんに なりますか。

しき 4＋8＝12

こたえ 12ほん

3 つみきを 8こ つみました。その うえに 7こ つみました。ぜんぶで なんこ つみましたか。

しき 8＋7＝15

こたえ 15こ

52 （122%に拡大してご使用ください）

P.53

たしざん ② くりあがり まとめ ①

がつ　にち　なまえ

1 ゆうとさんは どんぐりを 8こ ひろいました。おとうとは 6こ ひろいました。あわせて なんこ ひろいましたか。

しき 8＋6＝14

こたえ 14こ

2 かだんに あかい はなが 7ほん，きいろい はなが 5ほん さいて います。かだんに さいて いる はなは，あわせて なんぼんですか。

しき 7＋5＝12

こたえ 12ほん

3 けいさんを しましょう。

① 4＋9 13　② 5＋7 12　③ 3＋8 11
④ 8＋8 16　⑤ 9＋9 18　⑥ 4＋7 11
⑦ 5＋8 13　⑧ 9＋4 13　⑨ 6＋6 12
⑩ 9＋8 17　⑪ 6＋8 14　⑫ 9＋2 11

たしざん ② くりあがり まとめ ②

がつ　にち　なまえ

1 こうえんで こどもが 9にん あそんで います。7にん くると，あわせて なんにんに なりますか。

しき 9＋7＝16

こたえ 16にん

2 あんぱんを 8こと めろんぱんを 4こ かいました。ぜんぶで なんこ かいましたか。

しき 8＋4＝12

こたえ 12こ

3 こたえが おなじに なる かあどを せんで むすびましょう。

① 5＋8 ― 6＋7
② 7＋4 ― 8＋3
③ 4＋8 ― 9＋3
④ 8＋9 ― 9＋8

53 （122%に拡大してご使用ください）

P.54

かたちあそび (1)

がつ　にち　なまえ

1 （つつの かたち）と にて いる かたちを 2つ えらんで，( )に ○を つけましょう。

(　) (　) (○) (○)

2 （はこの かたち）と にて いる かたちを 2つ えらんで，( )に ○を つけましょう。

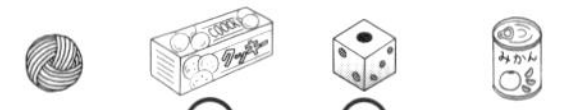

(　) (○) (○) (　)

ふくしゅう

① 3－2 1　② 5－1 4　③ 7－5 2
④ 8－7 1　⑤ 9－6 3　⑥ 10－6 4

● 6にんで あそんで います。3にん かえりました。なんにん のこって いますか。

しき 6－3＝3

こたえ 3にん

かたちあそび (2)

がつ　にち　なまえ

● かみに うつすと どのような かたちに なりますか。せんで むすびましょう。

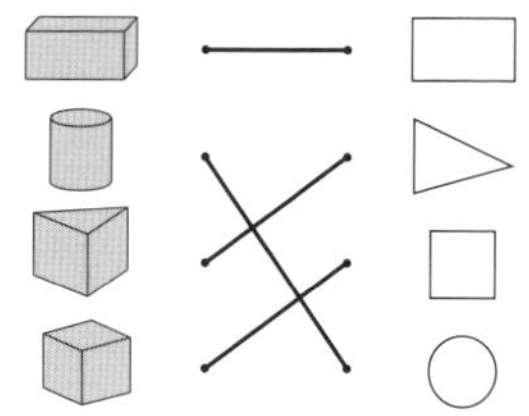

ふくしゅう

① 5－3 2　② 7－3 4　③ 8－5 3
④ 9－7 2　⑤ 8－4 4　⑥ 10－3 7

● なしが 8こ，かきが 6こ あります。どちらが なんこ おおいですか。

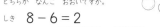

しき 8－6＝2

こたえ なし が 2こ おおい。

54 （122%に拡大してご使用ください）

P.55

かたちあそび (3)

がつ　にち　なまえ

● いろいろな かたちの ものを なかまに わけました。どのような わけかたを したか かんがえましょう。

① あう ものを せんで むすびましょう。

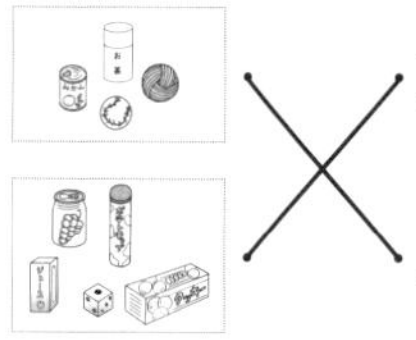

つむ ことが できる かたち
ころころ ころがる かたち

② あう ほうの ( )に ○を つけましょう。

(○) ころころ ころがり，つむ ことが できない かたち
(　) ころころ ころがるが，つむ ことが できる かたち

ふくしゅう

① 9－1 8　② 5－3 2　③ 6－3 3
④ 7－5 2　⑤ 5－5 0　⑥ 10－4 6

かたちあそび まとめ

がつ　にち　なまえ

● いろいろな かたちの ものを なかまに わけます。あてはまる かたちを えらんで，きごうを かきましょう。

① つむ ことが できて，ころころ ころがらない もの
(あ) (え) (き) (こ)

② ころころ ころがり，つむ ことが できない もの
(い) (か) (く)

③ ころころ ころがるが，むきを かえると つむ ことが できる もの
(う) (お) (け)

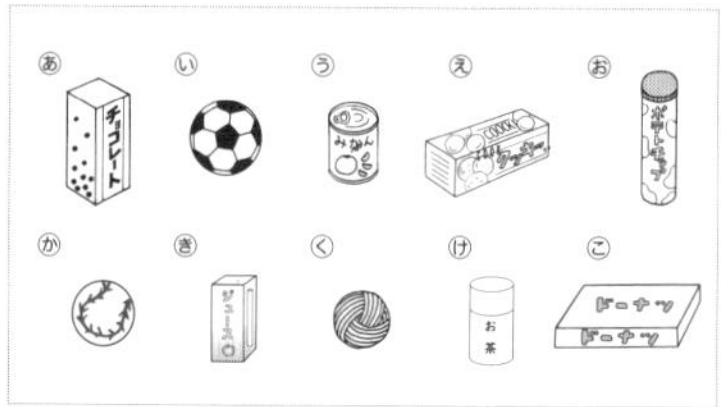

55 （122%に拡大してご使用ください）

P.56

ひきざん ② (1) くりさがり　がつ　にち　なまえ

1 きゃらめるが　13こ　あります。
9こ　たべると，のこりは　なんこですか。

しき　13－9＝4

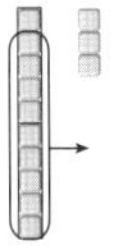

こたえ　4こ

2 けいさんを　しましょう。

① 15－9　6　② 12－9　3
③ 17－9　8　④ 11－9　2
⑤ 18－9　9　⑥ 16－9　7
⑦ 14－9　5　⑧ 13－9　4

ふくしゅう

① 10－5＋3　8　② 10－9＋2　3
③ 10－8＋3　5　④ 10－7＋4　7

ひきざん ② (2) くりさがり　がつ　にち　なまえ

1 おりがみが　11まい　あります。8まい　つかいました。
なんまい　のこって　いますか。

しき　11－8＝3

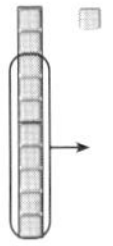

こたえ　3まい

2 けいさんを　しましょう。

① 12－8　4　② 14－8　6
③ 16－8　8　④ 13－8　5
⑤ 15－8　7　⑥ 17－8　9
⑦ 18－8　10　⑧ 11－8　3

ふくしゅう

① 10－9＋3　4　② 10－8＋4　6
③ 10－5＋2　7　④ 10－6＋1　5

56　(122%に拡大してご使用ください)

P.57

ひきざん ② (3) くりさがり　がつ　にち　なまえ

1 ぶろっくが　12こ　あります。
7こ　つかうと，のこりは　なんこですか。

しき　12－7＝5

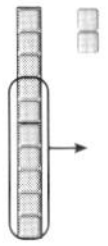

こたえ　5こ

2 けいさんを　しましょう。

① 13－7　6　② 15－7　8
③ 11－7　4　④ 14－7　7
⑤ 16－7　9　⑥ 17－7　10

ふくしゅう

● とけいを　よみましょう。

① (4じはん)　② (1じはん)　③ (10じはん)

ひきざん ② (4) くりさがり　がつ　にち　なまえ

1 ばななが　11ぽん　ありました。6ぽん　たべました。
のこりは　なんぼんですか。

しき　11－6＝5

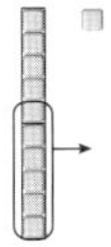

こたえ　5ほん

2 けいさんを　しましょう。

① 12－6　6　② 13－6　7
③ 15－6　9　④ 14－6　8
⑤ 12－9　3　⑥ 14－9　5
⑦ 15－8　7　⑧ 12－8　4

ふくしゅう

● とけいを　よみましょう。

① (6じはん)　② (3じはん)　③ (11じはん)

57　(122%に拡大してご使用ください)

P.58

ひきざん ② (5) くりさがり　がつ　にち　なまえ

1 えんぴつが　12ほん　あります。8ほん
けずりました。けずって　いないのは，
なんぼんですか。

しき　12－8＝4

こたえ　4ほん

2 ぶたが　13とう，うしが　7とう　います。
ぶたの　ほうが　なんとう　おおいですか。

しき　13－7＝6

こたえ　6とう

3 みかんが　9こ，りんごが　11こ　あります。
どちらが　なんこ　おおいですか。

しき　11－9＝2

こたえ　りんご が　2 こ　おおい。

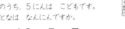

ひきざん ② (6) くりさがり　がつ　にち　なまえ

1 ばすに　12にん　のって　います。
そのうち，5にんは　こどもです。
おとなは　なんにんですか。

しき　12－5＝7

こたえ　7にん

2 けいさんを　しましょう。

① 13－5　8　② 11－5　6
③ 14－5　9　④ 13－9　4
⑤ 13－8　5　⑥ 16－8　8
⑦ 13－7　6　⑧ 15－7　8

ふくしゅう

● ながい　じゅんに　(　)に　かきましょう。

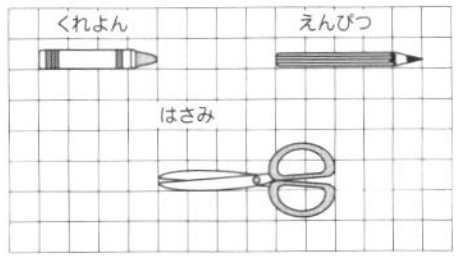

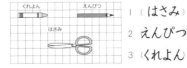

1 (はさみ)
2 (えんぴつ)
3 (くれよん)

58　(122%に拡大してご使用ください)

P.59

ひきざん ② (7) くりさがり　がつ　にち　なまえ

1 としょしつに　こどもが　12にん　います。
3にん　かえりました。としょしつに　いる
こどもは　なんにんに　なりましたか。

しき　12－3＝9

こたえ　9にん

2 けいさんを　しましょう。

① 12－4　8　② 11－2　9
③ 11－4　7　④ 11－3　8
⑤ 13－4　9　⑥ 13－3　10

ふくしゅう

● おおい　じゅんに　ばんごうを　かきましょう。

(2)　(1)　(3)

ひきざん ② (8) くりさがり　がつ　にち　なまえ

● けいさんを　しましょう。

① 11－4　7　② 12－8　4
③ 14－5　9　④ 13－9　4
⑤ 13－8　5　⑥ 15－8　7
⑦ 17－9　8　⑧ 14－9　5
⑨ 13－7　6　⑩ 11－6　5
⑪ 12－9　3　⑫ 16－7　9
⑬ 13－4　9　⑭ 15－9　6
⑮ 14－7　7　⑯ 11－5　6
⑰ 13－6　7　⑱ 16－9　7
⑲ 12－7　5　⑳ 14－5　9

59　(122%に拡大してご使用ください)

児童に実施させる前に，必ず指導される方が問題を解いてください。本書の解答は，あくまでも１つの例です。指導される方の作られた解答をもとに，本書の解答例を参考に児童の多様な考えに寄り添って○つけをお願いします。

P.60

ひきざん ② (9) くりさがり

がつ　にち　なまえ

● けいさんを しましょう。

① 13－9	4	② 11－7	4
③ 13－4	9	④ 14－8	6
⑤ 15－9	6	⑥ 15－6	9
⑦ 15－7	8	⑧ 12－8	4
⑨ 17－8	9	⑩ 12－6	6
⑪ 11－9	2	⑫ 13－7	6
⑬ 13－5	8	⑭ 13－8	5
⑮ 16－7	9	⑯ 12－3	9
⑰ 11－4	7	⑱ 14－6	8
⑲ 14－7	7	⑳ 15－8	7

ひきざん ② (10) くりさがり

がつ　にち　なまえ

1 ふうせんが 13こ ありました。8こ われました。ふうせんは なんこ のこって いますか。

しき 13－8＝5

こたえ 5こ

2 さるが 14ひき います。そのうち 9ひきは おとなの さるです。こどもの さるは なんびきですか。

しき 14－9＝5

こたえ 5ひき

3 はとが 7わ います。すずめは 16わ います。どちらが なんわ おおいですか。

しき 16－7＝9

こたえ すずめが 9わ おおい。

60 （122%に拡大してご使用ください）

P.61

ひきざん ② (11) くりさがり

がつ　にち　なまえ

1 なわとびで，しょうたさんは 8かい，まさきさんは 11かい とびました。どちらが なんかい おおく とびましたか。

しき 11－8＝3

まさきさんが 3かい おおい。

2 はなの つぼみが 15こ ありました。そのうち 9こは さきました。つぼみの ままは なんこですか。

しき 15－9＝6

こたえ 6こ

3 たまごが 12こ ありました。りょうりに 4こ つかいました。たまごは なんこ のこって いますか。

しき 12－4＝8

こたえ 8こ

ひきざん ② (12) くりさがり

がつ　にち　なまえ

1 こたえが おおきい ほうの かあどに ○を つけましょう。

① (14－6) と 13－6
② 16－9 と (16－8)
③ 13－7 と (15－8)
④ (11－6) と 13－9

2 こたえが 9に なる かあどの きごうを（ ）に かきましょう。

（い）（え）（か）

あ 11－3　い 13－4　う 14－6
え 14－5　お 17－9　か 17－8

3 こたえが おなじに なる かあどを せんで むすびましょう。

① 12－7 ― 12－6
② 14－8 ― 15－8
③ 12－5 ― 14－9

61 （122%に拡大してご使用ください）

P.62

ひきざん ② (13) くりさがり

がつ　にち　なまえ

1 こたえが おなじに なる かあどを せんで むすびましょう。

① 12－6 ― 14－8
② 11－3 ― 13－5
③ 13－8 ― 14－9
④ 11－2 ― 13－4
⑤ 12－5 ― 14－7

2 こたえが つぎの かずに なる かあどを したから えらんで，（ ）に きごうを かきましょう。

① こたえが 4に なる かあど（え）（か）
② こたえが 3に なる かあど（あ）（お）

あ 11－8　い 11－9　う 12－7
え 12－8　お 12－9　か 11－7

ひきざん ② (14) くりさがり

がつ　にち　なまえ

1 らいおんが 12とう います。8とうが めすです。おすは なんとう いますか。

しき 12－8＝4

こたえ 4とう

2 くわがたが 6ぴき，ばったが 11ぴき います。ばったの ほうが なんびき おおいですか。

しき 11－6＝5

こたえ 5ひき

3 なすが 5ほん，きゅうりが 12ほん とれました。どちらが なんぼん おおく とれましたか。

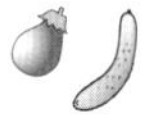

しき 12－5＝7

きゅうりが 7ほん おおい。

62 （122%に拡大してご使用ください）

P.63

ひきざん ② くりさがり まとめ①

がつ　にち　なまえ

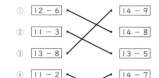

1 いちごが 12こ あります。5こ たべました。いちごは なんこ のこって いますか。

しき 12－5＝7

こたえ 7こ

2 けいさんを しましょう。

① 16－8	8	② 12－4	8
③ 14－5	9	④ 13－6	7
⑤ 18－9	9	⑥ 16－7	9
⑦ 16－9	7	⑧ 15－6	9
⑨ 13－7	6	⑩ 11－3	8
⑪ 17－8	9	⑫ 15－9	6
⑬ 14－6	8	⑭ 16－8	8
⑮ 13－9	4	⑯ 11－5	6

ひきざん ② くりさがり まとめ②

がつ　にち　なまえ

1 はなが 15ほん あります。7ほん かびんに いけます。のこりは なんぼんですか。

しき 15－7＝8

こたえ 8ほん

2 とんぼが 8ひき，ちょうが 11ぴき とんで います。どちらの ほうが なんびき おおいですか。

しき 11－8＝3

ちょうが 3びき おおい。

3 こたえが 7に なる かあどを したから えらんで，（ ）に きごうを かきましょう。

（あ）（お）（か）

あ 13－6　い 14－6　う 15－9
え 11－5　お 12－5　か 15－8

63 （122%に拡大してご使用ください）

児童に実施させる前に，必ず指導される方が問題を解いてください。本書の解答は，あくまでも１つの例です。指導される方の作られた解答をもとに，本書の解答例を参考に児童の多様な考えに寄り添って○つけをお願いします。

P.64

がつ　にち

たしざん・ひきざん ② (1)

なまえ

● けいさんを　しましょう。

① 8＋6　14　② 4＋3　7
③ 9＋7　16　④ 6＋7　13
⑤ 6＋3　9　⑥ 9＋4　13
⑦ 7＋9　16　⑧ 4＋7　11
⑨ 5＋7　12　⑩ 6＋5　11
⑪ 12－7　5　⑫ 12－9　3
⑬ 18－4　14　⑭ 15－6　9
⑮ 11－4　7　⑯ 13－8　5
⑰ 12－3　9　⑱ 5－5　0
⑲ 17－9　8　⑳ 15－8　7

がつ　にち

たしざん・ひきざん ② (2)

なまえ

● けいさんを　しましょう。

① 6＋9　15　② 3＋8　11　③ 4＋9　13
④ 4＋4　8　⑤ 9＋3　12　⑥ 6＋7　13
⑦ 5＋6　11　⑧ 2＋6　8　⑨ 8＋4　12
⑩ 7＋0　7　⑪ 9＋4　13　⑫ 9＋9　18
⑬ 8＋7　15　⑭ 5＋8　13　⑮ 4＋6　10
⑯ 11－8　3　⑰ 15－5　10　⑱ 16－2　14
⑲ 14－9　5　⑳ 13－7　6　㉑ 11－2　9
㉒ 14－7　7　㉓ 12－4　8　㉔ 11－6　5
㉕ 16－3　13　㉖ 16－9　7　㉗ 13－5　8
㉘ 12－5　7　㉙ 13－6　7　㉚ 14－8　6

64　（122%に拡大してご使用ください）

P.65

がつ　にち

たしざん・ひきざん ② (3)

なまえ

● けいさんを　しましょう。

① 5＋9　14　② 8＋8　16　③ 6＋7　13
④ 4＋8　12　⑤ 1＋7　8　⑥ 5＋8　13
⑦ 5＋6　11　⑧ 7＋8　15　⑨ 9＋3　12
⑩ 6＋4　10　⑪ 9＋8　17　⑫ 12＋6　18
⑬ 2＋9　11　⑭ 5＋7　12　⑮ 7＋7　14
⑯ 11－5　6　⑰ 18－9　9　⑱ 17－8　9
⑲ 13－4　9　⑳ 11－6　5　㉑ 8－0　8
㉒ 16－3　13　㉓ 12－9　3　㉔ 11－2　9
㉕ 11－7　4　㉖ 20－5　15　㉗ 14－6　8
㉘ 12－3　9　㉙ 11－9　2　㉚ 18－8　10

がつ　にち

たしざん・ひきざん ② (4)

なまえ

● けいさんを　しましょう。

① 6＋6　12　② 9＋7　16　③ 8＋9　17
④ 7＋5　12　⑤ 0＋8　8　⑥ 3＋9　12
⑦ 3＋8　11　⑧ 5＋9　14　⑨ 15＋3　18
⑩ 9＋2　11　⑪ 6＋5　11　⑫ 8＋3　11
⑬ 3＋7　10　⑭ 9＋6　15　⑮ 13＋6　19
⑯ 15－8　7　⑰ 13－6　7　⑱ 8－4　4
⑲ 14－5　9　⑳ 17－3　14　㉑ 11－4　7
㉒ 16－7　9　㉓ 16－8　8　㉔ 15－7　8
㉕ 18－6　12　㉖ 11－3　8　㉗ 7－7　0
㉘ 15－6　9　㉙ 13－9　4　㉚ 18－9　9

65　（122%に拡大してご使用ください）

P.66

がつ　にち

たしざん・ひきざん ② (5)

なまえ

1 とまとが　れいぞうこに　5こ，かごに　8こ　あります。あわせて　なんこ　ありますか。

5＋8＝13

こたえ　13こ

2 びわが　11こ　ありました。3こ　たべました。びわは　なんこ　のこって　いますか。

11－3＝8

こたえ　8こ

3 きに　せみが　6ぴき　います。あとから　5ひき　きました。せみは　ぜんぶで　なんびきに　なりましたか。

6＋5＝11

こたえ　11ぴき

ふくしゅう

① 13＋4　17　② 14＋2　16　③ 14＋4　18
④ 17＋2　19　⑤ 10＋6　16　⑥ 12＋5　17

がつ　にち

たしざん・ひきざん ② (6)

なまえ

1 はたけに　すいかが　13こ　できました。9こ　とりました。まだ　はたけに　なんこ　のこって　いますか。

13－9＝4

こたえ　4こ

2 ごみひろいで，わたしは　7こ，おねえさんは　8こ　あきかんを　ひろいました。あわせて　なんこ　ひろいましたか。

7＋8＝15

こたえ　15こ

3 こやに　にわとりが　5わ，ひよこが　12わ　います。どちらが　なんわ　おおいですか。

12－5＝7

ひよこが　7わ　おおい。

ふくしゅう

① 16－3　13　② 18－7　11　③ 15－2　13
④ 14－3　11　⑤ 16－6　10　⑥ 17－4　13

66　（122%に拡大してご使用ください）

P.67

がつ　にち

たしざん・ひきざん ② (7)

なまえ

1 まさきさんは　8さいで，しゅんやさんは　13さいです。しゅんやさんの　ほうが　なんさい　としうえですか。

13－8＝5

こたえ　5さい

2 きゅうりが　きのうは　6ぽん　とれました。きょうは　9ほん　とれました。きのうと　きょうで　きゅうりは　なんぼん　とれましたか。

6＋9＝15

こたえ　15ほん

3 おにぎりが　15こ　あります。6にんが　1こずつ　たべると，のこりは　なんこに　なりますか。

15－6＝9

こたえ　9こ

がつ　にち

たしざん・ひきざん ② (8)

なまえ

1 まいさんと　おとうとで，たこやきを　12こ　たべました。まいさんは　7こ　たべました。おとうとは　なんこ　たべましたか。

12－7＝5

こたえ　5こ

2 あめが　きゅうに　ふりだしたので，12にんが　かさを　かりに　いきました。かさは　8ほん　ありました。かさは　なんぼん　たりませんか。

12－8＝4

こたえ　4ほん

3 ちゅうしゃじょうに　くるまが　8だい　とまって　います。あと　7だい　とめる　ことが　できます。この　ちゅうしゃじょうに　とめる　ことが　できるのは　ぜんぶで　なんだいですか。

8＋7＝15

こたえ　15だい

67　（122%に拡大してご使用ください）

解答

児童に実施させる前に，必ず指導される方が問題を解いてください。本書の解答は，あくまでも１つの例です。指導される方の作られた解答をもとに，本書の解答例を参考に児童の多様な考えに寄り添って○つけをお願いします。

P.68

たしざん・ひきざん ② (9)

がつ　にち　なまえ

1 まんなかの　かずと　まわりの　かずを　たして，こたえを　はなびらに　かきましょう。

2 まんなかの　かずから　まわりの　かずを　ひいて，こたえを　はなびらに　かきましょう。

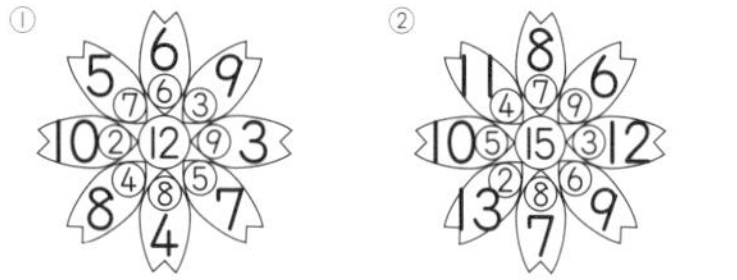

ふくしゅう

● ばすに　14にん　のって　います。つぎの　ばすていで　3にん　のって　きました。みんなで　なんにんに　なりましたか。

14＋3＝17

こたえ　17にん

たしざん・ひきざん ② (10)

がつ　にち　なまえ

● となりどうしの　かずを　たして，こたえを　うえの　○に　かきます。○に　あてはまる　かずを　かきましょう。

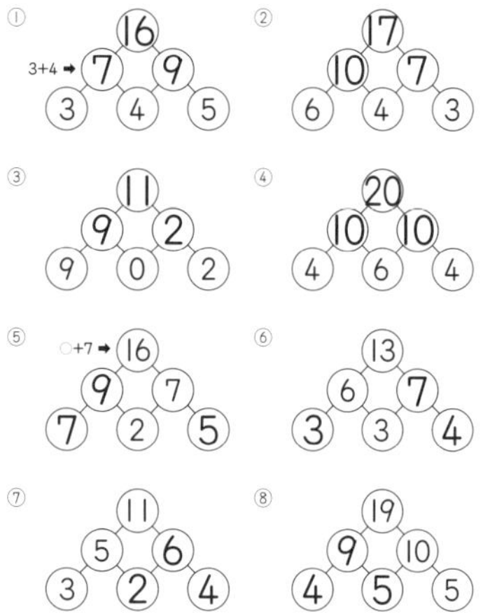

P.69

おおきい かず (1)

がつ　にち　なまえ

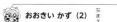

● どんぐりは，なんこ　ありますか。
10ずつ　◯で　かこんで　しらべましょう。
（　）に　あてはまる　かずを　かきましょう。

略

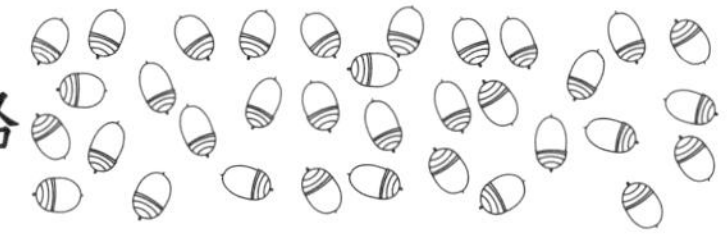

10が（3）こで　30

30と（4）で（34）

ふくしゅう

① 9＋6 15　② 4＋8 12　③ 9＋4 13

④ 4＋7 11　⑤ 8＋6 14　⑥ 7＋7 14

● ちょうが　7ひき　います。あとから　8ひき　とんで　きました。ちょうは　なんびきに　なりましたか。

7＋8＝15

こたえ　15ひき

おおきい かず (2)

がつ　にち　なまえ

● ふうせんは，なんこ　ありますか。
10ずつ　◯で　かこんで　しらべましょう。
（　）に　あてはまる　かずを　かきましょう。

略

10が（4）こで（40）

ふくしゅう

① 17－9 8　② 14－8 6　③ 12－7 5

④ 14－6 8　⑤ 13－5 8　⑥ 12－3 9

● たまねぎが　13こ　とれました。りょうりに　7こ　つかいました。たまねぎは　なんこ　のこって　いますか。

13－7＝6

こたえ　6こ

P.70

おおきい かず (3)

がつ　にち　なまえ

● かずを　すうじで　かきましょう。

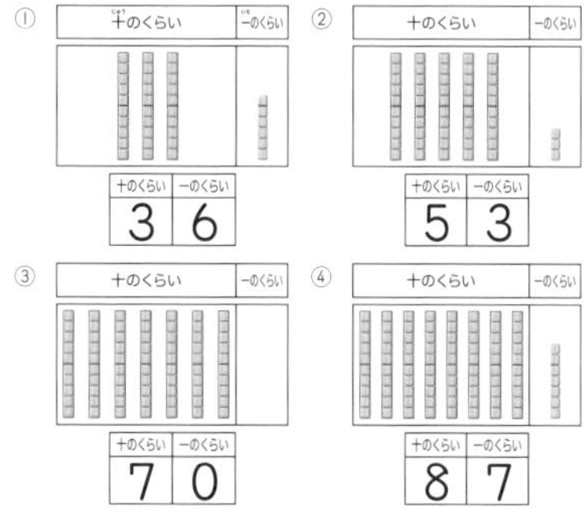

	十のくらい	一のくらい
①	3	6
②	5	3
③	7	0
④	8	7

ふくしゅう

● たつやさんは　クッキーを　6こ　たべました。いもうとも　6こ　たべました。あわせて　なんこ　たべましたか。

6＋6＝12

こたえ　12こ

おおきい かず (4)

がつ　にち　なまえ

● かずを　すうじで　かきましょう。

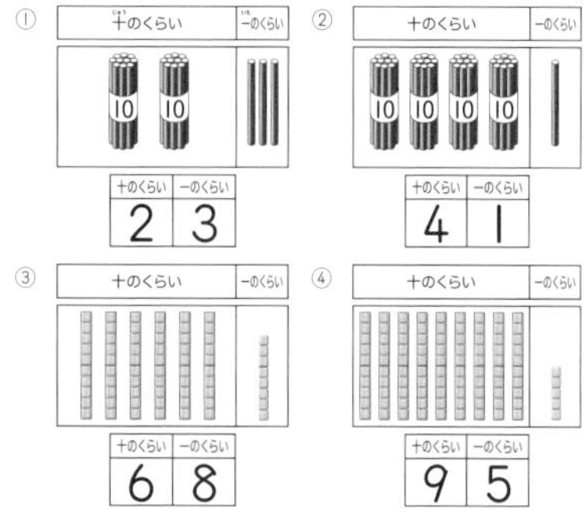

	十のくらい	一のくらい
①	2	3
②	4	1
③	6	8
④	9	5

ふくしゅう

● すずめが　16わ　います。つばめが　8わ　います。すずめの　ほうが　なんわ　おおいですか。

16－8＝8

こたえ　8わ

P.71

おおきい かず (5)

がつ　にち　なまえ

● かずを　かぞえて　すうじで　かきましょう。

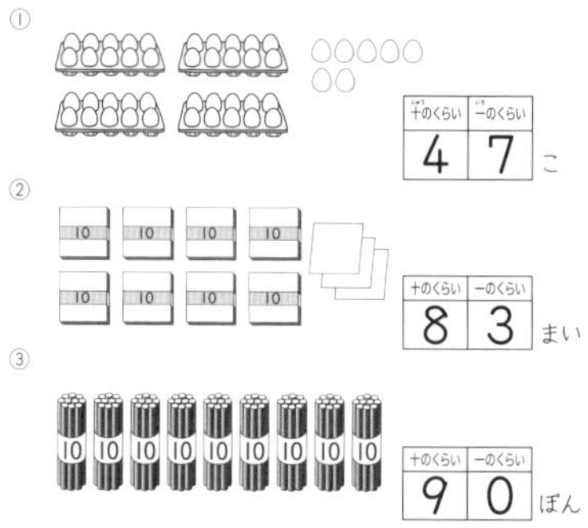

	十のくらい	一のくらい	
①	4	7	こ
②	8	3	まい
③	9	0	ぼん

ふくしゅう

① 10＋5－4 11　② 12＋5－7 10

③ 8＋7－3 12　④ 9＋5－3 11

おおきい かず (6)

がつ　にち　なまえ

● かずを　かぞえて　すうじで　かきましょう。

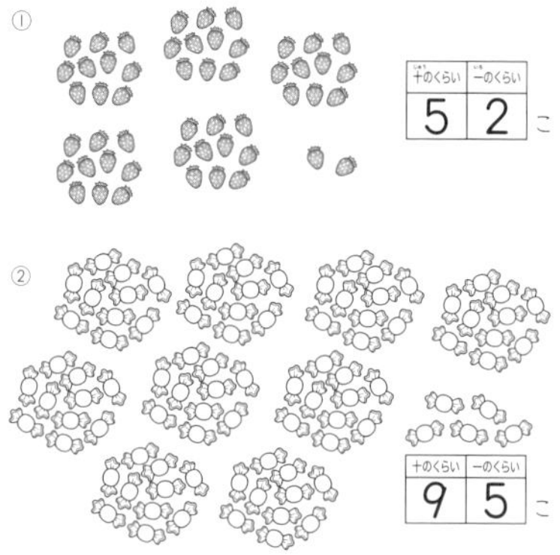

	十のくらい	一のくらい	
①	5	2	こ
②	9	5	こ

ふくしゅう

① 16－3＋2 15　② 13－9＋4 8

③ 15－8＋2 9　④ 12－7＋5 10

P.72

おおきい かず (7)

がつ にち なまえ

● （ ）に あてはまる かずを かきましょう。

① 10が 8こで（80），1が 4こで（4）
80と 4で（84）

② 10が 4こと 1が 7こで（47）

③ 10が 7こで（70）

④ 62は，10が（6）こと 1が（2）こ

⑤ 98は，10が（9）こと 1が（8）こ

⑥ 50は，10が（5）こ

⑦ 80は，10が（8）こ

ふくしゅう

① 12＋6 18　② 13＋3 16　③ 15＋4 19
④ 14－3 11　⑤ 18－4 14　⑥ 20－5 15

おおきい かず (8)

がつ にち なまえ

● （ ）に あてはまる かずを かきましょう。

① 十のくらいが 7，一のくらいが 5の かずは（75）です。

② 十のくらいが 6，一のくらいが 0の かずは（60）です。

③ 89の 十のくらいの すうじは（8），一のくらいの すうじは（9）です。

④ 30の 十のくらいの すうじは（3），一のくらいの すうじは（0）です。

ふくしゅう

① 14＋5 19　② 16＋2 18　③ 15＋5 20
④ 17－4 13　⑤ 19－9 10　⑥ 20－3 17

● からの コップが 18こ あります。そのうち，7こに みずを いれました。からの コップは，なんこに なりましたか。

18－7＝11　　こたえ 11こ

P.73

おおきい かず (9)

がつ にち なまえ

1 キャラメルは なんこ ありますか。

①

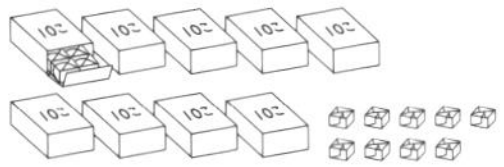

99こ

②

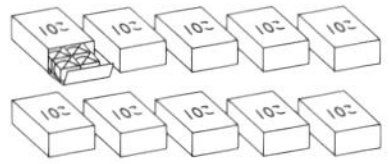

100こ

2 （ ）に あてはまる かずを かきましょう。

10が 10こで，百と いいます。
百は，（100）と かきます。
100は 99より（1）おおきい かずです。

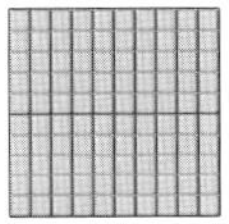

ふくしゅう

① 7＋9 16　② 8＋6 14　③ 7＋8 15
④ 2＋8 10　⑤ 4＋9 13　⑥ 8＋5 13

おおきい かず (10)

がつ にち なまえ

● 100までの かずを しらべましょう。

0	1	2	3	4	5	6	7	8	9
10	11	12	13	14	15	16	17	18	19
20	21	22	23	24	25	26	27	28	29
30	31	32	33	あ	35	36	37	38	39
40	41	42	43	44	い	う	47	48	49
50	51	52	53	54	55	56	57	58	59
60	61	62	63	64	65	66	67	え	69
70	71	72	73	74	75	76	77	78	79
80	81	82	83	84	85	86	87	88	89
90	91	92	93	94	95	96	97	98	99
お									

① あ～おに あてはまる かずを かきましょう。
あ（34）　い（45）　う（46）
え（68）　お（100）

② 一のくらいが 7の かずは，いくつ ありますか。（10）こ

③ 十のくらいが 7の かずは，いくつ ありますか。（10）こ

ふくしゅう

① 6＋5 11　② 8＋9 17　③ 6＋9 15
④ 4＋8 12　⑤ 3＋7 10　⑥ 7＋8 15

P.74

おおきい かず (11)

がつ にち なまえ

1 したの かずのせんを つかって こたえましょう。

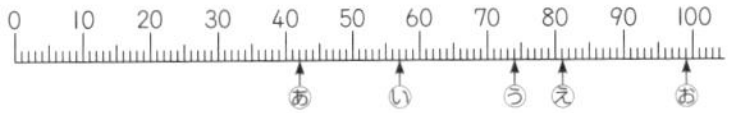

① あ～おの めもりが あらわす かずを かきましょう。
あ（42）　い（57）　う（74）
え（81）　お（99）

② 35より 3 おおきい かず（38）

③ 75より 3 ちいさい かず（72）

④ 89より 4 おおきい かず（93）

2 おおきい ほうに ○を つけましょう。

① (92) と 29　② (60) と 58
③ 69 と (71)　④ (98) と 89

ふくしゅう

① 14－9 5　② 13－8 5　③ 15－7 8
④ 15－6 9　⑤ 12－9 3　⑥ 16－4 12

おおきい かず (12)

がつ にち なまえ

● □に あてはまる かずを かきましょう。

① 56－57－58－59－60－61－62
② 70－75－80－85－90－95－100
③ 40－50－60－70－80－90－100
④ 100－99－98－97－96－95－94
⑤ 100－90－80－70－60－50－40

ふくしゅう

① 11－3 8　② 13－7 6　③ 14－5 9
④ 12－8 4　⑤ 18－6 12　⑥ 15－9 6

● くるまを 15だい とめられる ちゅうしゃじょうが あります。7だい とまって います。あと なんだい とめられますか。

15－7＝8　　こたえ 8だい

P.75

おおきい かず (13)

がつ にち なまえ

1 かずのせんの あ～おの めもりが あらわす かずを かきましょう。

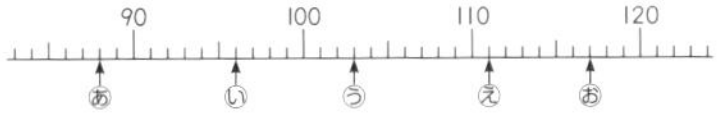

あ（88）　い（96）　う（103）
え（111）　お（117）

2 おおきい ほうに ○を つけましょう。

① 98 と (101)　② 104 と (114)
③ (120) と 119　④ (110) と 108

3 □に あてはまる かずを かきましょう。

① 98－99－100－101－102－103－104
② 85－90－95－100－105－110－115
③ 103－102－101－100－99－98－97
④ 120－110－100－90－80－70－60

おおきい かず (14)

がつ にち なまえ

1 （ ）に あてはまる かずを かきましょう。

① 40と 5を あわせた かずは（45）です。
40＋5＝（45）

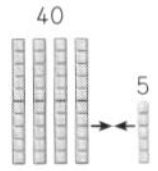

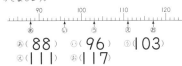

② 67から 7を とった かずは（60）です。
67－7＝（60）

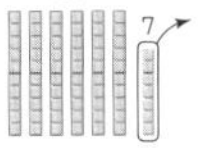

2 けいさんを しましょう。

① 50＋2 52　② 70＋7 77　③ 90＋5 95
④ 49－9 40　⑤ 61－1 60　⑥ 84－4 80

ふくしゅう

① 14＋3 17　② 5＋6 11　③ 9＋0 9
④ 8＋7 15　⑤ 3＋7 10　⑥ 15＋4 19
⑦ 6＋8 14　⑧ 9＋3 12　⑨ 7＋4 11

児童に実施させる前に，必ず指導される方が問題を解いてください。本書の解答は，あくまでも１つの例です。指導される方の作られた解答をもとに，本書の解答例を参考に児童の多様な考えに寄り添って○つけをお願いします。

P.76

おおきい かず (15)

がつ　にち　なまえ

1 （　）に あてはまる かずを かきましょう。

① 36 + 3
一のくらいの 6と 3を あわせると （9）だから
36 + 3 =（39）

② 47 − 5
一のくらいの 7から 5を ひくと （2）だから
47 − 5 =（42）

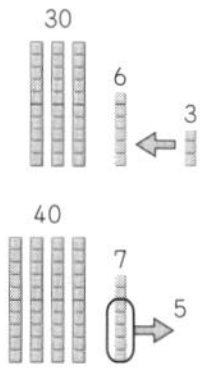

2 けいさんを しましょう。

① 32 + 4 36　② 63 + 4 67　③ 85 + 3 88
④ 78 − 7 71　⑤ 65 − 2 63　⑥ 98 − 4 94

ふくしゅう

● ばらの はなが きのう 5こ，きょう 7こ さきました。あわせて なんこ さきましたか。

5 + 7 = 12　こたえ 12こ

● 17ページの えほんを よみます。9ページ よみました。のこりは なんページですか。

17 − 9 = 8　こたえ 8ページ

おおきい かず (16)

がつ　にち　なまえ

1 おりがみが 20まい あります。40まい もらうと，おりがみは なんまいに なりますか。

20 + 40 = 60　こたえ 60まい

2 おりがみが 70まい あります。50まい つかうと，おりがみは なんまい のこりますか。

70 − 50 = 20　こたえ 20まい

3 けいさんを しましょう。

① 50 + 30　80　② 90 + 10　100　③ 40 + 60　100
④ 80 − 60　20　⑤ 100 − 30　70　⑥ 100 − 80　20

ふくしゅう

● いぬが 8ぴき，ねこが 11ぴき います。

11 − 8 = 3
ねこが 3びき おおい。

76　（122%に拡大してご使用ください）

P.77

おおきい かず まとめ①

がつ　にち　なまえ

1 かずを かぞえて □に すうじで かきましょう。

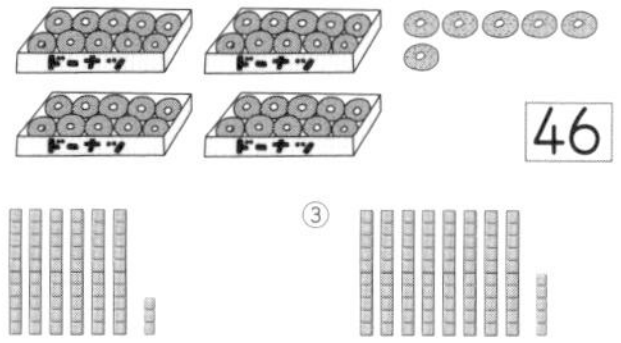

① 46　② 63　③ 85

2 （　）に あてはまる かずを かきましょう。

① 10が 7こと，1が 9こで （79）です。
② 10が 6こで （60）です。
③ 10が 10こで （100）です。
④ 57は，10が （5）こと，1が （7）こです。
⑤ 十のくらいが 8で，一のくらいが 3の かずは （83）です。

おおきい かず まとめ②

がつ　にち　なまえ

1 □に あてはまる かずを かきましょう。

① 70　75　80　85　90　95　100
② 50　60　70　80　90　100　110
③ 80　79　78　77　76　75　74
④ 99　100　101　102　103　104　105

2 おおきい ほうに ○を つけましょう。

① (65) と 56　② 79 と (81)
③ 99 と (110)　④ (111) と 109

3 けいさんを しましょう。

① 50 + 6　56　② 4 + 43　47　③ 30 + 60　90
④ 49 − 4　45　⑤ 60 − 20　40　⑥ 100 − 70　30

77　（122%に拡大してご使用ください）

P.78

どちらが ひろい (1)

がつ　にち　なまえ

● どちらが ひろいですか。かさねて くらべます。ひろい ほうの （　）に ○を つけましょう。

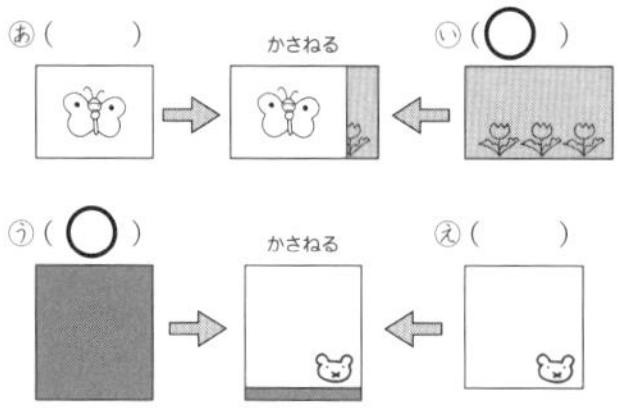

① あ（　）　い（○）　かさねる
② う（○）　え（　）　かさねる

ふくしゅう

● とけいを よみましょう。

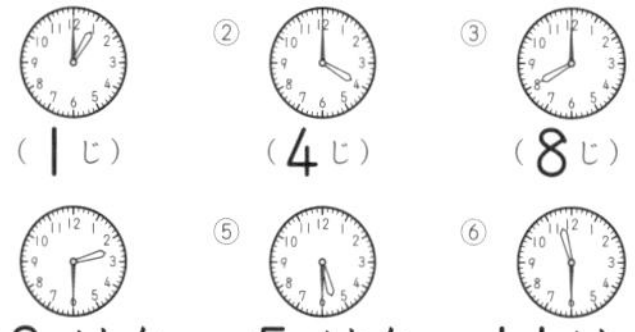

①（1じ）　②（4じ）　③（8じ）
④（2じはん）　⑤（5じはん）　⑥（11じはん）

どちらが ひろい (2)

がつ　にち　なまえ

● どちらが ひろいですか。ひろい ほうの （　）に ○を つけましょう。

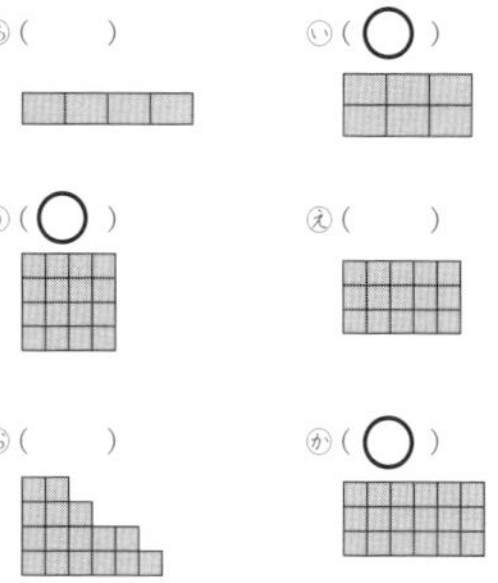

① あ（　）　い（○）
② う（○）　え（　）
③ お（　）　か（○）

ふくしゅう

● とけいを よみましょう。

①（3じはん）　②（6じはん）　③（9じはん）

78　（122%に拡大してご使用ください）

P.79

なんじなんぷん (1)

がつ　にち　なまえ

● とけいを よみましょう。

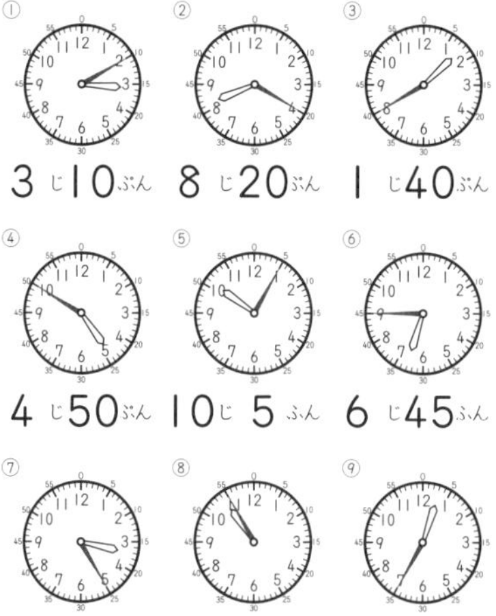

① 3じ10ぷん　② 8じ20ぷん　③ 1じ40ぷん
④ 4じ50ぷん　⑤ 10じ5ふん　⑥ 6じ45ふん
⑦ 3じ25ふん　⑧ 10じ55ふん　⑨ 12じ35ふん

なんじなんぷん (2)

がつ　にち　なまえ

● とけいを よみましょう。

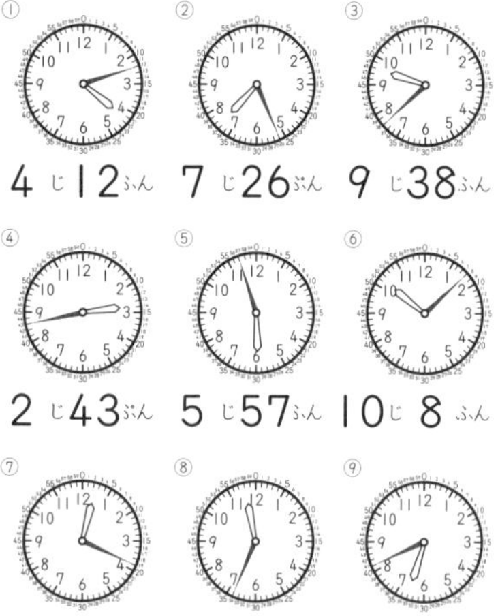

① 4じ12ふん　② 7じ26ぷん　③ 9じ38ぷん
④ 2じ43ぷん　⑤ 5じ57ふん　⑥ 10じ8ふん
⑦ 12じ19ふん　⑧ 11じ34ぷん　⑨ 6じ41ぷん

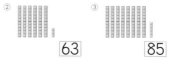

79　（122%に拡大してご使用ください）

P.80

なんじなんぷん (3)
がつ　にち　なまえ

● とけいを　よみましょう。

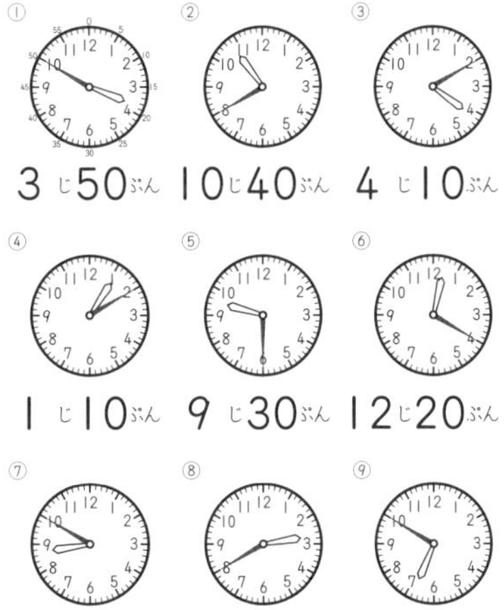

① 3じ50ぷん　② 10じ40ぷん　③ 4じ10ぷん
④ 1じ10ぷん　⑤ 9じ30ぷん　⑥ 12じ20ぷん
⑦ 8じ50ぷん　⑧ 2じ40ぷん　⑨ 6じ50ぷん

なんじなんぷん (4)
がつ　にち　なまえ

● とけいを　よみましょう。

① 6じ25ふん　② 9じ15ふん　③ 2じ5ふん
④ 10じ45ふん　⑤ 1じ35ふん　⑥ 12じ55ふん
⑦ 3じ15ふん　⑧ 5じ45ふん　⑨ 7じ35ふん

P.81

なんじなんぷん (5)
がつ　にち　なまえ

● とけいを　よみましょう。

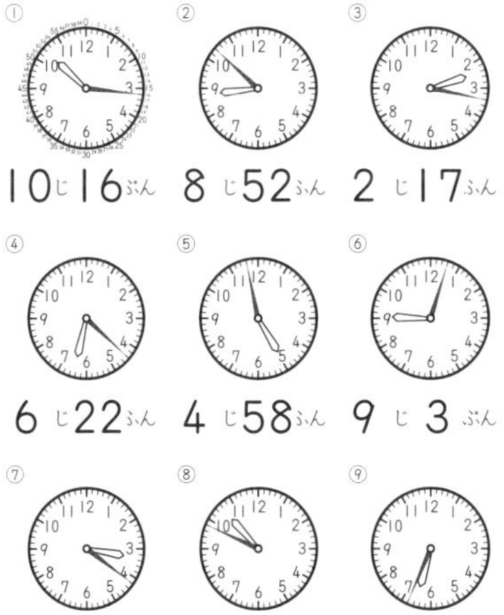

① 10じ16ぷん　② 8じ52ふん　③ 2じ17ふん
④ 6じ22ふん　⑤ 4じ58ふん　⑥ 9じ3ぷん
⑦ 3じ21ぷん　⑧ 10じ49ふん　⑨ 6じ34ぷん

なんじなんぷん まとめ
がつ　にち　なまえ

● とけいを　よみましょう。

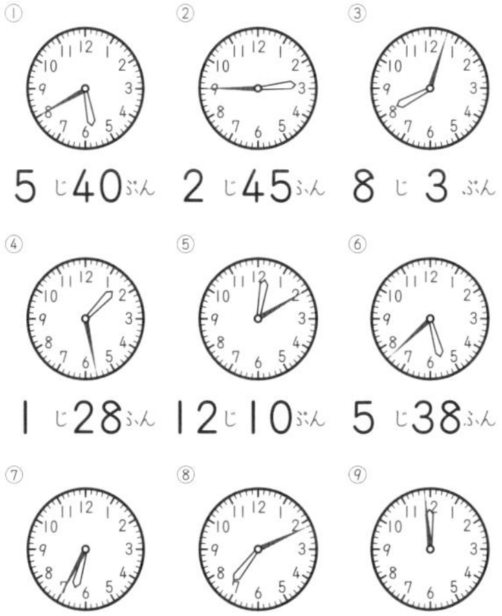

① 5じ40ぷん　② 2じ45ふん　③ 8じ3ぷん
④ 1じ28ぷん　⑤ 12じ10ぷん　⑥ 5じ38ふん
⑦ 6じ35ふん　⑧ 7じ11ぷん　⑨ 11じ59ふん

P.82

ずを つかって かんがえよう (1)
がつ　にち　なまえ

1 ゆめみさんは，まえから　3ばんめに　います。
ゆめみさんの　うしろに　8にん　います。
みんなで　なんにん　いますか。

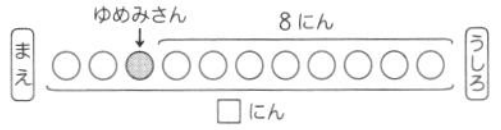

3 + 8 = 11　　こたえ 11にん

2 いちろうさんは，まえから　5ばんめに　います。
いちろうさんの　うしろに　7にん　います。
みんなで　なんにん　いますか。

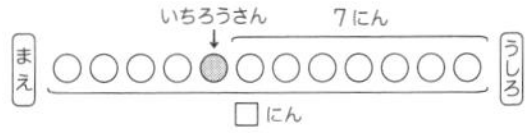

5 + 7 = 12　　こたえ 12にん

ふくしゅう

① 9 + 2 11　② 6 + 6 12　③ 15 + 4 19
④ 5 + 8 13　⑤ 7 + 6 13　⑥ 8 + 4 12

ずを つかって かんがえよう (2)
がつ　にち　なまえ

1 バスていに　12にん　ならんで　います。
まさきさんは，まえから　3ばんめです。
まさきさんの　うしろには，なんにん　いますか。

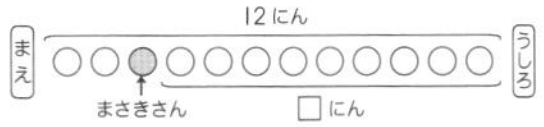

12 − 3 = 9　　こたえ 9にん

2 こどもが　13にん　ならんで　います。
あつしさんは，うしろから　5ばんめです。
あつしさんの　まえには，なんにん　いますか。

13 − 5 = 8　　こたえ 8にん

ふくしゅう

① 9 + 9 18　② 8 + 8 16　③ 0 + 10 10
④ 7 + 5 12　⑤ 3 + 7 10　⑥ 6 + 7 13

P.83

ずを つかって かんがえよう (3)
がつ　にち　なまえ

※（ ）に　あてはまる　かずを　かいて，こたえましょう。

1 8にんが　1こずつ　ボールを　もらいました。
ボールは，あと　6こ　あります。
ボールは，ぜんぶで　なんこ　ありますか。

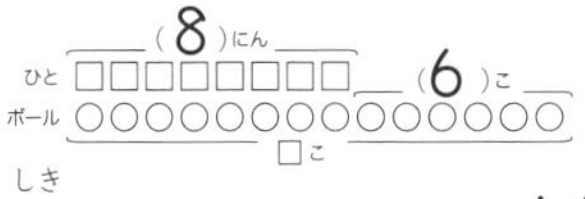

しき 8 + 6 = 14　　こたえ 14こ

2 9にんが　1ぽんずつ　かさを　かりました。かさは，あと　4ほん　あります。かさは，ぜんぶで　なんぼん　ありますか。

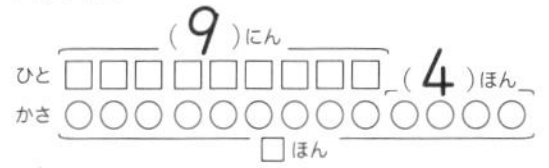

しき 9 + 4 = 13　　こたえ 13ぼん

ふくしゅう

① 16 − 9 7　② 15 − 8 7　③ 16 − 7 9
④ 11 − 5 6　⑤ 14 − 7 7　⑥ 12 − 4 8

ずを つかって かんがえよう (4)
がつ　にち　なまえ

※（ ）に　あてはまる　かずを　かいて，こたえましょう。

1 7にんが　1こずつ　ケーキを　たべます。
ケーキは　11こ　あります。
ケーキは　なんこ　あまりますか。

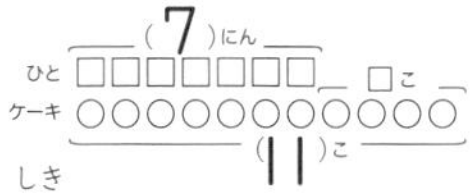

しき 11 − 7 = 4　　こたえ 4こ

2 はなが　6ぽん　あります。
13にんに　1ぽんずつ　あげます。
はなを　もらえない　ひとは　なんにんですか。

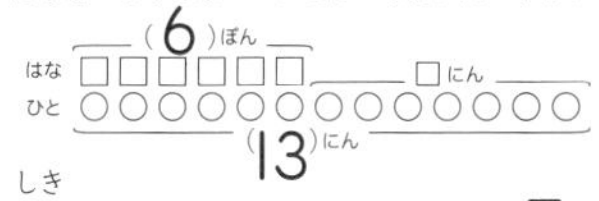

しき 13 − 6 = 7　　こたえ 7にん

ふくしゅう

① 11 − 6 5　② 17 − 9 8　③ 8 − 0 8
④ 12 − 8 4　⑤ 15 − 6 9　⑥ 14 − 9 5

解答

児童に実施させる前に，必ず指導される方が問題を解いてください。本書の解答は，あくまでも１つの例です。指導される方の作られた解答をもとに，本書の解答例を参考に児童の多様な考えに寄り添って○つけをお願いします。

P.84

がつ　にち

ずを つかって かんがえよう (5)　なまえ

※（ ）に あてはまる かずを かいて，こたえましょう。

1 あかぐみと しろぐみで たまいれを しました。
しろぐみは 12こ はいりました。
あかぐみは，しろぐみより 4こ おおく はいりました。
あかぐみは，なんこ はいりましたか。

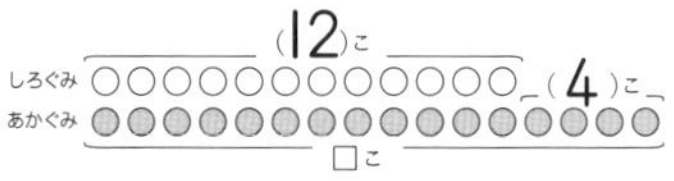

12 + 4 = 16　　こたえ 16こ

2 りんごが 11こ あります。みかんは りんごより 6こ おおく あります。
みかんは，なんこ ありますか。

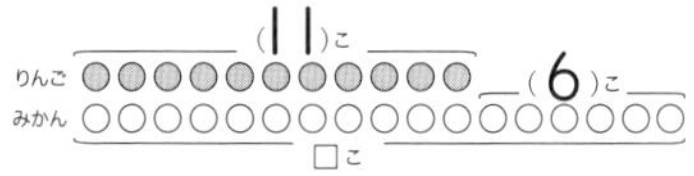

11 + 6 = 17　　こたえ 17こ

がつ　にち

ずを つかって かんがえよう (6)　なまえ

※（ ）に あてはまる かずを かいて，こたえましょう。

1 ここなさんと ふみやさんで あきかんひろいを しました。ここなさんは 15こ ひろいました。
ふみやさんは，ここなさんより 7こ すくなかったです。
ふみやさんは なんこ ひろいましたか。

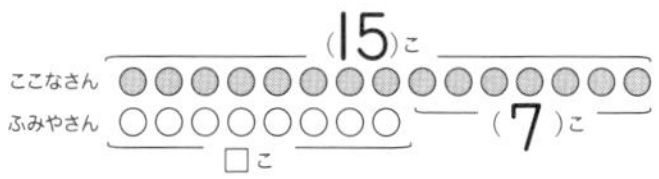

15 − 7 = 8　　こたえ 8こ

2 ともきさんの おにいさんは 14さいです。
ともきさんは おにいさんより 6さい とししたです。
ともきさんは なんさいですか。

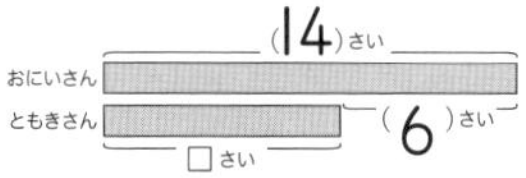

14 − 6 = 8　　こたえ 8さい

84　（122%に拡大してご使用ください）

P.85

がつ　にち

ずを つかって かんがえよう (7)　なまえ

※（ ）に あてはまる かずを かいて，こたえましょう。

1 バスていに ひとが ならんで います。
しゅんやさんの まえに 4にん います。
しゅんやさんの うしろに 5にん います。
ぜんぶで なんにん ならんで いますか。

4 + 1 + 5 = 10　　こたえ 10にん

2 こどもたちが ゆうぐの まえで ならんで います。
ひとみさんの まえに 5にん います。
ひとみさんの うしろに 6にん います。
ぜんぶで なんにん ならんで いますか。

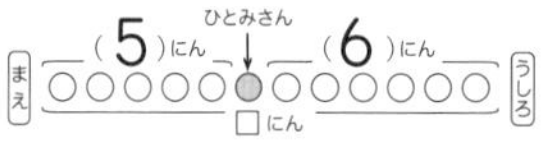

5 + 1 + 6 = 12　　こたえ 12にん

がつ　にち

ずを つかって かんがえよう まとめ　なまえ

※（ ）に あてはまる かずを かいて，こたえましょう。

1 こどもが 14にん ならんで います。ゆりかさんは，まえから 6ばんめです。ゆりかさんの うしろには，なんにん いますか。

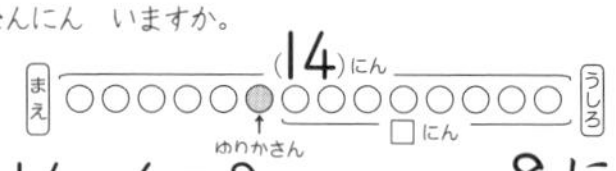

14 − 6 = 8　　こたえ 8にん

2 はるとさんは どんぐりを 15こ ひろいました。
みよさんは はるとさんより 6こ すくなかったです。
みよさんは どんぐりを なんこ ひろいましたか。

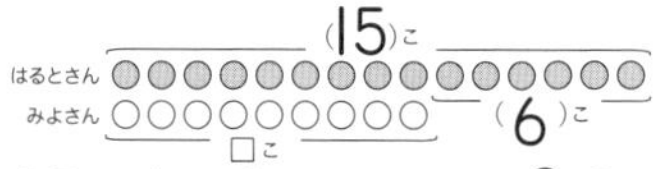

15 − 6 = 9　　こたえ 9こ

3 かけっこを して，とくじさんは 3ばんめに ゴール しました。とくじさんの あとで ゴールしたのは 7にん でした。なんにんで かけっこ しましたか。

3 + 7 = 10　　こたえ 10にん

85　（122%に拡大してご使用ください）

P.86

がつ　にち

かたちづくり (1)　なまえ

● つぎの かたちは，㋐が なんまいで できて いますか。

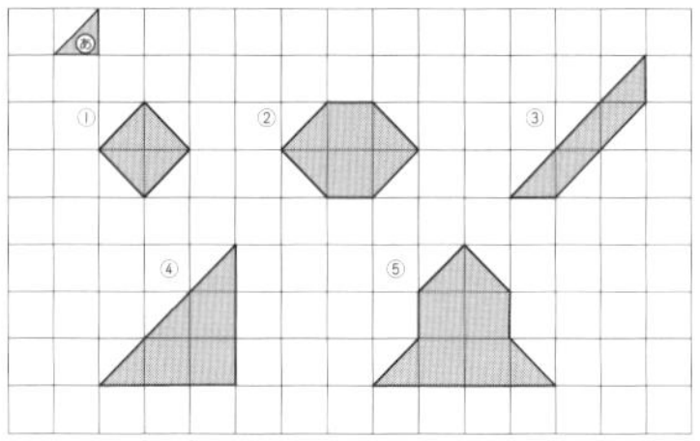

①（4）まい　②（8）まい　③（5）まい
④（9）まい　⑤（12）まい

ふくしゅう

● とけいを よみましょう。

① 2じ40ぷん　② 1じ15ふん　③ 6じ27ふん

がつ　にち

かたちづくり (2)　なまえ

● ◺を 1まいだけ うごかして，かたちを かえます。
〔れい〕のように うごかした ◺に いろを ぬりましょう。

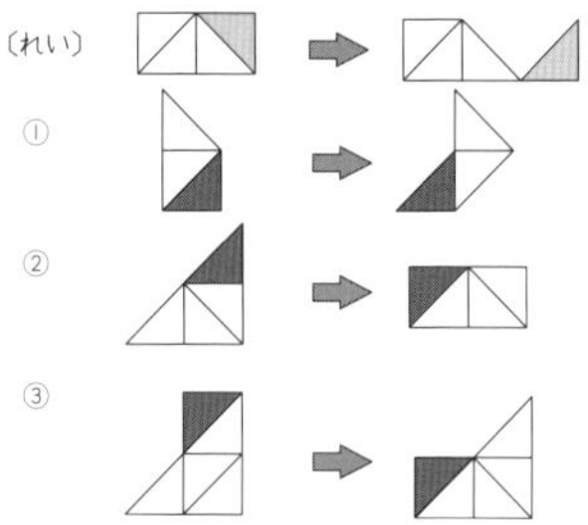

ふくしゅう

● とけいを よみましょう。

① 4じ35ふん　② 11じ55ふん　③ 8じ43ぷん

86　（122%に拡大してご使用ください）

P.87

がつ　にち

かたちづくり (3)　なまえ

● •と •を せんで つないで，おなじ かたちを かきましょう。

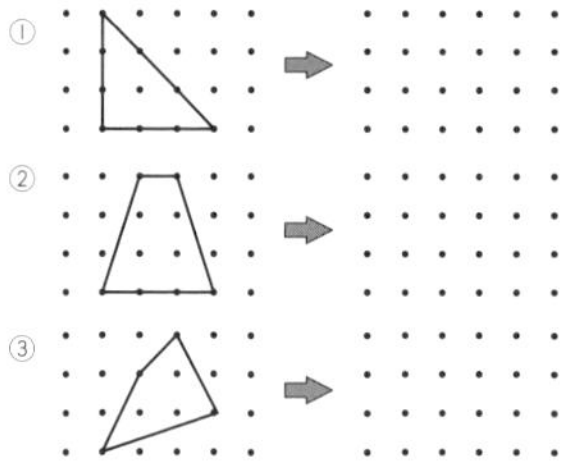

ふくしゅう

① 40 + 20 60　② 60 + 5 65　③ 34 + 5 39
④ 60 − 10 50　⑤ 37 − 7 30　⑥ 64 − 2 62

● めだかを 6ぴき かって います。
12ひき もらいました。めだかは ぜんぶで なんびきに なりましたか。

6 + 12 = 18　　こたえ 18ぴき

がつ　にち

かたちづくり (4)　なまえ

● •と •を せんで つないで，おなじ かたちを かきましょう。

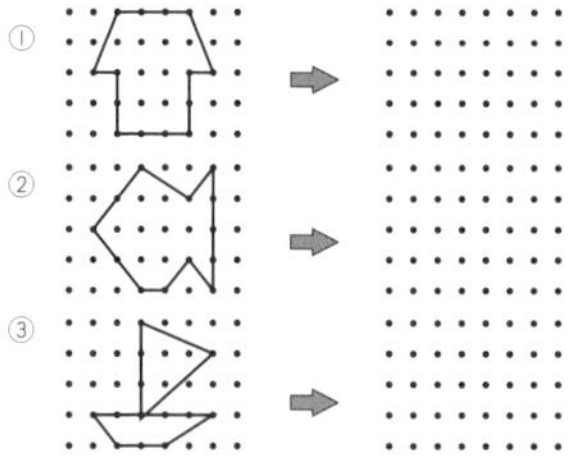

ふくしゅう

① 50 + 20 70　② 30 + 7 37　③ 72 + 4 76
④ 80 − 50 30　⑤ 66 − 5 61　⑥ 47 − 3 44

● ぼくじょうに うしが 8とう，うまが 17とう います。うまの ほうが なんとう おおいですか。

17 − 8 = 9　　こたえ 9とう

87　（122%に拡大してご使用ください）

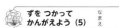

児童に実施させる前に，必ず指導される方が問題を解いてください。本書の解答は，あくまでも１つの例です。指導される方の作られた解答をもとに，本書の解答例を参考に児童の多様な考えに寄り添って○つけをお願いします。

解答

P.88

かたちづくり（5）

● つぎの かたちは，かぞえぼう なんぼんで できて いますか。

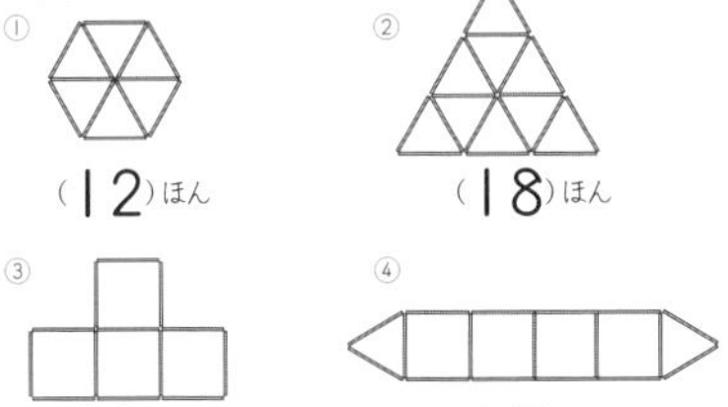

① （12）ほん　② （18）ほん

③ （13）ぼん　④ （17）ほん

ふくしゅう

① 7＋9　16　② 12＋6　18　③ 30＋40　70

④ 16－8　8　⑤ 17－4　13　⑥ 90－40　50

● はちが 15ひき とんで います。ちょうは はちより 7ひき すくないです。ちょうは なんびき いますか。

15－7＝8　　こたえ 8ひき

かたちづくり まとめ

1 つぎの かたちは，△が なんまいで できて いますか。

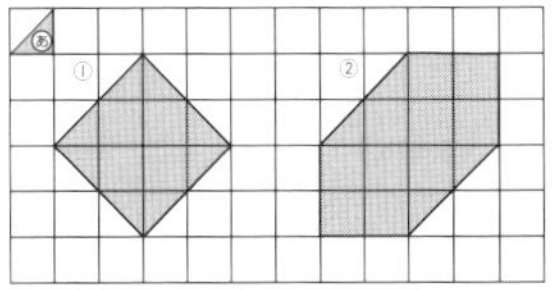

① （16）まい　② （24）まい

2 △を 1まいだけ うごかして，かたちを かえます。うごかした △に いろを ぬりましょう。

3 •と •を せんで つないで，おなじ かたちを かきましょう。

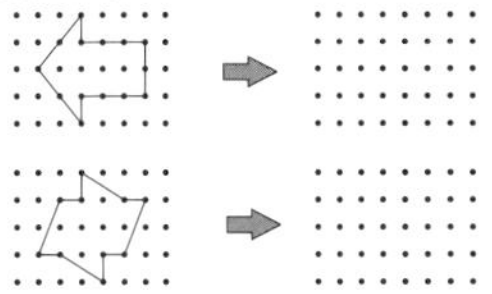

略

P.89

1年の まとめ（1）

① 6＋4　10　② 3＋4　7　③ 2＋8　10

④ 3＋8　11　⑤ 5＋9　14　⑥ 4＋7　11

⑦ 9＋8　17　⑧ 6＋8　14　⑨ 7＋6　13

⑩ 10＋4　14　⑪ 14＋2　16　⑫ 40＋8　48

⑬ 62＋7　69　⑭ 40＋30　70　⑮ 70＋30　100

⑯ 8－4　4　⑰ 10－7　3　⑱ 10－2　8

⑲ 16－3　13　⑳ 17－7　10　㉑ 15－6　9

㉒ 12－8　4　㉓ 14－9　5　㉔ 12－3　9

㉕ 11－7　4　㉖ 13－5　8　㉗ 53－3　50

㉘ 48－5　43　㉙ 60－40　20　㉚ 100－60　40

1年の まとめ（2）

1 きいろい チューリップが 5ほん，あかい チューリップが 12ほん さいて います。

① あわせて なんぼん ありますか。

5＋12＝17　　こたえ 17ほん

② 12－5＝7
あかい チューリップが 7ほん おおい。

2 バスに 17にん のって います。そのうち 5にんは こどもです。おとなは なんにん いますか。

17－5＝12　　こたえ 12人

3 100ページの ほんを よんで います。80ページまで よみました。あと なんページで よみおわりますか。

100－80＝20　　こたえ 20ページ

4 7にんの こどもに おかしを 1こずつ くばると，4こ あまります。おかしは ぜんぶで なんこ ありますか。

7＋4＝11　　こたえ 11こ

P.90

1年の まとめ（3）

1 ながい じゅんに （ ）に きごうを かきましょう。

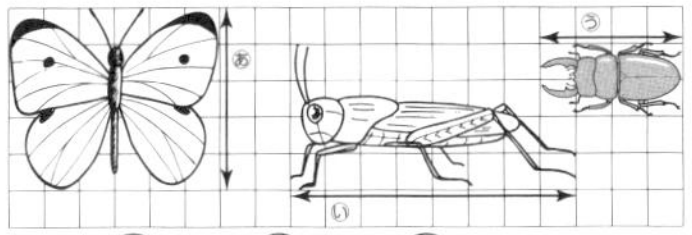

（い）→（あ）→（う）

2 ひろい じゅんに （ ）に きごうを かきましょう。

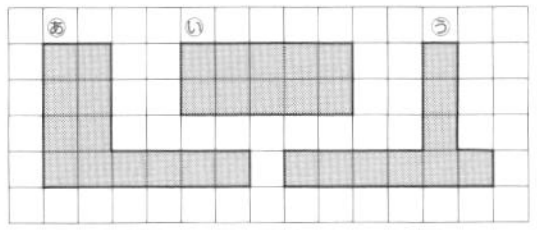

（あ）→（い）→（う）

3 とけいを よみましょう。

① 10じ10ぷん　② 6じ15ふん　③ 11じ23ぷん

1年の まとめ（4）

1 □に あてはまる かずを かきましょう。

① 96　97　98　99　100　101　102

② 45　50　55　60　65　70　75

③ 104　103　102　101　100　99　98

2 おおきい ほうに ○を つけましょう。

① 78 と (87)　② (61) と 59

③ 99 と (101)　④ 109 と (110)

3 （ ）に あてはまる かずを かきましょう。

① 30と 6を あわせた かずは，（36）です。

② 64は，10を（6）こと 1を（4）こ あわせた かずです。

③ 十のくらいが 5で，一のくらいが 9の かずは，（59）です。

④ 41より 5 おおきい かずは，（46）です。

⑤ 78より 3 ちいさい かずは，（75）です。

⑥ 10を 8こ あつめた かずは，（80）です。

⑦ 10を 10こ あつめた かずは，（100）です。

P.91

ちいさい「っ，ゃ，ゅ，ょ」（1）

● ちいさく かく「っ」を いれて，ただしい ことばに しましょう。

（れい） はば → はっぱ

① ねっこ　② きって　③ かっぱ　④ しっぽ

⑤ せっけん　⑥ もっきん　⑦ かけっこ　⑧ にらめっこ

ちいさい「っ，ゃ，ゅ，ょ」（2）

● つぎの ことばを ただしく かきましょう。

① しよつき → しょっき

② しゆつぱつ → しゅっぱつ

③ しやつくり → しゃっくり

④ ひよつとこ → ひょっとこ

解答

児童に実施させる前に，必ず指導される方が問題を解いてください。本書の解答は，あくまでも１つの例です。指導される方の作られた解答をもとに，本書の解答例を参考に児童の多様な考えに寄り添って○つけをお願いします。

P.92

ちいさい「っ，ゃ，ゅ，ょ」(3)

がつ　にち　なまえ

● つぎの ことばを ただしく かきましょう。

① でんしや → でんしゃ

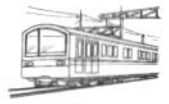

② きんぎよ → きんぎょ

③ おにごつこ → おにごっこ

④ しゆじゆつ → しゅじゅつ

のばす おと (1)

がつ　にち　なまえ

● えに あう ことばを かきましょう。

① ぞう

② おおかみ

③ ふうせん

④ しいたけ

⑤ おにいさん

⑥ おばあさん

P.93

のばす おと (2)

がつ　にち　なまえ

● えに あう ことばを かきましょう。

① とけい

② とうふ

③ すいえい

④ こおろぎ

⑤ せんせい

⑥ ゆうえんち

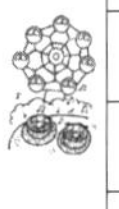

のばす おと (3)

がつ　にち　なまえ

● えに あう ことばを かきましょう。

① ぼうし

② ひこうき

③ かきごおり

④ せんぷうき

⑤ おねえさん

⑥ とおせんぼ

P.94

のばす おと (4)

がつ　にち　なまえ

● えに あう ことばを かきましょう。

① ぐう

② ぱあ

③ おかあさん

④ すいとう

⑤ てつぼう

⑥ ほおずき

のばす おと (5)

がつ　にち　なまえ

● えに あう ことばを かきましょう。

① ぶどう

② なあに

③ はあい

④ ほうたい

⑤ おとうさん

⑥ おうだんほどう

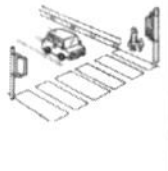

P.95

のばす おと (6)

がつ　にち　なまえ

● つぎの ことばを ただしく かきましょう。

① おうかみ → おおかみ

② こおばん → こうばん

③ ええが → えいが

④ こおえん → こうえん

⑤ どおぶつえん → どうぶつえん

のばす おと (7)

がつ　にち　なまえ

● つぎの ことばを ただしく かきましょう。

① おとおさん → おとうさん

② おねいさん → おねえさん

③ いもおと → いもうと

④ おとおと → おとうと

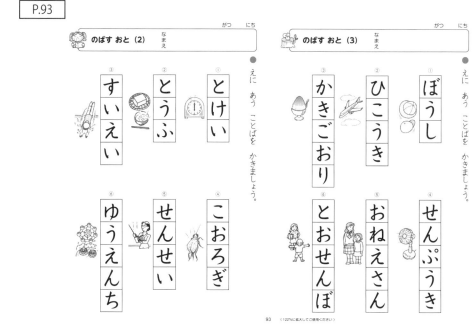

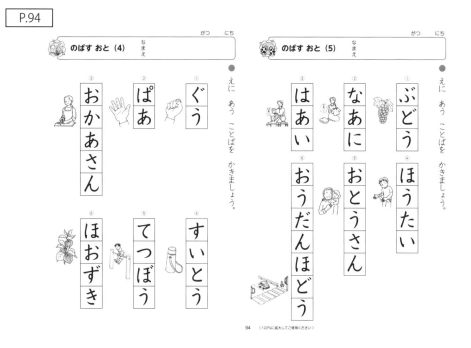

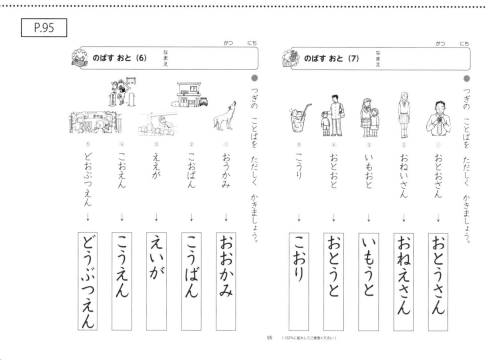

⑤ こうり → こおり

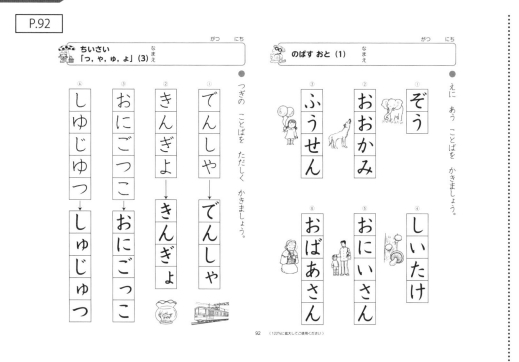

P.96

う・お，ず・づ，じ・ぢ（1）　なまえ　がつ　にち

● □に　あう　じを　いれましょう。

① ［じ］（じ・ぢ）めん
② お［お］（う・お）きい
③ す［ず］（ず・づ）め
④ お［じ］（じ・ぢ）さん

⑤ か［ず］（ず・づ）
⑥ ど［う］（う・お）ぶつ
⑦ と［お］（う・お）い
⑧ か［じ］（じ・ぢ）

う・お，ず・づ，じ・ぢ（2）　なまえ　がつ　にち

● □に　あう　じを　いれましょう。

① こ［お］（う・お）り
② はな［ぢ］（じ・ぢ）
③ お［お］（う・お）かみ
④ お［う］（う・お）さま

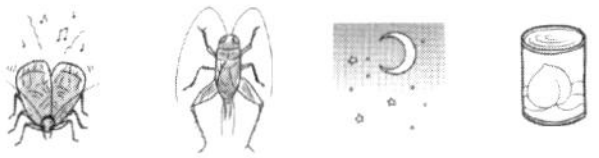

⑤ かん［づ］（ず・づ）め
⑥ みか［づ］（ず・づ）き
⑦ こ［お］（う・お）ろぎ
⑧ す［ず］（ず・づ）むし

96　（122%に拡大してご使用ください）

P.97

は・わ（1）　なまえ　がつ　にち

● □に　［わ］か　［は］を　いれましょう。

① きょう［は］　にちようび。
② ［は］る［は］　あたたかい。
③ これ［は］　に［わ］とりだ。
④ ［わ］かめ［は］　おいしい。
⑤ ［わ］るぐち［は］　いわない。
⑥ ぞうの　［は］な［は］　ながい。

は・わ（2）　なまえ　がつ　にち

● □に　［わ］か　［は］を　いれましょう。

① かぶ［は］　ぬけた。
② ［わ］に［は］　おおきい。
③ ［は］は［は］　やさしい。
④ ［は］なび［は］　きれい。
⑤ うさぎ［は］　［は］ねる。
⑥ ［わ］なげ［は］　おもしろい。

97　（122%に拡大してご使用ください）

P.98

お・を　なまえ　がつ　にち

● □に　［お］か　［を］を　いれましょう。

① くつ［を］　はく。
② かお［を］　あらう。
③ ぼうし［を］　かぶる。
④ し［お］［を］　なめる。
⑤ ［お］かし［を］　たべる。
⑥ ［お］りづる［を］　［お］る。

え・へ　なまえ　がつ　にち

● □に　［え］か　［へ］を　いれましょう。

① ［え］き［へ］　いく。
② い［え］［へ］　かえる。
③ う［え］［へ］　あがる。
④ ま［え］［へ］　すすむ。
⑤ ［え］んぴつで　かく。
⑥ こう［え］ん［へ］　いく。

98　（122%に拡大してご使用ください）

P.99

お・を，は・わ，え・へ（1）　なまえ　がつ　にち

● □に　あう　じを　いれましょう。

① ［お］（お・を）かし［を］（お・を）　たべる。
② きょう［は］（わ・は）　［は］（わ・は）やく　おきた。
③ こう［え］（え・へ）ん［へ］（え・へ）　あそびに　いく。
④ ご［は］（わ・は）ん［を］（お・を）　お［は］（わ・は）しで　たべる。
⑤ ［わ］（わ・は）にが　くち［を］（お・を）　あける。

お・を，は・わ，え・へ（2）　なまえ　がつ　にち

● □に　あう　じを　いれましょう。

① いとぐるま［を］（お・を）　ま［わ］（わ・は）す。
② や［わ］（わ・は）らかい　まくらで　ねる。
③ に［わ］（わ・は）に　さいた　あさが［お］（お・を）。
④ ［え］（え・へ）ものの　とりかた［を］（お・を）　しる。
⑤ きこり［は］（わ・は）　［わ］（わ・は）な［を］（お・を）　しかけた。

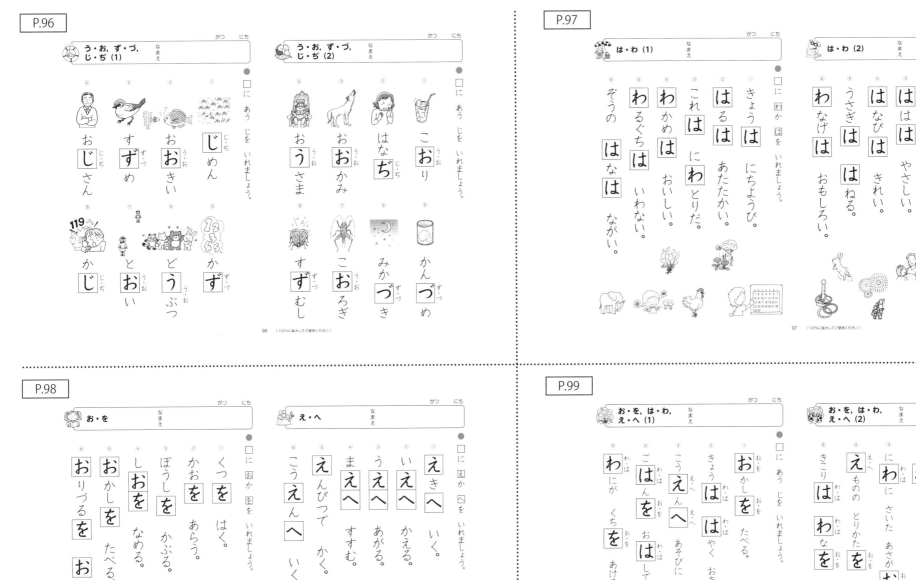

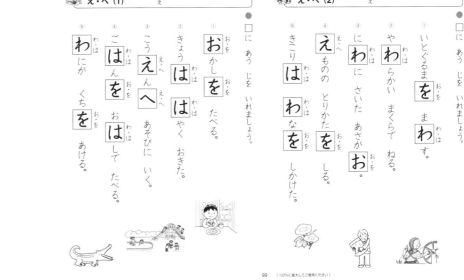

99　（122%に拡大してご使用ください）

児童に実施させる前に，必ず指導される方が問題を解いてください。本書の解答は，あくまでも１つの例です。指導される方の作られた解答をもとに，本書の解答例を参考に児童の多様な考えに寄り添って○つけをお願いします。

P.100

がつ　にち

お・を，は・わ，え・へ (3)　なまえ

● □に あう じを いれましょう。

① えきへ いく。
② おかねを おとす。
③ いぬが まごを ひっぱる。
④ おおきな くちを あける。
⑤ わたしは はしりが はやいです。

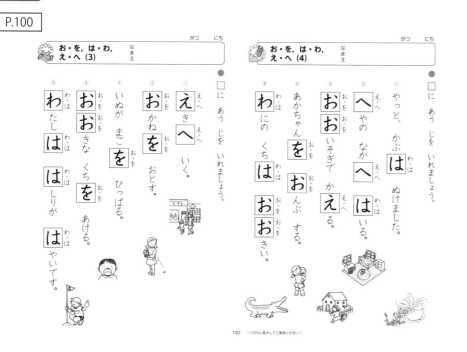

がつ　にち

お・を，は・わ，え・へ (4)　なまえ

● □に あう じを いれましょう。

① やっと、かぶは ぬけました。
② へやの なかへは いる。
③ おおいそぎで かえる。
④ あかちゃんを おんぶ する。
⑤ わにの くちは おおきい。

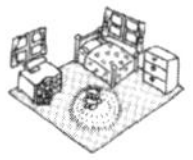

P.101

がつ　にち

お・を，は・わ，え・へ (5)　なまえ

● (れい) の ように まちがって いる ところを なおしましょう。

(れい) わたしは りんごを たべました。

① おかあさんを むかえに おみせまで はしりました。
② おおきな でんしゃの えきに いもうとは いました。
③ わたしは ともだちを たいせつに おもって います。
④ おとうさんは かいしゃへ いきました。

がつ　にち

お・を，は・わ，え・へ (6)　なまえ

● (れい) の ように まちがって いる ところを なおしましょう。

(れい) わたしは りんごを たべました。

① おふろを たわしで あらう。
② いもうとと こうえんへ いきました。
③ ぼくは おおえさんが ふたり います。
④ おにいさんと えいがを みに いきました。

P.102

がつ　にち

の・と・が・に・で (1)　なまえ

● □に の・と・が・に・で を いれて ぶんを つくりましょう。

① くるまと ふね。
② こまで あそぶ。
③ ふろに はいる。
④ いもうとが なく。
⑤ りんごと みかん。
⑥ おとうとの かさ。

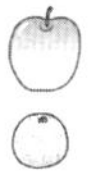

がつ　にち

の・と・が・に・で (2)　なまえ

● □に の・と・が・に・で を いれて ぶんを つくりましょう。

① いぬと ねこ。
② ひまわりが さく。
③ わたしの ぼうし。
④ ひろばで あそぶ。
⑤ うまが はしる。
⑥ むしとりに いく。

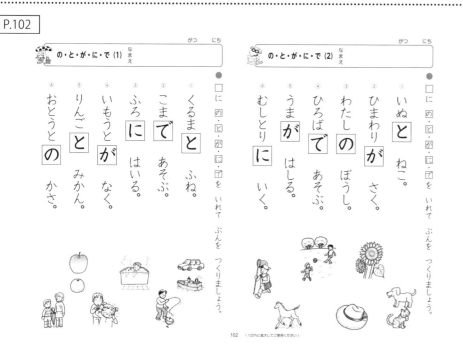

P.103

がつ　にち

ぶんを つくろう (1)　なまえ

● えを みて ぶんを つくりましょう。

① きつねが はしる。

② はを みがく。

③ やまに のぼる。

④ あかちゃんが なく。

⑤ あさがおが さく。

がつ　にち

ぶんを つくろう (2)　なまえ

● えを みて ぶんを つくりましょう。

① じを かく。

② はなが ながい。

③ ごはんを たべる。

④ うたを うたう。

⑤ ちょうが とぶ。

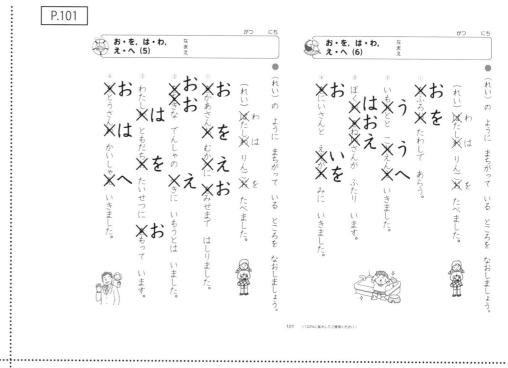

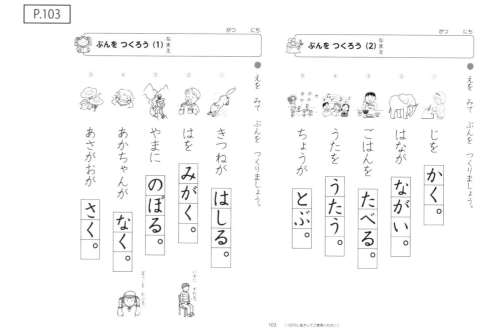

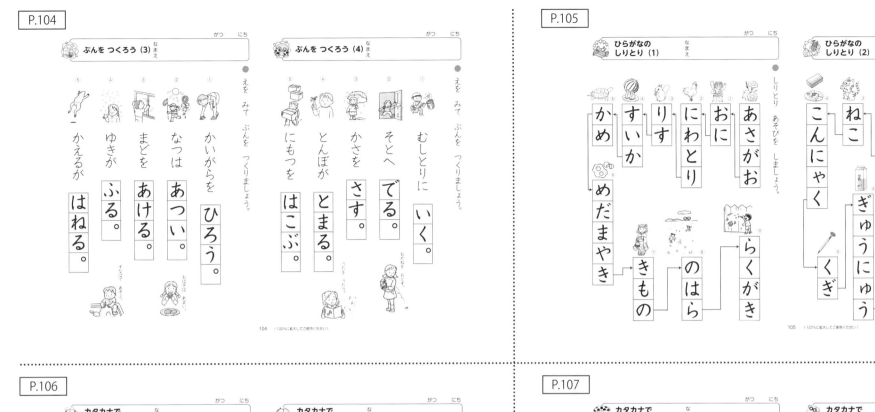

P.104

ぶんを つくろう (3)

がつ　にち　なまえ

えを みて ぶんを つくりましょう。

① かいがらを ひろう。
② なつは あつい。
③ まどを あける。
④ ゆきが ふる。
⑤ かえるが はねる。

おはぎは あまい。
すなばで あそぶ。

ぶんを つくろう (4)

がつ　にち　なまえ

えを みて ぶんを つくりましょう。

① むしとりに いく。
② そとへ でる。
③ かさを さす。
④ とんぼが とまる。
⑤ にもつを はこぶ。

おかねを おとす。
うたを うたう。

104 （122%に拡大してご使用ください）

P.105

ひらがなの しりとり (1)

がつ　にち　なまえ

しりとり あそびを しましょう。

① あさがお
② おに
③ にわとり
④ りす
⑤ すいか
かめ
⑥ めだまやき
⑦ きもの
⑧ のはら
⑨ らくがき

ひらがなの しりとり (2)

がつ　にち　なまえ

しりとり あそびを しましょう。

① こぶた
② たぬき
③ きつね
④ ねこ
こんにゃく
⑤ くぎ
⑥ ぎゅうにゅう
⑦ うきわ
⑧ わに
⑨ にんじん

105 （122%に拡大してご使用ください）

P.106

カタカナで かく ことば (1)

がつ　にち　なまえ

ひらがなで かいて ある ことばを かたかなで かきましょう。

① よっと　ヨット
② へるめっと　ヘルメット
③ ねくたい　ネクタイ
④ ひやしんす　ヒヤシンス
⑤ はんかち　ハンカチ
⑥ ほおむらん　ホームラン

カタカナで かく ことば (2)

がつ　にち　なまえ

ひらがなで かいて ある ことばを かたかなで かきましょう。

① てれび　テレビ
② ぴあの　ピアノ
③ らんどせる　ランドセル
④ たんばりん　タンバリン
⑤ ころっけ　コロッケ
⑥ しんばる　シンバル

106 （122%に拡大してご使用ください）

P.107

カタカナで かく ことば (3)

がつ　にち　なまえ

ひらがなで かいて ある ことばを かたかなで かきましょう。

① えぷろん　エプロン
② あいろん　アイロン
③ とらんぽりん　トランポリン
④ くりすます　クリスマス
⑤ きゃべつ　キャベツ
⑥ さらだ　サラダ

カタカナで かく ことば (4)

がつ　にち　なまえ

ひらがなで かいて ある ことばを かたかなで かきましょう。

① とらんぷ　トランプ
② ぷりん　プリン
③ たおる　タオル
④ くりっぷ　クリップ
⑤ ぷれぜんと　プレゼント
⑥ かすたねっと　カスタネット

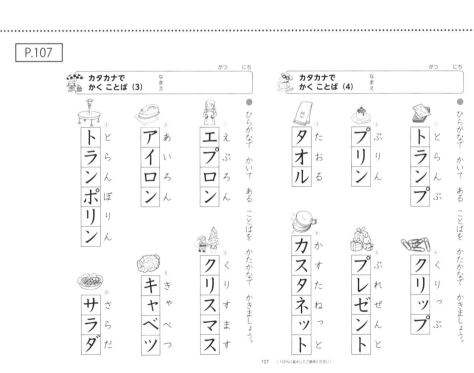

107 （122%に拡大してご使用ください）

児童に実施させる前に，必ず指導される方が問題を解いてください。本書の解答は，あくまでも１つの例です。指導される方の作られた解答をもとに，本書の解答例を参考に児童の多様な考えに寄り添って○つけをお願いします。

P.108

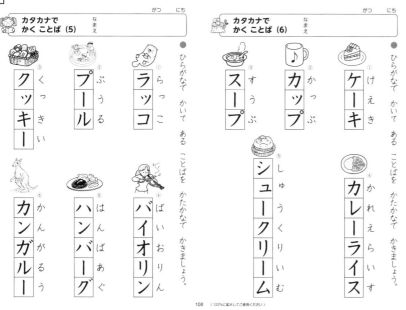

カタカナで かく ことば（5）

がつ　にち　なまえ

● ひらがなで かいて ある ことばを かたかなで かきましょう。

① らっこ　ラッコ
② ぷうる　プール
③ くっきい　クッキー
④ ばいおりん　バイオリン
⑤ はんばあぐ　ハンバーグ
⑥ かんがるう　カンガルー

カタカナで かく ことば（6）

がつ　にち　なまえ

● ひらがなで かいて ある ことばを かたかなで かきましょう。

① けえき　ケーキ
② かっぷ　カップ
③ すうぷ　スープ
④ かれえらいす　カレーライス
⑤ しゅうくりいむ　シュークリーム

108　（122%に拡大してご使用ください）

P.109

がっこう たんけん

がつ　にち　なまえ

● したの えは がっこうに ある へやや ばしょを かいたものです。みたことが ある へやや ばしょの えに ○を つけましょう。

略

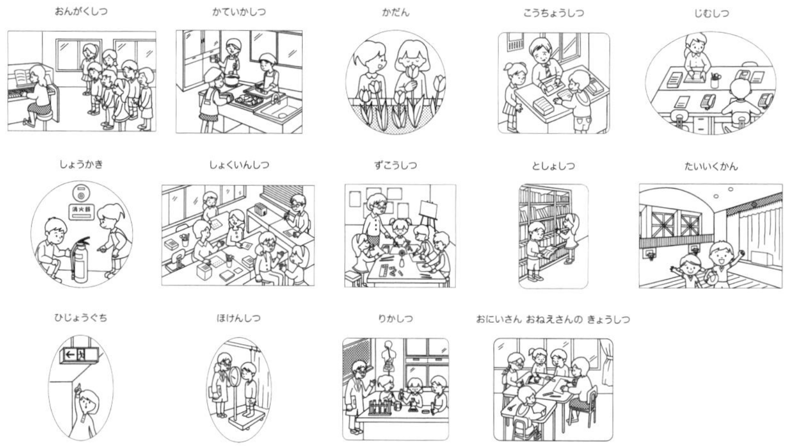

109　（122%に拡大してご使用ください）

P.110

あさがお（1）

がつ　にち　なまえ

1 あさがおの たねに ○を つけましょう。

①（　）　②（○）

2 あさがおの たねの まきかたの じゅんばんに，1・2・3・4の ばんごうを かきましょう。

あなに たねを いれる。
つちに あなを あける。
みずを あげる。

（3）（2）（1）（4）

3 あさがおの めが でてきました。あさがおの めに ○を つけましょう。

①（　）　②（　）　③（○）

あさがお（2）

がつ　にち　なまえ

1 あさがおの はなが さきました。

(1) はなが さきそうな つぼみ 2つに，□に ○を つけましょう。

(2) きょう さいた はなは，あすも さくでしょうか。ただしい ほうに ○を つけましょう。

①（　）あすも，さく。
②（○）あすは，さかない。

2 あさがおの つぼみから はなが さいて，たねに なるまでの じゅんばんに，1・2・3・4・5の ばんごうを かきましょう。

（1）（3）（2）（4）（5）

110　（122%に拡大してご使用ください）

P.111

いきものと ともだち（1）

がつ　にち　なまえ

● こうていに いる いきものの えと なまえを せんで むすびましょう。

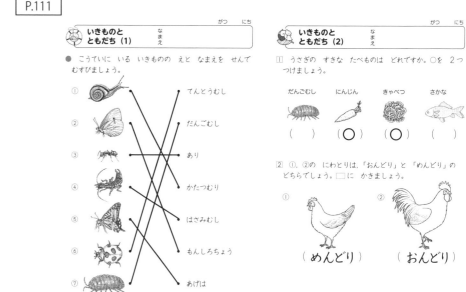

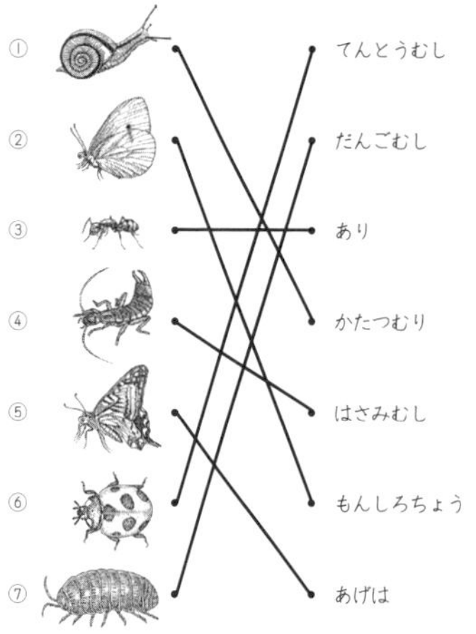

いきものと ともだち（2）

がつ　にち　なまえ

1 うさぎの すきな たべものは どれですか。○を 2つ つけましょう。

だんごむし（　）　にんじん（○）　きゃべつ（○）　さかな（　）

2 ①，②の にわとりは，「おんどり」と「めんどり」の どちらでしょう。□に かきましょう。

①（めんどり）　②（おんどり）

111　（122%に拡大してご使用ください）

P.112

いきものと ともだち（3）

がつ　にち　なまえ

● いきもの（ばったやこおろぎ）を かうときには，どんなことに きをつければ よいですか。ただしいものに ○を つけましょう。

（○）えさが くさらないように とりかえる。
（○）ときどき きりふきで つちを ぬらす。
（　）せわの まえには てを あらわない。
（○）えさは さらに のせる。
（○）かくれる ところも つくって あげる。
（○）まいにち ようすを みる。

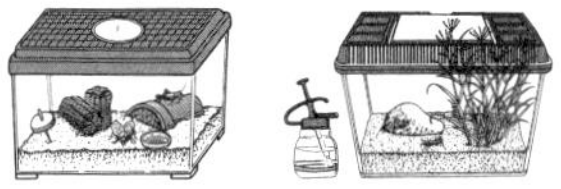

あめふり（1）

がつ　にち　なまえ

1 ぶんと えを せんで つなぎましょう。

① はれの ひの うんどうじょう
② あめが やんだ あとの うんどうじょう
③ あめが ふっている ときの うんどうじょう

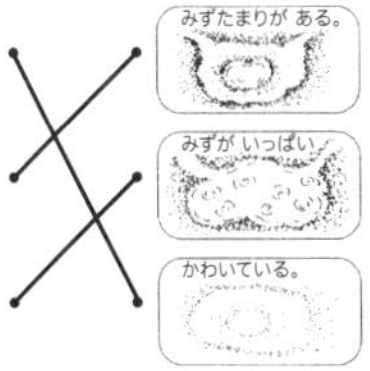
みずたまりが ある。
みずが いっぱい。
かわいている。

2 ぶんと えを せんでつなぎましょう。

① あめが ふっている とき
② あめが やんだ あと
③ はれの ひ

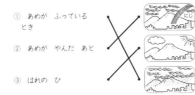

にじ

P.113

あめふり（2）

がつ　にち　なまえ

1 あめふりの ときに みられる ものに ○を つけましょう。

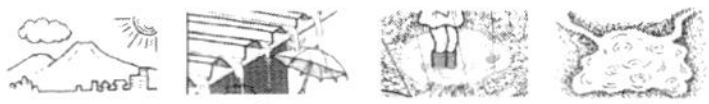
あおぞら
あまだれ
みずたまり
ちいさな ながれ

あおぞら（　）　あまだれ（○）　みずたまり（○）　ちいさな ながれ（○）

2 あめふりの とき にごった みずを，こっぷに とって しばらく おいておくと，どうなりますか。ただしい ほうに ○を つけましょう。

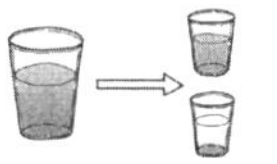

① にごったままに なっている。（　）
② したの ほうに つちが しずんでいる。（○）

3 あめが やむと，じめんの ようすは どのような じゅんばんで かわって いくでしょうか。1・2・3の ばんごうで かきましょう。

（2）（3）（1）

おちばや たねで あそぼう（1）

がつ　にち　なまえ

1 あきに なると はっぱの いろが かわるものが あります。したから 3つ えらんで（　）の なかに ○を つけましょう。

いちょう　まつ　かえで　さくら

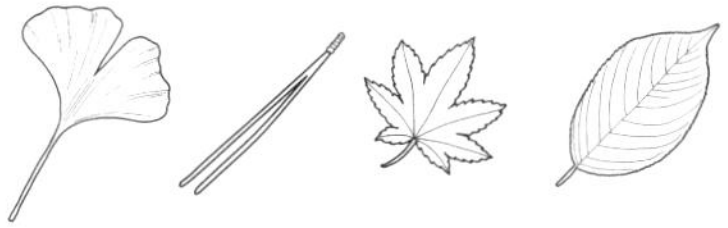

①（○）　②（　）　③（○）　④（○）

2 いろいろな おちばを あつめました。したの えに いろを ぬりましょう。

いちょう　かき　かえで

略

P.114

おちばや たねで あそぼう（2）

がつ　にち　なまえ

● したの たねや みの えと，その せつめいが かいて ある ぶんとを，せんで むすびましょう。

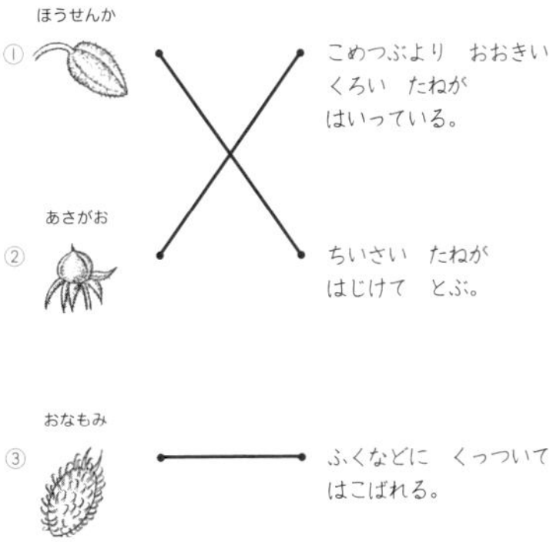
① ほうせんか
② あさがお
③ おなもみ
こめつぶより おおきい くろい たねが はいっている。
ちいさい たねが はじけて とぶ。
ふくなどに くっついて はこばれる。

きゅうこんを うえよう（1）

がつ　にち　なまえ

1 ちゅうりっぷの めは どれでしょうか。1つ えらんで ○を つけましょう。

①（　）　②（○）　③（　）

2 めが でた あとの せわで，よいものに ○を，まちがって いるものに ×を つけましょう。

①（○）みずを やる。
②（×）ひの あたらない ところに おく。

3 ちゅうりっぷの きゅうこんを うえるときに つかわ ない ものを 1つ えらんで，×を つけましょう。

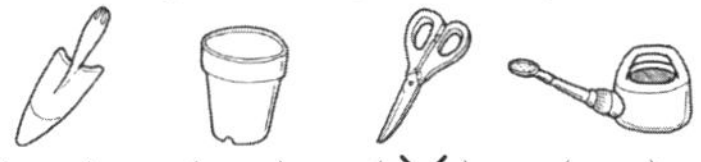

①（　）　②（　）　③（×）　④（　）

P.115

きゅうこんを うえよう（2）

がつ　にち　なまえ

● ちゅうりっぷの きゅうこんを かだんに うえました。したの もんだいに こたえましょう。

① うえる じゅんばんに，（　）の なかに 1・2・3の ばんごうを かきましょう。

きゅうこんを うえて つちを かぶせる。
水やりを する。
つちを ほる。
ちゅうりっぷ

（2）（3）（1）

② うえかたで，よい ほうの（　）に ○を つけましょう。

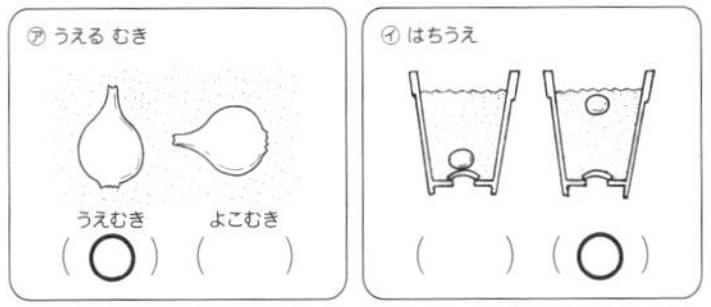
㋐ うえる むき
うえむき
よこむき
㋑ はちうえ

㋐ うえむき（○）　よこむき（　）
㋑ はちうえ（　）（○）

いしあそび（1）

がつ　にち　なまえ

1 つぎのような いしあそびを するとき，ひらたい いしと まるい いしでは，どちらの ほうが つかい やすいですか。よいと おもう ほうに ○を つけましょう。

① いしを つみあげる あそびを するとき
㋐ ひらたい いし（○）　㋑ まるい いし（　）

② いしを ころがして あそぶとき
㋐ ひらたい いし（　）　㋑ まるい いし（○）

2 したの えの ように すると，いしの どんな ことが わかりますか。したの □の なかから あう ぶんを えらんで，（　）の なかに きごうを かきましょう。

くぎの さきで こすってみる。
ゆびで なでてみる。
ころがして みる。

（あ）（い）（う）

あ かたいか やわらかいか
い ざらざらか すべすべか
う まるいか かどばっているか

解答

児童に実施させる前に，必ず指導される方が問題を解いてください。本書の解答は，あくまでも１つの例です。指導される方の作られた解答をもとに，本書の解答例を参考に児童の多様な考えに寄り添って○つけをお願いします。

P.116

いしあそび (2)

がつ にち なまえ

● いろいろな いしを わけて みました。①～③の いしは どのように わけたでしょう。わけかたを かいた ぶんを，せんで つなぎましょう。

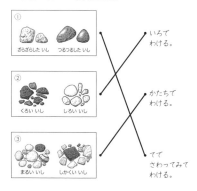

いろで わける。

かたちで わける。

てで さわってみて わける。

（① － てで さわってみて わける。　② － いろで わける。　③ － かたちで わける。）

ふゆごしを する むし

がつ にち なまえ

● したの むしたちは，えの どこで ふゆごしを して いるでしょうか。さがして（ ）に，ばんごうを かきましょう。

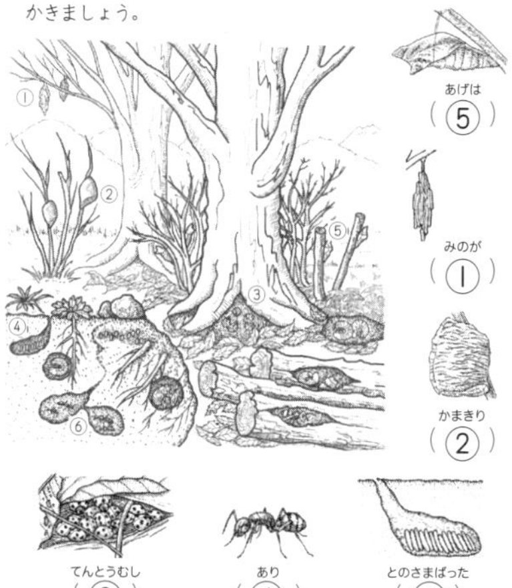

あげは（5）

みのが（1）

かまきり（2）

てんとうむし（3）

あり（6）

とのさまばった（4）

116 （122%に拡大してご使用ください）

P.117

さむい ひ (1)

がつ にち なまえ

1 ふゆの とても さむい ひに，つぎの ばしょでは なにが できますか。したの □の なかから えらんで，（ ）に きごうを かきましょう。

① いけの みずの うえ ……（う）

② かだんの つちの うえ ……（い）

③ くさの はの うえや じどうしゃや いえの まど ……（あ）

あ しも　い しもばしら　う こおり

2 こおりづくりを しました。こおりの できかたで ただしいものに ○を，まちがって いるものに ×を つけましょう。

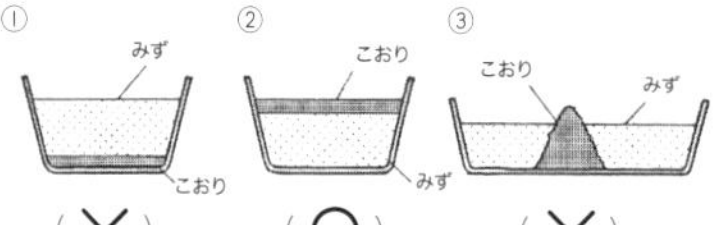

①（×）　②（○）　③（×）

さむい ひ (2)

がつ にち なまえ

1 ひの あたっている ところと，ひの あたっていない かげの ところでは，どちらが はやく こおりが とける でしょうか。はやく とける ほうに ○を つけましょう。

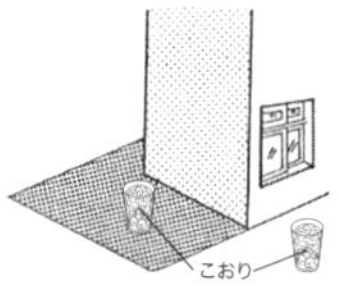

あ ひの あたっていない かげの ところ（ ）

い ひの あたっている ところ（○）

2 さむい ほうに ○を つけましょう。

① いけに あつい こおりが できた あさ（○）
　 いけに こおりが できていない あさ（ ）

② はれの ひの ひるま（ ）
　 ゆきの ひの ひるま（○）

117 （122%に拡大してご使用ください）

P.118

ひらがな (1) つまる おと

がつ にち なまえ

● えを みて ことばを ひらがなで かきましょう。

にらめっこ　ばった　もっきん　まっくら

略

ひらがな (2) つまる おと

がつ にち なまえ

● えを みて ことばを ひらがなで かきましょう。

ねっこ　なっとう　せっけん　しっぽ

略

118 （122%に拡大してご使用ください）

P.119

ひらがな (3) つまる おと

がつ にち なまえ

● えを みて ことばを ひらがなで かきましょう。

きっぷ　きって　かっぱ　がっこう

略

ひらがな (4) つまる おと

がつ にち なまえ

● えを みて ことばを ひらがなで かきましょう。

かっこう　かけっこ　えにっき　おっとせい

略

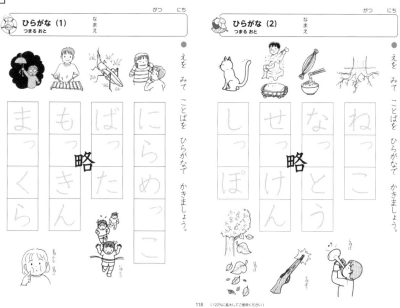

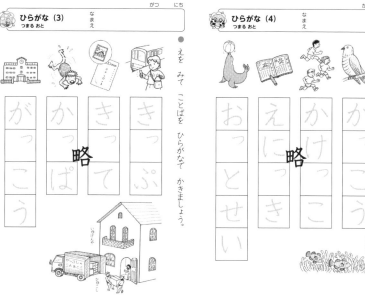

119 （122%に拡大してご使用ください）

P.120

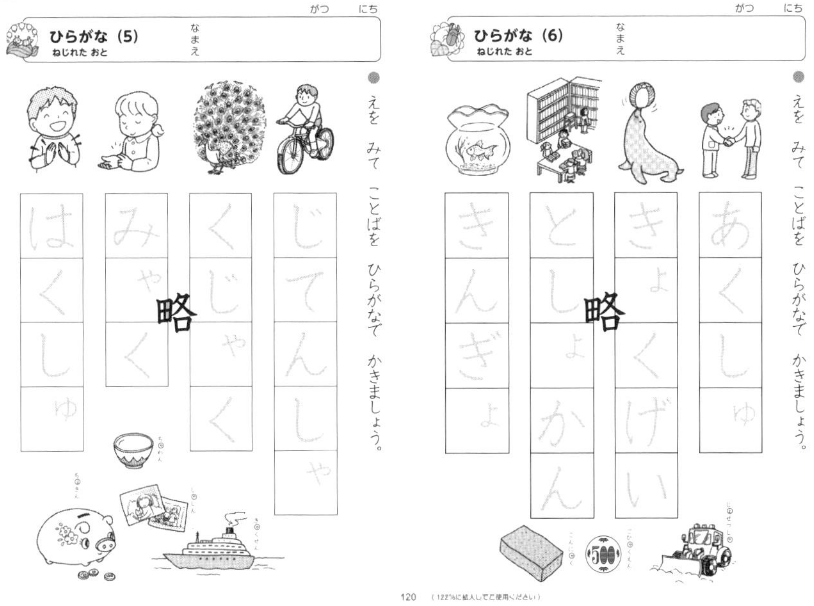
ひらがな（5） ねじれた おと　がつ　にち　なまえ

えを　みて　ことばを　ひらがなで　かきましょう。

じてんしゃ　くじゃく　みゃく　はくしゅ

略

ひらがな（6） ねじれた おと　がつ　にち　なまえ

えを　みて　ことばを　ひらがなで　かきましょう。

あくしゅ　きょくげい　としょかん　きんぎょ

略

120　（122%に拡大してご使用ください）

P.121

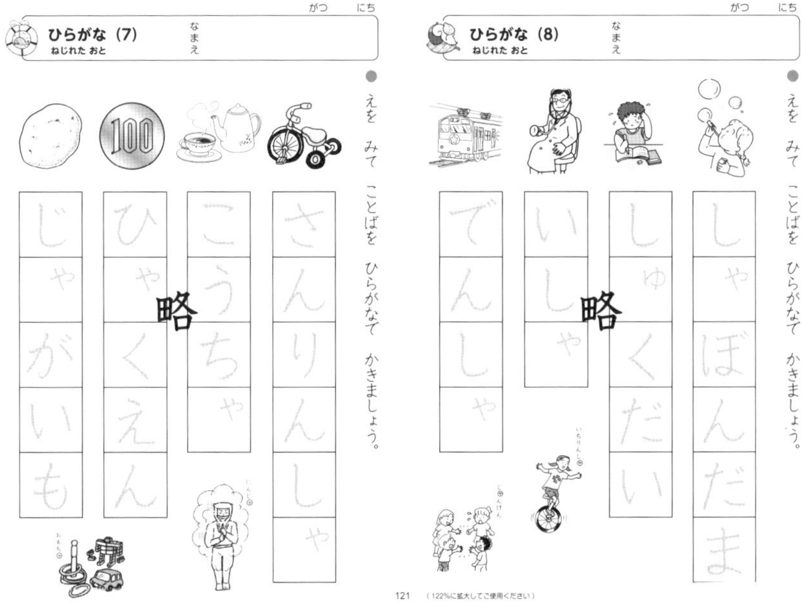
ひらがな（7） ねじれた おと　がつ　にち　なまえ

えを　みて　ことばを　ひらがなで　かきましょう。

さんりんしゃ　こうちゃ　ひゃくえん　じゃがいも

略

ひらがな（8） ねじれた おと　がつ　にち　なまえ

えを　みて　ことばを　ひらがなで　かきましょう。

しゃぼんだま　しゅくだい　いしゃ　でんしゃ

略

121　（122%に拡大してご使用ください）

P.122

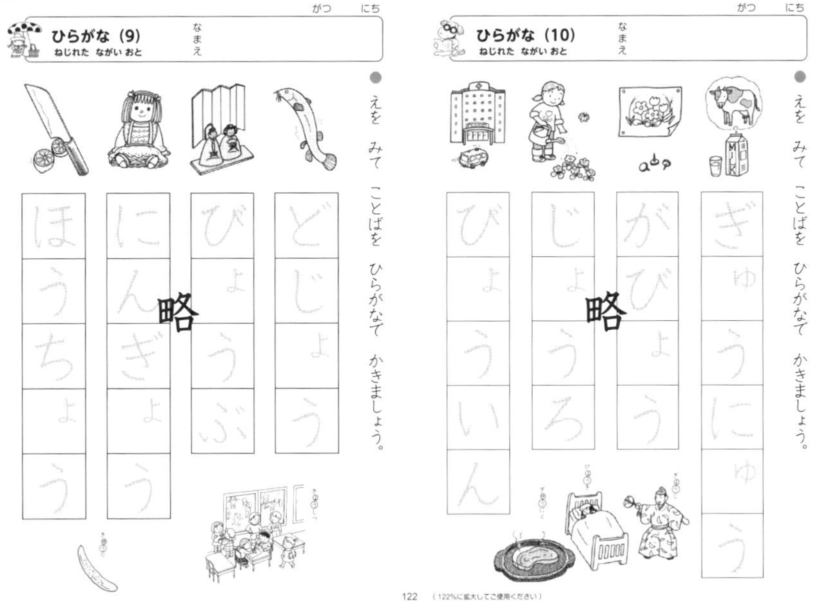
ひらがな（9） ねじれた ながい おと　がつ　にち　なまえ

えを　みて　ことばを　ひらがなで　かきましょう。

どじょう　びょうぶ　にんぎょう　ほうちょう

略

ひらがな（10） ねじれた ながい おと　がつ　にち　なまえ

えを　みて　ことばを　ひらがなで　かきましょう。

ぎゅうにゅう　がびょう　じょうろ　びょういん

略

122　（122%に拡大してご使用ください）

P.123

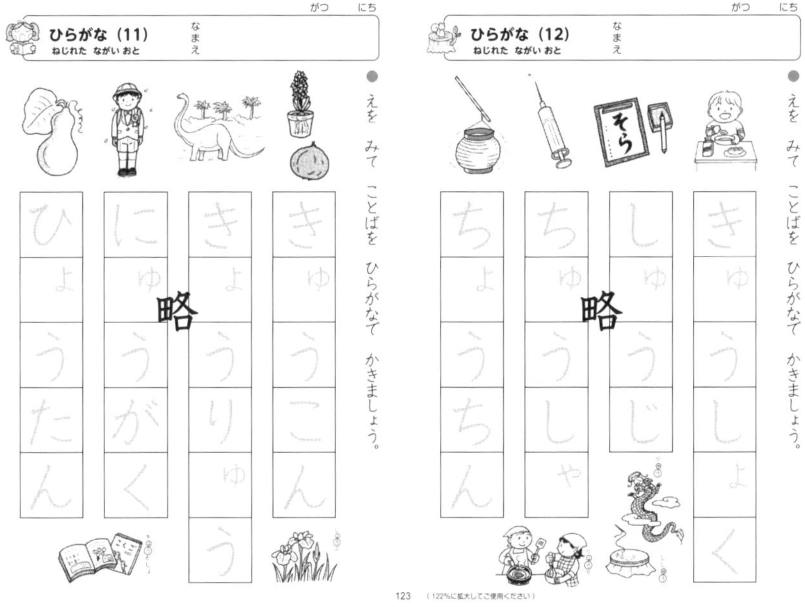
ひらがな（11） ねじれた ながい おと　がつ　にち　なまえ

えを　みて　ことばを　ひらがなで　かきましょう。

きゅうこん　きょうりゅう　にゅうがく　ひょうたん

略

ひらがな（12） ねじれた ながい おと　がつ　にち　なまえ

えを　みて　ことばを　ひらがなで　かきましょう。

きゅうしょく　しゅうじ　ちゅうしゃ　ちょうちん

略

123　（122%に拡大してご使用ください）

解答

児童に実施させる前に，必ず指導される方が問題を解いてください。本書の解答は，あくまでも１つの例です。指導される方の作られた解答をもとに，本書の解答例を参考に児童の多様な考えに寄り添って○つけをお願いします。

P.124

ひらがな（13） がつ にち なまえ
ねじれて つまる おと

● えを みて ことばを ひらがなで かきましょう。

しょっかく
しょっき
しゅっこう
しゅっちょう

略

124 （122%に拡大してご使用ください）

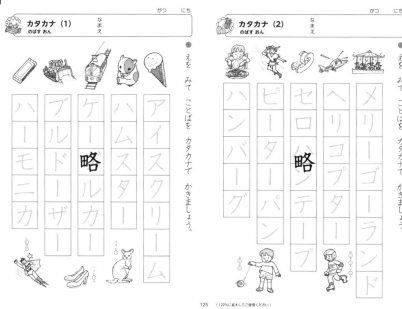

ひらがな（14） がつ にち なまえ
ねじれて つまる おと

● えを みて ことばを ひらがなで かきましょう。

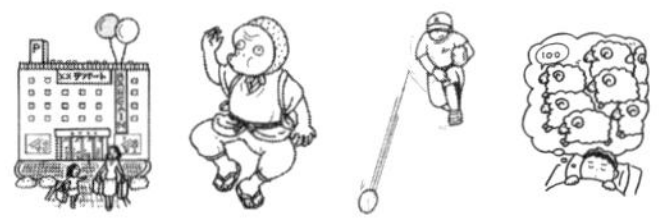

ひゃっぴき
ちょっきゅう
ひょっとこ
ひゃっかてん

略

P.125

カタカナ（1） がつ にち なまえ
のばす おん

● えを みて ことばを カタカナで かきましょう。

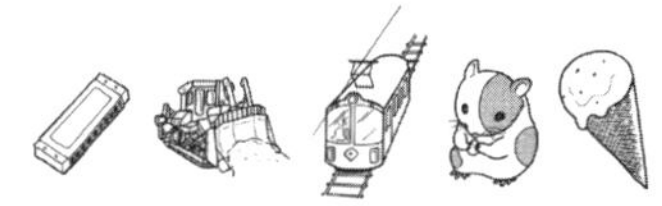

アイスクリーム
ハムスター
ケーブルカー
ブルドーザー
ハーモニカ

略

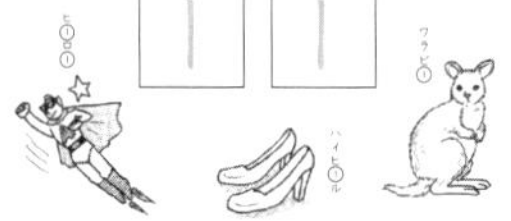

125 （122%に拡大してご使用ください）

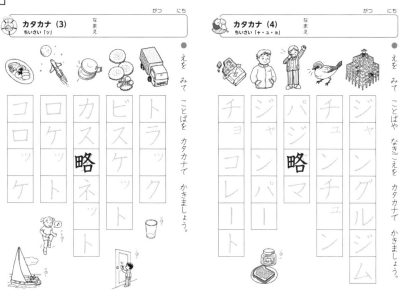

カタカナ（2） がつ にち なまえ
のばす おん

● えを みて ことばを カタカナで かきましょう。

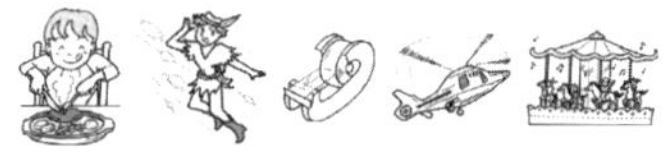

メリーゴーランド
ヘリコプター
セロハンテープ
ピーターパン
ハンバーグ

略

P.126

カタカナ（3） がつ にち なまえ
ちいさい「ッ」

● えを みて ことばや なきごえを カタカナで かきましょう。

トラック
ビスケット
カスタネット
ロケット
コロッケ

略

126 （122%に拡大してご使用ください）

カタカナ（4） がつ にち なまえ
ちいさい「ャ・ュ・ョ」

● えを みて ことばや なきごえを カタカナで かきましょう。

ジャングルジム
チュンチュン
パジャマ
ジャンパー
チョコレート

略

P.127

カタカナ（5） がつ にち なまえ
むずかしい カタカナ

● えを みて ことばを カタカナで かきましょう。

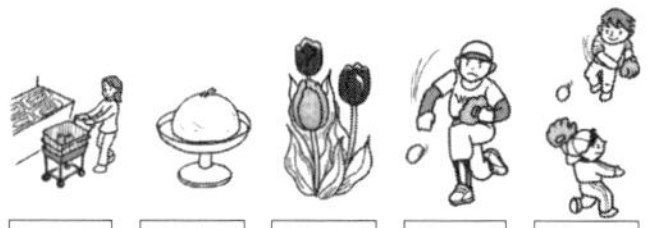

キャッチボール
ピッチャー
チューリップ
シャーベット
ショッピング

略

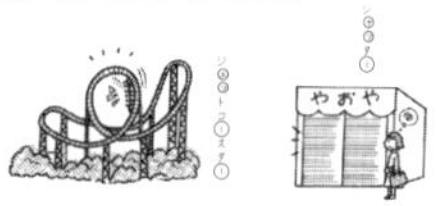

127 （122%に拡大してご使用ください）

カタカナ（6） がつ にち なまえ
むずかしい カタカナ

● えを みて ことばを カタカナで かきましょう。

ケチャップ
バーベキュー
ニュース
ウェット
ティッシュ

略

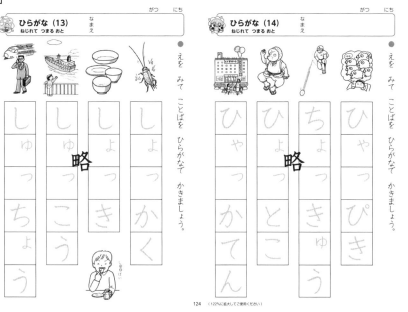

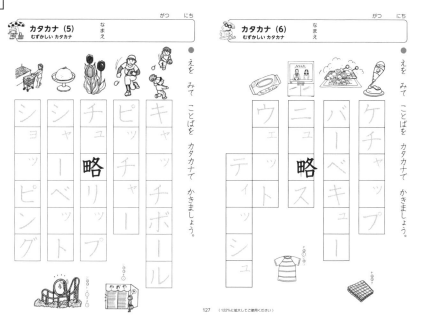

喜楽研 WEB サイト
書籍の最新情報（正誤表含む）は
喜楽研 WEB サイトをご覧下さい。

学校現場では，本書ワークシートをコピー・印刷して児童に配布できます。
学習する児童の実態にあわせて，拡大してお使い下さい。

コピーしてすぐ使える
まるごと宿題プリント 1年

2022 年 3 月 10 日　　第 1 刷発行

執筆協力者： 新川 雄也・中村 幸成 他
イラスト： 山口 亜耶・浅野 順子 他
企画・編著： 原田 善造・あおい えむ・今井 はじめ・さくら りこ・
ほしの ひかり・堀越 じゅん（他 5 名）
編集担当： 川瀬 佳世

発行者： 岸本 なおこ
発行所： 喜楽研（わかる喜び学ぶ楽しさを創造する教育研究所：略称）
〒604-0827　京都府京都市中京区高倉通二条下ル瓦町 543-1
TEL　075-213-7701　FAX　075-213-7706
HP　https://www.kirakuken.co.jp
印刷： 株式会社米谷

ISBN:978-4-86277-341-8

Printed in Japan